マルクス経済学・再入門

森田成也 著
Morita Seiya

同成社

序　文

　長引く不況と生活苦の増大、あいつぐ金融スキャンダルと性懲りもなく追求されるバブル政策、ますます大規模化するグローバリゼーションと不平等の進行、賃金の低迷とそれと好対照をなす多国籍大企業の歴史的繁栄、こうした中で、今日、経済と経済学は多くの人々にとって再び重要な関心事となっており、とくに2008年の世界金融恐慌以降はマルクスや『資本論』に対する関心がしだいに増大している。本書は、こうした状況の中で、マルクス経済学の教科書として大学の講義で実際に使用するために執筆された入門書である。このような入門的教科書の類、あるいは経済原論の類はすでにあまた存在する。それゆえ、改めてこのような教科書を書くことは屋上屋を架することにしかならないように見える。

　しかし、本書は次の点で類書と異なる。本書は、マルクスの『資本論』の叙述をただ忠実になぞって説明するのではなく、またそれを多少アレンジしたり最近の事象や資料で補強するにとどまるのでもなく、マルクスの理論そのものをここかしこで、マルクス自身の理論的発展の延長線上にいっそう発展させ、修正し、補完しながら、マルクス経済学の入門的説明を行なっている。

　マルクスの『資本論』第1巻初版は今から140年以上も前に出されている。その間に世界が大きく変化し、マルクスが知らなかった多くの事象が資本主義の中から生まれたことは、もちろん、本書以前にも多くの論者によって自覚され、そうした観点から『資本論』への理論的補強がなされてきた。しかし、『資本論』の理論そのものの発展はほとんど追求されてこなかった。われわれがなすべきことは、『資本論』におけるマルクスの理論そのものを、マルクス自身の理論的発展の延長上にいっそう発展させることである。そして、この「マルクス自身の理論的発展」とはいかなるものかを理解するうえで、『資本論』の各種草稿の研究が決定的であったのは言うまでもない。マルクス自身がどこからどこへ、何を中間地点にして理論的に発展を遂げたのかを理解することなしには、その延長線を描くことはできないからである。

　私は以上の観点にもとづいて、この間、剰余価値論に焦点を絞っていくつか

の著作を発表してきた。今後も地道にこの作業を行なっていく予定であるが、しかし、人間には寿命というものがあり、また自分の年齢や作業スピードののろさを勘案すると、このような地道な作業はそのごく初期の段階で終わってしまう可能性が高い。それゆえ、ある程度、大雑把にでも、マルクス経済学の理論体系全体にわたる一定の見解を示しておく必要があると考えた。

といっても、「経済原論」のような形で本格的に提示することそれ自体が膨大な時間と労力を必要とするので、私が何年も行なっている入門的な経済学の授業を念頭に置いて、あくまでも入門的レベルを基礎としつつ、そうした全体像をも部分的に提示することにした。それゆえ、本書は、一方では、初心者向けのマルクス経済学の入門書であるという性格を保持しつつも、他方では、上級者向けにマルクス経済学の理論的・創造的発展の概略を提示するという二重の課題を果たすものとなっている。本書の題名が「マルクス経済学入門」ではなく、「マルクス経済学・再入門」となっているのは、それが理由である。

当初の計画では、15講で終わるのではなく、1年間の通年授業を念頭に置いて、30講まで書く予定であった。したがって、『資本論』1巻で終わるのではなく、「世界市場」まで執筆する予定であった。しかし、書き進めているうちに、各講の量がしだいに膨大なものとなり、30講まで書くととうてい1冊では収まらない分量になることがわかった。また書き進めているうちに、自分自身の中で新たな理論的発見や発展があり、すでに自分の中で確立されているものを文章化するというだけにとどまらないより複雑な作業になった。それゆえ「資本の流通過程」論以降については、続編として他日を期すことにした。

本書はあくまでも入門レベルを基礎としているので、現代のさまざまな論者の論文や著作には直接には言及していない。入門的な教科書として本書を手に取るであろう人々にとって、たくさんの論文や著作が引用されていることはそれだけで読む気をなくさせかねないし、また限られた紙幅を多く取ってしまうからである。『資本論』からの引用もできるだけ少なくしているが、それは引用でもって証明に代えるようなこれまでの悪しき風潮に与しないためである。それでもわずかながら『資本論』から引用しており、その場合、（KⅠ，10頁，S.10）のように該当箇所を指示している。順に『マルクス・エンゲルス全集』版『資本論』第1巻の翻訳頁と原頁をそれぞれ指している。2巻、3巻に関し

ても同様に表記している。

　また、本書は、『資本論』でほとんどないしまったく論じられていない問題や『資本論』での理論を修正するべきと思われる点については比較的詳しい議論を展開しているが、逆に、『資本論』で十分に詳しく論じられている部分に関しては、しばしばごく簡単にすませている。とくに、初心者にとっては退屈で難しすぎる「価値形態論」に関する記述はほとんどなくしてしまっているし、歴史的な具体的事実が主として問題となる「本源的蓄積論」についてもほとんど論じていない。分量上の問題と入門書としての性格のゆえである。

　本書には、重要な語句やタームが最初に本文で登場した際には、初心者のためにゴシックで強調してある。これらの用語は、マルクス経済学の教科書でおなじみのものもあれば、本書で独自に提起されたものもある。本書には「注」のたぐいはいっさい存在しないが、その代わり、ときどき「より進んだ考察」と「ブレイクタイム」というコラム的なものが2種類入っている。前者の「より進んだ考察」は初心者が読まなくても本文が理解できるよう別立てにしたものであり、主として学術上の論争問題や、マルクスにおける概念の形成史を扱っている。後者の「ブレイクタイム」はより気軽に読めるものであり、本文で論じている事柄に関連する派生的で現代的なテーマを扱っている。

　最後に、本書の出版に尽力してくださった編集者の山田隆氏に心から感謝したい。

2013年11月
森　田　成　也

【追記】2刷にあたって誤字や図表のミスを修正するとともに、いくつか叙述の改善を行なった。　　　　　　　　　　　　　　　　　　　　2016年2月

目　次

第1講　経済学とは何か——対象と方法……………………………1
　1．資本主義と経済学　1
　2．広義の経済学と狭義の経済学　4
　3．経済学を学ぶにあたってのさらなる注意点　8

第1部　商品と貨幣

第2講　商品とは何か——商品の2つの要因……………………14
　1．資本主義的富の基本形態としての商品　14
　2．商品の使用価値　16
　3．商品の価値規定　19
　4．労働の二重性　25

第3講　商品の価値規定に関する補足……………………………31
　1．価値の時間的差異と地理的差異　31
　2．労働強度　33
　3．複雑労働と単純労働　34
　4．特殊な商品の価値規定　38

第4講　交換過程の諸矛盾と貨幣の発生…………………………43
　1．商品交換に内在する諸困難Ⅰ——価値実現上の困難　44
　2．商品交換に内在する諸困難Ⅱ——価値表現上の困難　48
　3．困難解決の第1段階と第3の困難　49
　4．困難解決の第2段階と金属貨幣の出現　52

第5講　貨幣の諸機能と諸形態……………………………………56
　1．価値尺度としての貨幣　56

2．流通手段としての貨幣 59

3．支払手段としての貨幣 64

4．流通準備金 69

5．価値の自立的定在としての貨幣 73

第2部　資本の生産過程

第6講　貨幣から資本へ──価値増殖の謎 ……………………… 80

1．資本とは何か 80

2．価値増殖の謎 83

3．謎の解決──労働力商品の登場 86

4．労働力商品出現の歴史的前提 91

第7講　剰余価値発生のメカニズム ……………………………… 95

1．労働力価値の4つの構成部分 95

2．労働過程と価値増殖過程 103

3．不変資本と可変資本 106

4．生産物価値と剰余価値率 109

第8講　剰余価値生産の3つの形態Ⅰ
　　　　──絶対的剰余価値の生産 …………………………………… 112

1．外延的な絶対的剰余価値の生産Ⅰ──労働時間の延長 112

2．外延的な絶対的剰余価値の生産Ⅱ──標準労働日の確立 115

3．標準労働日成立による理論的前提の変化 121

4．内包的な絶対的剰余価値の生産──労働強化 126

5．外延的剰余価値と内包的剰余価値との相互関係 129

第9講　剰余価値生産の3つの形態Ⅱ
　　　　──特別剰余価値の生産 …………………………………… 132

1．水平的特別剰余価値Ⅰ──部門内特別剰余価値 132

2．水平的特別剰余価値Ⅱ──部門間特別剰余価値 138

3．垂直的特別剰余価値Ⅰ――複雑労働力の価値　141

　　4．垂直的特別剰余価値Ⅱ――熟練解体による特別剰余価値　144

第10講　剰余価値生産の3つの形態Ⅲ
　　　　――相対的剰余価値の生産………………………………147

　　1．絶対的剰余価値と相対的剰余価値の概念　147

　　2．間接的な相対的剰余価値の生産　151

　　3．直接的な相対的剰余価値の生産　156

　　4．剰余価値の総量　160

第11講　生産様式と労働者統合………………………………163

　　1．労働の形式的包摂と実質的包摂　163

　　2．資本主義的協業　166

　　3．分業とマニュファクチュア　170

　　4．機械制大工業　174

　　5．労働者統合　182

第12講　賃金と雇用……………………………………………186

　　1．労働力価値の労賃への転化　186

　　2．賃金の諸形態Ⅰ――標準賃金　192

　　3．賃金の諸形態Ⅱ――時間賃金と出来高賃金　196

　　4．雇用とその諸形態　200

第13講　資本の蓄積過程Ⅰ
　　　　――単純再生産と拡大再生産…………………………206

　　1．単純再生産Ⅰ――単純再生産の概念　207

　　2．単純再生産Ⅱ――単純再生産による種々の変化　209

　　3．剰余価値の資本への転化　213

　　4．資本の蓄積率　219

第14講　資本の蓄積過程 II
　　　　──富の蓄積と貧困の蓄積……………………………………223

　1．資本の蓄積運動の3つの枠組み　223

　2．蓄積モデル I──3条件不変のもとでの資本蓄積　228

　3．蓄積モデル II──3条件可変のもとでの資本蓄積　229

　4．相対的過剰人口とその諸形態　234

　5．相対的過剰人口が労働者に及ぼす影響　239

第15講　資本の蓄積過程 III
　　　　──いくつかの理論的補足……………………………………245

　1．資本の蓄積運動に対する新たな諸条件　245

　2．資本の集中と集積　250

　3．資本の蓄積運動と都市の形成　253

第1講　経済学とは何か？——対象と方法

　具体的にマルクス経済学の内容を説明するに先立って、最初に簡単に、経済学とは何か、それは何を対象とし、それをどのように理解しようとするものなのかについて説明しておこう。

1. 資本主義と経済学

「経済」と「経済学」の生成

　そもそも経済学とはいかなる学問なのだろうか？　その答えは、文字通りには、「経済を研究する学問」だろう。そして今日、「経済（エコノミー）」とは資本主義経済のことを意味しており、したがって、「経済学（エコノミクス）」とは資本主義という経済システムを研究する学問ということになる。しかし、資本主義が多少なりとも成立する以前には、「経済」という概念、したがって「経済学」という概念は独自のものとしては成立していなかった。それらが独自のものとして成立していくにあたっては、資本主義の台頭によって生じたエコノミー概念の一般化と特殊化という二重の運動がその背景にあった。

　まず一方では、家庭や何らかの狭い経営体の資産管理などを意味していた「economy」ないし「domestic economy（家政）」という概念がそうした狭い枠を突破して、しだいに国家的ないし一国的規模へと一般化していく過程である。ここから、「domestic economy」と区別される独自のエコノミー概念として「political economy」ないし「national economy」という概念がしだいに生成していった。これは、商業資本主義の勃興による市場の発達と富の増大とが、しだいに国内市場を形成していったことにもとづいている。

　しかし他方では、政治や統治や国家学と結合したエコノミー概念が今度は逆に、狭い意味での政治や国家学からしだいに分離して、独自に物質的な富の生産・流通・消費の過程を意味するものとして特殊化していく過程も存在した。

これは、その後の産業資本主義の勃興による独自の生産システムの歴史的成立が、政治的なもの（政治、行政、法律、統治など）と経済的なものとを現実においてもしだいに分離していったことにもとづいている。

資本主義以前は、社会の統治者である王や貴族やその他の領主や為政者、より小さな範囲では家長や村長や部族長、あるいはそれらの人々を取り巻く統治集団が、どのような政治を行なうのか、どのような法律やルールを敷くのか、ということが人々の生活や活動のあり方をかなりダイレクトに規定していた。そうした社会においては、政治や法律、あるいは種々の統治技術とは別に「経済的なもの」を独自の学問対象とする必要があるという観念が発達する余地はほとんどなかった。

しかし、資本主義は、たしかに直接的な政治的手段も大いに用いるのだが、主として市場を通じた私的取引、私的売買を通じて自らの富を増大させていくシステムである。それゆえ資本主義の運動が歴史的に発生し、政治的なものとは相対的に自立したシステムがしだいに支配的なものになるにしたがって、この「経済的なもの」の現象や運動を独自に研究し理解する必要性が生じた。このように、資本主義の台頭による、国内市場の成立、および政治的なものと経済的なものとの相対的分離こそが、さしあたっては、経済学という固有の学問を成立させた基本的な歴史的根拠である。

資本主義の謎

このようにして経済的なものが相対的に自立化し、それ自体が一個のシステムとしての全体性を持つことによって、それは容易には把握できない複雑な様相をも帯びるにいたった。先に述べたように、為政者や支配者の決定する法やルールがダイレクトに人々の生活を規制している場合には、われわれがなぜこのような生活の仕方をしていて、別の仕方をしていないのか、たとえば、なぜつくった穀物の半分をお上に上納して、残り半分しか自分のために消費できないのか、ということは最初から明らかである。すなわち、「五公五民」という公的な分割ルールが、収穫した作物の半分を上納することを決定しているのであり、そこでは結果と原因とは直線的であり、あからさまである。あるいは、地主のもとで働いてその収穫の3分の1や2分の1が小作料として奪われると

き、そこでも収奪関係は透明である。

　だが、資本主義においてはそうではない。そこではそもそも、労働者のつくり出したものの一部が労働者のものにはならずに、労働をしていない他の誰かのものになっているかどうか、あるいはどういう割合でそうなっているのかは、一見したところまったく明らかではない。また、いったん自立的なものとして存在しはじめた資本主義は、自己発展をしていき、次々と新たな制度や機構、さまざまな複雑な道具や手段を生み出すのであり、それらはますますもって「経済的なもの」を不可解で理解しがたいものにしていく。

　もちろん、封建時代にも封建社会特有のさまざまなイデオロギー的煙幕や虚偽意識が存在していたし、そこでの搾取の仕組みは、自然や神の意志等々の理屈で正当化されうるし、正当化されてきた。だから、現実が相対的により単純で透明だからといって、人々がその本質を簡単に把握できるわけではない。どんなシステムも、それが一定の持続性と安定性と物質性を有しているかぎりでは、それ自身を正当化するさまざまな政治的・宗教的・文化的な論理、理屈、観念を絶えず生み出している。

　しかし、資本主義においては、たしかにそうした政治的イデオロギーもたっぷり備えているとはいえ、それと同時に、資本主義経済のメカニズム自身が、自己の本質を覆い隠し、あるいは本質と正反対の姿で現われ、人々の目を欺くのである。とくにそれは、直接的には商品、貨幣、そして資本という「社会的な物」の姿をとって人々の前に現われている。その背後に存在する人間と人間との関係はぶ厚い物的外皮によって覆い隠されている。

　したがって、資本主義を表面的に観察したり、目に映る物的な姿にもとづいて判断をすることは、非常に危険である。そんなことをしていると、私たちは、資本主義のもとにおけるあらゆる不幸や災厄（恐慌や長期不況、貧困や失業、環境破壊や原発事故、所得の巨大な格差や不平等、低賃金と長時間労働、健康破壊や過労死、等々）を運命として、あるいは自然法則として受忍しなければならないということになってしまうだろう。

　そうならないためには、資本主義システムの内実そのものに深く分け入り、その物質的基盤、およびその内的連関と発展諸形態とを明らかにする必要があるのである。

2. 広義の経済学と狭義の経済学

広義の経済と狭義の経済

　ところで、より一般的な観点から見るなら、資本主義であると否とに関わらず、人間の社会ないし生活というのは、そもそも、生産と消費、あるいはより細かく分けると、生産、流通、消費、廃棄（および一部の再生）、といった日々繰り返される一連の生産と**再生産**の諸活動、およびそれを支える種々の物的な（自然的および人工的）諸条件なしには維持されないことがわかる。この人間活動とそれを支える物的諸条件とが相互に結びついて、社会の物質的土台ないし物質的骨組みを構成している。どんな複雑な政治過程も、どんな高尚な芸術や文化も、人々の生活とそれを包括する社会とが物質的に生産され再生産されないかぎり、存在することはできない。

　ただし、ここでいう「物質的」というのは「観念的」という言葉の対概念であって、必ずしも文字通りの意味の「物」の生産や消費にかぎられるわけではない。たとえば、われわれがこの世に生を受けてこの年齢までとりあえず無事生きてこれたのは、そもそも何もできない赤ん坊の頃に周囲の大人（主として親だが）による育児労働のおかげだし、社会生活をそれなりに営めているのは種々の教育労働のおかげである。したがって、社会の骨組みと呼べる再生産行為には、こうした種々の対人労働も必要だということである。

　さて、このようなより一般的な視点から見ると、経済学というのは、社会の骨組みにあたる物質的な再生産活動とそれを支える種々の物的諸条件、および両者の関係の研究だと言うことができる。この一連の再生産活動において起点となるのは「生産」であり、それなしにはそもそも分配も消費もない。したがって、「生産」は再生産活動の要の位置にあり、その出発点、発生点である。多くの経済学がこの生産に最大の注意を向けてきたのは理由あってのことである。

　しかし、人間のこの物質的な生産と再生産の活動は、孤島に流れついたロビンソン・クルーソーのようにたった一人で遂行されるわけではない。そもそも人間は類人猿の時代から集団的に協力しあう存在としてはじめて人間に進化したのだから、人間社会を前提するかぎり、この再生産活動はつねに一定の社会

関係のもとで遂行される。この物質的な生産と再生産が行なわれるために取り結ばれる社会関係を、**生産関係**と呼ぶ。そしてこの生産関係は歴史的ないし地理的にけっして同一のものではなかった。それは長期の過程を経てしだいに歴史的に変化し、地理的に多様化していった。このような歴史的変遷と地理的多様性を研究するのが、いわゆる**広義の経済学**である。

しかし、ここで取り上げるのは、そのような広義の経済学そのものではなく、それの特殊資本主義的な形態の分析と解明である。これを**狭義の経済学**と呼んでおこう。しかし、この狭義の経済学もまた当然ながら広義の経済学を下敷きとしているのであり、それは資本主義そのものが人々の生活の物質的な生産と再生産の営みを、したがってまた労働と自然とを自己の根本的土台にしているのと同じである。したがって、狭い意味での経済学とは、広義の経済学を踏まえつつ、資本主義社会の運動法則を解明する経済学を指す。

ブレイクタイム　物質代謝の一契機としての廃棄

通常の教科書的説明にあっては、「生産」から始まる一連の再生産循環は「消費」が終点となっており、そこからは再び「生産」に戻ることになっている。しかし、その再生産循環の各ポイントで不可避的に生じる排出物、廃棄物をどうするのかという問題は、人類の発生以来重要な経済問題であった。経済活動がまだ非常に貧弱で、生産・消費過程で生じる廃棄物がわずかな場合には、それらの排出物や廃棄物の多くは再び生産の中に入っていき、**物質代謝**の循環過程のうちに埋め込まれた。たとえば江戸時代の日本はかなり模範的な循環型社会だった。しかし、資本主義の大規模な成立、とりわけ大量生産と大量消費を基本とする現代資本主義の成立はこのような循環過程を完全に破壊し、自然に埋め戻すことのできない人工的で有害な廃棄物を大量に生み出すことになった。原発の使用済み核燃料の問題もこうした問題の一つであるし、重大な事故が起きた時の対処や後始末の必要性（現実にはほとんど不可能だが）もまたそうである。したがって、物質代謝について論じる際には、もはや「廃棄」という契機を無視するわけにはいかなくなってきていると言えるだろう。

資本主義一般と時代的・地理的モデル化

だが、資本主義経済と一言でいっても、その内実もまた歴史的・地理的に多様であった。まず歴史的に見ると、資本主義が生まれたばかりの時期、**産業革命**を経た後のマルクスの時代の資本主義、2つの世界大戦を経て戦後確立した資本主義、さらにまた、1980年代以降に主要資本主義国の中でしだいに支配的になっていた今日の**新自由主義**的資本主義は、いずれもその内実において多くの違いを持っている。

地理的に見ても同じことが言える。同じ時期の資本主義といえども、たとえば経済学が最初に大規模に成立した時期である18世紀末から19世紀の資本主義においては、その主要な資本主義的発展地域に限定したとしても、ヨーロッパ型と北アメリカ型とではまったく異なるし、同じヨーロッパでもイギリス型と大陸型とではかなり異なる。ヨーロッパや北米を離れれば、その違いはいっそう大きくなる。革命前のロシアの資本主義、明治維新後の日本の資本主義、等々。今日の**グローバリゼーション**の時代においても、このような地理的相違はなお色濃く残っているし、資本主義というのは、一方では絶えず同質性を強制しながら、他方では絶えず差異、異質性、格差をつくり出していく運動体なのである。

というわけで、このような実にさまざまな歴史的・地理的特殊性に彩られた資本主義というシステムにあって、何らかの資本主義の一般理論というのはそもそも構築することができるのか、という厄介な問題が生じうる。従来は、**古典派経済学**にあってもマルクス経済学にあっても、基本的には18世紀末から19世紀半ばにかけてのイギリス資本主義を一個のモデルとすることで（イギリスが産業革命の祖国であり、当時最も資本主義が発達していたという理由で）、暫定的に解決されていた。しかし今日では、このような19世紀のイギリス資本主義をモデルとする立場を採用するわけにはいかないだろう。

☼より進んだ考察☼──「段階論」的アプローチの罠

特定の国の資本主義を単純にモデル化することが不適切なように、特定の時代の資本主義をモデル化することにもさまざまな危険が伴う。たとえば、『資本論』が対象

にしている19世紀資本主義というのは、デヴィッド・ハーヴェイが指摘しているように、けっして一般に言われているような純粋な**自由競争**社会ではなかった。国家による市場介入や社会保障が貧弱であったという意味では自由放任経済ではあったが、貧弱な交通・通信手段、伝統的で古風な習慣や法の強固な持続、伝統的政治勢力による地域支配、平均的な資本規模の小ささ、資本移動と労働移動に対するさまざまな制約、等々のせいで、**地域独占**をはじめとするさまざまな**初期独占**が存在していたのである。このような諸制約が本格的に打破されるのは、交通・通信手段が巨大な発達を遂げ、古い習慣や伝統、伝統的政治勢力の支配が衰退し、さまざまな地理的・経済的障壁を乗り超えて最も利潤率の高い分野に資本投資することを可能とするような大資本が成立してからのことであり、したがって、いわゆる**独占資本**が成立してからのことなのである。それが時にその独占的地位を利用して何らかの独占利得を実現することは、一般的法則からの逸脱でも「不純化」でもなく、むしろ、独占的所有が可能な場合にはいつでもそれを利用して独占利得を獲得しようとする資本の一般的運動法則の中に位置づけられるべきものであろう。

したがって、資本主義一般の特徴を理解するにあたって、特定の時代の特定の国の資本主義を安易にモデル化しないことが肝要である。あれこれの国における、あるいは、あれこれの時代における諸特徴に配慮しながらも、資本主義そのものの内的メカニズムに深く沈潜して、その内部から資本主義一般の諸特徴を把握する必要がある。もちろん、あれこれの国や時代における、資本主義の内在的諸特徴の歴史的・地理的な具体的発現形態を研究することはけっして無意味ではない。むしろその反対である。それらの諸特殊の真剣な分析を通じてはじめてわれわれは、資本主義一般の内的メカニズムへと具体的に迫っていくことができるのである。

奇妙なのは、マルクスが当時における最新の資本主義をモデルにしたのに、その後のマルクス経済学者たちが、マルクス以降に巨歩的進歩を遂げた資本主義をモデルにするのではなく、マルクス時代のイギリス資本主義を経済原論のモデルにし続け、その後の発展を「**段階論**」の枠にはめ込んでしまったことである。

もちろん、こう言ったからといって、資本主義の歴史に何らかの段階を設定することができないとか無意味であるというわけではない。そのような段階設定は、何らかの重大な諸特徴を基準にして十分可能であるし、それは資本主義の歴史的変遷を理解する上で、したがって資本主義そのものを理解する上できわめて重要である。だがそれは自由競争か独占かという単一の基準によるものではなく、生産の具体的内実、労働者の地位、技術水準、人権の保障レベル、国家の様態や社会的諸制度、国際的な政治的・経済的環境、など多くの諸領域における諸変化の総合にもとづいて設定するべきだろう。

その意味で、私は18～19世紀半ばにおける**古典的資本主義**と、第2次世界大戦後に国際的に成立した**現代資本主義**（両者に挟まれた長い時期は過渡期と考えることが

できる）とを区別しうると考えている。しかし、だからといって経済原論は古典的資本主義をモデルにするわけではない。最新の形態を常に念頭に置きつつ、両者を貫くその本質的傾向を対象とするのである。そして、この本質的傾向をより適切に考察するにふさわしい想定は、無数の群小資本が地域的に分割された条件下で部分的にのみ競争しあう半競争状態でもなければ、ごく少数の独占資本が市場を完全に支配してしまっている独占非競争の状態でもなく、一定数の大資本（あるいは中資本）が特定地域を超えて全国的に競争しあっている**寡占競争状態**であろう。それゆえ、本書では、基本的にこの状態がおおむね前提とされる。

3. 経済学を学ぶにあたってのさらなる注意点

本講の最後に、経済学を学ぶにあたってさらにいくつかの注意点について、ごく簡単に列挙しておこう。これは留意すべき論点のすべてを網羅しているわけではないが、少なくとも念頭に置いておくべきものとして挙げておく。

経済的なものと政治的なもの

資本主義の成立によって、経済的なものと政治的なもの（あるいは文化的なもの、社会的なものなど）とが分離して前者が相対的に自立するようになったといっても、実際には両者は複雑に絡み合い、相互に浸透しあって存在している。それらのものを無視して、純粋に経済的なカテゴリーだけで、社会や経済の基本的な仕組みを説明できると考えるのは一種の「経済学的うぬぼれ」である。ましてや、客観的な経済法則や市場原理の名のもとに、あらゆる不幸や災厄を運命論的に、あるいは自己責任として黙って受け入れるよう説教することは、経済学的うぬぼれを越えて、もはや経済学的宗教であろう。

総じて、経済的なものと政治的なものとはくっきりと分離して並存しているのではなく、無数の紐か糸、あるいは幾筋もの流れのようなものとして相互に絡みあい、しばしば交じりあったり反発したりしながら存在しているのであり、その濃度の違いとして、われわれは主として経済的である領域と主として政治的である領域等々を相対的に区別することができるのである。

階級闘争と社会的承認

そして、この2つの領域を媒介しているものの一つが、労働者の側の集団的な諸実践（抵抗、闘争、逸脱）であり、それに対する資本の側の対抗的諸実践である。これらの諸実践は、単に資本の内在的法則の現象にすぎないものではなく、それに制約されながらも、その作用を妨げたりずらしたりするのであり、時には法則そのものをもかなりの程度変容させるのである。

これらの集団的諸実践を**階級闘争**と呼ぼう。そこには、異なった階級間の抗争だけでなくその一定の提携関係や同盟関係が含まれるし、さらには同じ階級の中のさまざまな部分集合（**階級分派**）間の闘争や同盟関係も含まれる。そしてこのような階級闘争は、資本の運動にとって外的なものでもなければ、経済原論から排除すべき不純なものでもない。階級闘争は資本の運動そのものの核心に位置しており、それを規定するとともに規定されている。

それと同時に、階級闘争というものを、階級間ないし階級分派間の剥き出しの対決と考えるのも一面的である。それは、そのときどきにおける**社会意識**、人権水準、文化水準などによって複雑に媒介されている。これらのものは**社会的承認**という独自の契機を構成するのであり、階級闘争と並んで資本の運動に重大な影響を及ぼし、その具体的な形態や作用範囲、貫徹の程度などを限定する一要因となる。この社会的承認をめぐる攻防はしばしば「権利のための闘争」という形態をとるのだが、というのも、「権利」というのは、社会的に正当なものと承認された個人的ないし集団的な要求のことだからである。そしてこの契機は、階級闘争と同じく、経済学の外部に属するのではなく、その内部に属するのである。

市場と非市場的なもの

通常の経済学においては、経済社会全体が市場の論理によって覆い尽くされているかのような想定がなされている。だが、最も資本主義が発達した国の一つである日本に住むわれわれの日常をちょっと振り返っても、非市場的な行為や制度や習慣が無数に存在していることがわかる。たとえば、あなたが店に行って、自分がほしい商品を買ってお釣りを受け取るとき、その商品が不良品ではなく、お金が偽物でないということを信頼している。店側も同じである。も

し、一つの取引行為ごとに、本当にその商品は不良品ではないのか、お金は偽物ではないのかを、その場でいちいちチェックしていたら大変なことになるだろう。市場というシステムは、市場だけではとうてい成り立たないのであって、他者への信用をはじめとするさまざまな人格的・制度的諸関係によって補完され、支えられなければならない。

　このような信用関係が広く存在しうるのは、人々が、一種の**共同体**的なものを意識することなくすでに形成し、また絶えず再形成しているからである。「共同体」というとすぐに念頭に浮かぶのは、村社会や部族共同体のような何らかの歴史的な共同体であろう。そしてこのような伝統的共同体は市場ないし資本主義の発展とともにしだいに衰退していく。しかし今日でも非市場的で半共同体的なものはなくなっていないだけでなく、広く社会全体に根を張っている。

　今日なおも存続している共同体的なものとして一般に想定されているのは家族と国家であるが、そのような制度化されたものに限定されるわけではない。私たちの日常生活においては、さまざまな半共同体的なものが市場という糸と絡み合っている。親族、友人関係、地域、学校や職場、サークルやNGO、ときにはインターネットでのバーチャルな関係さえも。

　したがって、経済学を学ぶ中で、問題をただ市場の論理だけで説明しようとする記述に出あった場合には、はたしてそれは市場だけで成り立ちうるのか、それを支えている何か非市場的なものがあるのではないか、と考えてみる必要がある。

歴史と地理、時間と空間

　通常のブルジョア経済学の世界、とくにミクロ経済学の世界では歴史や地理はほとんど捨象されており、経済的諸要素は非時間的で非空間的な形で相互に同時決定されている。マルクス経済学の世界では、歴史や時間の観点は非常に重視されているが、地理的・空間的観点はしばしば忘れられている。実は、マルクスの『資本論』をよく読めば、縦横に地理的・空間的観点が展開されており、地理や空間の要素がけっして軽視されていないことがわかる。しかし、その後の『資本論』研究では、これらの要素はしばしば忘れられており、あるいは資本の運動にとって外的なものとして軽視されている。

だが、あらゆる経済的なもの（政治的なものなどもそうだが）はつねに時間的のみならず空間的にも、歴史的のみならず地理的にも存在している。したがって、何らかの経済的事象の時間的・歴史的側面に注目するだけでは、まだ事柄の半分しか見ていないことになる。それゆえ、あらゆる新しいカテゴリーや法則を学ぶたびごとに、次のように自問しなければならない。この問題やカテゴリーの空間的側面はどうなのか、それの地理的存在形態はいかなるものなのか、と。

　さて、以上の点に留意しつつ、いよいよこれからマルクス経済学の世界に足を踏み入れていこう。

第 1 部
商品と貨幣

第2講　商品とは何か──商品の2つの要因

　経済も経済学もきわめて複雑な全体をなしているので、最も単純であるとともに最も基礎的な、したがって全体の出発点となるような対象が特定されなければならない。それはいったい何だろうか？

1. 資本主義的富の基本形態としての商品

富とは何か

　最初の経済学はだいたい17世紀から18世紀にかけて成立し、18世紀末から19世紀初頭にかけて、古典派経済学と呼ばれるようになる一大潮流が主にイギリスとフランスにおいて成立した。その後のあらゆる経済学の流れは基本的にこの時期に成立した古典派経済学を源流としている。この時期の経済学には、著作の表題に、あるいはその中の章や編の見出しに「富（wealth）」という言葉をつかったものが多く見られる（たとえば、古典派経済学の最も有名な著作であるアダム・スミスの『国富論（Wealth of Nations）』はその代表例だ）。

　だがいったい「富」とは何だろうか？　その答えは人によって実にさまざまだろう。端的にそれは「お金のことだ」と答える人もいるだろう。貨幣が支配的である今日の資本主義社会では、この答えは実に正しいし、実際、**重商主義**と呼ばれた思想潮流はまさにそのように富を定義したのであった。それに対して**重農主義**者たちは豊かで安定した農業こそが富の源泉とみなした。あるいはまた、富とは自分で自由に使用できる時間であると言う人もいるだろう。これも、ある意味で正しい。朝から晩まで働いてお金を稼いでも、そのお金を使って何かを享受したり、家族や友人と過ごしたり人生を享受する時間が残っていないとしたら、それはいったい何のためのお金なのだろうか？　そのお金で立派な家を買ったとしても、その家にただ寝に帰るだけだとしたら、それが何の意味を持つだろうか？　あるいは別の人は豊かな自然を、あるいは豊かな人間

関係を「富」とみなすかもしれない。それらの答えにはいずれも一理あるだろう。

このように、「富とは何か」という問いは、それにどう答えるかでその人の思想性や何を大切に考えているかを示す問いであると言えるだろう。しかし、ここではそうした興味深い問題は脇において、問題を限定しよう。経済学で問題になるかぎりでは、われわれは「富」をさしあたって、人々の生活や社会の生産と再生産を支える物質的諸条件に限定しておこう。このような物質的諸条件には自然のままで存在するもの（空気、太陽の光や熱など）と、何らかの自然を加工して得られるものがあるが、ここではさらに、自然のままで存在するものではなく、自然や人間に働きかけて何らかの有用な物をつくり出す人間の合目的的な活動（＝労働）によって得られるものに「富」を限定しよう。

富と商品

このような「富」は、われわれの生きている資本主義社会においては主としてどのような形態を取っているだろうか。これに対する答えは簡単だ。それは何よりも「商品」という形態を取っている。つまりそれは、市場で売買ないし交換可能なものとして存在する。先ほど「富とはお金だ」という答えを紹介したが、貨幣というのは、ほとんどの富が商品として存在するからこそ、意味を持つのである。もしほとんどの富が商品という形態を取っておらず、それらが非市場的に供給されているとしたら、貨幣はほとんど意味を持たない。

資本主義をそれ以前のあらゆる社会と区別しているのは、人々の生活や社会の再生産を支えている富の大部分が「商品」として供給されていることである。もちろん、資本主義以前の社会でも商品は存在したし、貨幣も存在した。江戸時代にはかなり商品経済が発達していたし、都市部にかぎれば、日用品の多くは商品として購入されていた。しかし、その社会の最大人口を構成する農民は、自分たちの生活をおおむね自給自足的に再生産していたし、それがつくり出す穀物などの基本的な富が一定の割合で藩によって非市場的に取りたてられ、それらは武士階級のあいだで非市場的に配分されていた。

資本主義が社会的に成立した後でさえ、最初のうちは富のかなりの部分はまだ非市場的に供給され配分されていた。われわれの親の親の世代、あるいはさらにその親の世代にまでさかのぼると、味噌や漬物などは各家庭でつくられて

いたし、衣服も家庭内でつくられ、あるいは修繕されていた。したがって、資本主義が成立した後も、商品化の過程は持続的に作用しつづけたのであり、われわれはしだいに、生活に必要なほとんどのものを商品として購入するようになっていったのである。

さらに言うと、資本主義がかなり発達してからも、一定部分の富は非市場的な形で供給されている。たとえば、道路や上下水道のような**社会資本**がそうであるし（部分的に費用負担があるとはいえ）、教育や医療のかなりの部分もそうである。このように、多くの人々によって公共的に使用されるようなものは、政府や自治体などによって非市場的に供給されているし、供給されなければならない。しかし、今日では、本来は**公共財**として非市場的に供給されるべき多くのものがますます商品として、市場的に供給されるようになってきている。とくに水が不足しているような地域で（飲料可能な水が豊富に存在する日本のような国は実は例外的である）、水を商品化すれば、その水を独占販売しうる企業には巨万の利益が保障されるだろう。

しかしこれは実際には、人々の生活に深刻な悪影響を及ぼす現象である。なぜなら、人々が健康で文化的な最低限の生活を送るのに必要不可欠な、したがってその意味ですぐれて公共的な性格を持った財がもっぱら市場的に供給されるとすれば、それを入手するだけの収入がない人は生存権を否定されることになるからである。教育、医療、住宅、水・電気・ガス・道路などのライフラインはその筆頭であろう。だが、そうした生存に必要不可欠なものであればあるほど、商品化することで得られる売り手側の利益は大きくなるのであり、今日の新自由主義化しつつある世界では、それらはますますもって商品化されていく。したがって、富の大部分を無限に商品化していくという資本主義の内的傾向は、本質的に人々の正常な社会的存続と矛盾しているのである。

2. 商品の使用価値

このようにさまざまな例外があるとはいえ、資本主義社会における富の基本形態はやはり商品であり、生物学の比喩を用いるならば、商品とは一個の細胞のような存在である。生物個体が大小無数の細胞から成り立っているように、

資本主義世界もまた大小無数の商品から成り立っている。

次に問題になるのは、では、資本主義における富の基本形態であるこの「商品」とはいったい何かである。現象的に言えば、先にも述べたように、市場を通じて貨幣との交換で得られる物品のことだが、これではまったく不十分である。というのも、まだ貨幣がない時代にも商品は存在したからであり、また、市場というのは商品交換がなされる場を意味するのだから、結局、商品とは何かという問題に戻ってしまう。

使用価値と社会的使用価値

われわれは先に富とは何かを限定しておいたのだから、そこから出発することにしよう。商品が富の特殊な形態に他ならないとすれば、それはまずもって富と共通する性質を有しているはずである。すなわち、人々の生活と社会を生産し再生産するのに役立つ物的諸条件としての側面を持っているはずである。それを、経済学では、商品の**使用価値**と呼ぶ。

しかし、使用価値という概念は、実を言うと、「富」という言葉で想像されるものよりも広い範囲を有している。人々の生活や社会を支えるという積極的な役立ちがほとんど認められないもの、それどころか人々の生活を破壊しかねない有害なものでも、商品の「使用価値」として存在しうる。タバコや銃、あるいは麻薬などがそうである。その有害度があまりにはなはだしい場合には、麻薬や銃のように国によって流通や生産を禁じている場合もあるが、闇市場では商品として流通している。それを欲する人がいて、それを交換でもって入手したいと望む人々がいれば、それは使用価値を持っていると言えるのである。

他方では、商品において問題となる使用価値という概念には、「富」よりも狭い面がある。人が自分のためだけに何かを生産した場合、たとえば自分で使うための椅子をつくったり、ベランダで自分のための花や野菜を育てるような場合、それは明らかに「富」ではあるし、自分にとっての使用価値であるが、それは商品において限定されるところの使用価値ではない。商品の使用価値となるためには、その使用価値は自分以外の他人が欲するような使用価値でなければならない。これを、**社会的使用価値**と呼ぶ。つまり、何かが商品であるためには、それは自分以外の誰かによって必要とされる社会的使用価値でなけれ

ばならない。

潜在的使用価値と現実的使用価値

　しかし、あらゆる社会的使用価値は商品になるのだろうか？　自然に存在する太陽光や空気は万人にとっての使用価値であるが、無償で誰もが享受しうるかぎり、それらが商品になりえないのは明らかである。

　では、海で泳いでいるマグロはどうか？　これは、とくにマグロ好きの日本人にとっては、大いに社会的使用価値を有しているが（今日ではマグロ資源の保護が国際的に問題になっているほどだ）、それが海を泳ぎまわっているかぎり商品になりえないし、商品としての使用価値を有していない。それが商品となる資格を持った使用価値となるためには、現実にわれわれが使用できる状態へと変換されなければならない。すなわち、十分な装備と漁師を乗せたかなり大型の船でもって沖合いに出て、マグロを釣り上げ、腐らない状態で保存して港に戻り、陸上げされ、卸売り市場まで運ばれなければならない。ここまで来て少なくともそれは商品になりうる。そこからさらに、個々の消費者によって使用できる状態になるためには、小さい部分に解体され、包装され、トラックで市場まで運ばれ、店頭に並ばなければならない。こうしてはじめて、海で泳いでいるマグロは実際に使用可能なものへと変換されるのである。

　海で泳いでいる状態のマグロは、いわば**潜在的な使用価値**を持っているだけで、**現実的な使用価値**にはまだなっていない。潜在的使用価値を現実的使用価値へと変換するさまざまな労働を通じて、それは現実の使用価値になるのである。このように、さまざまな労働を通じて潜在的使用価値を現実的使用価値へと変換する過程を「生産」と言い、それを媒介する種々の労働を**生産的労働**と言う。

「生産」の広い意味

　だから、経済学でいう「生産」という言葉は、その言葉から通常連想されるものよりも広いと言わなければならない。「生産」というと、工場で製品を組み立てるとか加工するという言葉がいちばんぴったり来るが、経済学的な意味での「生産」はそうしたイメージよりも広い。潜在的に使用価値であるもの（原材料などもそうだ）を現実の使用価値にする合目的行為は総じて生産である。

たとえば水一般は商品ではないが、ある川や山の天然水を汲んできて、それをペットボトルに詰めて、それを一般の人々が消費しうる場所に運べば、それは商品になりうるし、それに費やされた一連の行為は現実的使用価値としての「水」を生産したと言えるのである。

ただし、この場合、「現実的」という言葉を消費用の最終生産物になっているという意味に解す必要はない。たとえば釘やのこぎりなどは立派な使用価値であり、商品として取引可能であるが、釘やのこぎりそれ自体を消費の対象とする者は普通いない。それは、それを使って他の何かをつくるための手段である。しかし、そういう手段としては十分に現実に使用可能な状態になっているのであり、したがって現実的な使用価値である。あるいは、魚屋に並ぶまるごとの魚もまた、そこからさらに調理しなければ最終消費用にはならない。しかし、そのための材料としては十分に現実的な使用価値となっている。

また、経済学で言う「生産」には、すでに生産されたものの使用価値を維持する行為やそれを修復したりリサイクルして使用価値を文字通り再生する諸行為も含まれている。それらの行為もまた生産の範疇に含まれる。新しい使用価値を作り出すという意味での「生産」（狭い意味での生産）に加えて、使用価値を維持し再生する行為を含めて「生産」（広い意味での生産）と呼ぶのである。

とくに、長期的な耐用性を持つ商品や、あるいは商品でなくとも、多くの人々が生産や流通や生活の諸過程で共同で使用する大規模設備や物的インフラなどは、その生産にかかる労働と費用だけでなく、それを維持するための膨大な労働と費用をも必要とする。たとえば最近、道路や橋やトンネルなど公共的建造物の劣化や老朽化が問題になり、それによる事故や破損などが話題になっているが、このような物的インフラは、それが完全に使い果たされるまでは膨大な維持・再生労働を吸収し続ける。無駄な公共事業が問題なのは、それを建設する過程において無駄な労働と費用が費やされ環境が破壊されるだけでなく、それを日々維持するためにも膨大な費用と労働がかかり続けるからでもある。

3. 商品の価値規定

これでまずは商品の一側面が何であるかが明らかになった。それはまずもっ

て社会的な使用価値でなければならず、しかも現実的な使用価値になっていなければならない。しかしそれはまだ商品ではない。それが商品であるためには、市場で他の商品との、あるいは他の使用価値との交換が予定されていなければならない。

　ここで問題になるのは、何を基準にして諸商品は交換されるのかである。この交換の基準となるものをとりあえず**交換価値**と呼ぶとすれば、この交換価値を規定しているのは何なのかが問題になる。そしてまさにこの問題は、それをめぐって経済学全体が真二つに分裂しているぐらい、経済学上の大問題なのである。

効用価値説

　これまでずっと使用価値の話をしてきたことからして、この使用価値、ないしそれがつくり出す効用の大小によって交換基準が決まっているように見える。こういう価値説を**効用価値説**と言い、**近代経済学**あるいは**新古典派経済学**と呼ばれる理論的潮流はこの価値説にもとづいてその理論体系を構築している。交換の表面に現われる現象をなぞっているだけの視点からは、効用の大小によって交換基準を規定する考え方は、常識に合致しているように見える。実際、ある商品に対する需要が増大すると、その商品の価格が高くなり、その逆は逆であるという現象は、この効用価値説を証明しているように思えるし、またわれわれが日常において商品を買うかどうかを判断するとき、しばしば、それが満たす効用の大きさと値段とを無意識に比較している。

　だが、需要の大きさと価格の高さとは、機械的に対応するものではない。通常、ある商品に対する需要が大きければ大きいほど、大量生産が可能になるので、むしろその商品の価格は相対的に安くなる。一部の専門家しか買わないような専門書の値段は恐ろしく高いのに、村上春樹の著作は非常に安い。したがって、通常の商品は、需要が大きいほど価格は安いのである。需要が大きくなればなるほど価格が高くなるのは、その需要の増大に比例させて供給量を容易には増やせない商品にかぎられる。骨董品やピカソの絵などが典型的にそうであり（これについては次講で簡単に取り上げる）、より小さな程度だが特定の季節にしか取れない農作物や生産に長期間かかる建造物などがそうである。し

かし、一般に経済学で取り扱っている大量商品に関しては、この需給曲線の物語は妥当しない。いずれにせよ、それは何らかの平均的な交換基準ないし交換価値からの乖離を説明するだけであって、この基準そのものについては何も語らない。需要と供給とが一致すれば、それは基本的に平均的な交換価値に一致して売られるのであり、その交換価値が結局いかなる大きさなのかについて需給曲線は何も語らない。

われわれが効用の大きさを比べて買い物をする場合についてはどうだろうか？　たしかに、われわれはある程度漠然と効用と値段とを比較して買い物をする。しかし、ある商品Ａと商品Ｂとが１：２の割合で交換されるとき（Ａ＝２Ｂ）、Ａの効用がＢの効用の２倍であるなどと言えるだろうか？　そもそも効用一般を何によって測るのだろうか？　効用はその商品がいかなる種類であるかによってまったく多種多様であり、原理的に比較不能である。長椅子と砂糖、フライパンと小さな電子部品とを、それぞれどのようにして効用で比較するというのか？

同じ種類の商品であれば、そのような使用価値の大きさを客観的指標で測ることは不可能ではない。たとえば、パソコンの使用価値をそのスペックの違いによって一定評価することは可能である。ハードディスクの容量が40ギガバイトのパソコンと80ギガバイトのパソコンがあり、それ以外のすべてのスペックや画面の大きさなどが同じであれば、われわれは後者の方が使用価値が高いと判断できるし、おそらくは後者の方が値段が少し高いだろうと予想できる。しかし、その値段の差がたとえば5000円だとすれば、いったいハードディスクの容量の差による効用の差がどうして5000円という貨幣額で表示しうるのか、やはりさっぱりわからない。ましてや、まったく異なった使用価値を比べて、その効用の差を数値で測るのは絶対に不可能である。これは理論的に比較可能だが現実に測るのは困難であるといった技術的問題ではなく（この種の技術的問題はどのような場合にも存在する）、原理的に比較不能なのである。

たとえば、10センチの鉛筆と100グラムの砂糖のどちらが、どれだけ多いですかと質問されたら、あなたはどう答えるだろうか？　まったく答えようがない。技術的に困難なのではなく、原理的に不可能なのである。長さとグラムは物体のまったく異なる側面を基準にした単位だからである。50グラムの鉛

筆と100グラムの砂糖のどちらが重いかと尋ねられれば、誰でも簡単に答えられる。しかし、10センチと100グラムでは原理的に比較不能である。商品の効用による比較も同じことである。

そして、この世界には何十万、何百万種類もの商品があることを考えると、そのすべてを効用の大きさの差としてずらっと並べて細かい価格差をつけることなど絶対に不可能であることがわかる。

労働価値説

では結局、無数に存在するすべての商品の交換価値を規定しているものは何であろうか？　それらが原理的に比較可能であるためには、すべての商品に共通する何かが商品に内在し、それが客観的に測定可能なものでなければならない（もちろん現実には技術的に困難であるとしても、少なくとも原理的に可能でなければならない）。その内在するものを**価値**と呼ぶとすれば、交換価値とは、ある商品に内在する価値が他の商品に内在する価値との関係において量的に表示されるものにすぎないことがわかる。それゆえ問題は、各々の商品に内在する価値の実体とは何か、その大きさはいったい何によって規定されるのか、である。

ここでそもそも商品の一規定である使用価値というのがどのようにして成立したかを考えてみる必要がある。それが自然のままで存在し、無償で誰もが享受しうるかぎり、それは商品になりえなかった（太陽光や空気のように）。それはまた潜在的な使用価値として自然の中に埋め込まれているだけでもだめだった（地中の石油のように、海中のマグロのように）。潜在的使用価値を現実的使用価値へと変換する生産的労働という行為を通じて、はじめて自然物は商品の前提としての現実的使用価値になるのである。そして自然物そのものは価値も交換価値も持たない。とすれば、それ自体として価値を持たない自然物を現実の使用価値に変換したこの労働こそが、無価値の自然物に価値を付与するものであるとみなすことができる。

だが、ここで次のような異論が出されるだろう。潜在的使用価値を現実の使用価値に変換するには労働だけでは足りない、なぜならマグロを釣って陸に運ぶには、船や燃料や釣り道具が必要だし、マグロを冷やして保管する装置など

が必要ではないかと。まったくその通りである。だが、それらの船や燃料やさまざまな道具は天から降って来たのだろうか？　いやそうではない。それもまた何らかの潜在的使用価値に働きかける労働によって作り出されたものである。だが、そのためにもやはり別の手段が必要だったのではないか？　だがその手段もまた労働によって作り出されたものである。そうやって、どんどんその源流をたどっていけば、最終的には、自然そのものと労働とが残るはずである。すべての商品は究極的には自然と労働という2つの本源的要因に分解される。自然そのものが交換価値を持たないとすれば、結局、価値をつくり出しうるのはもう一方の要因だけである。人々にとって現実的に使用可能なものへと生成させた労働こそが、商品の価値を形成するのであり、したがってその分量が価値の大きさを規定するのである。労働の分量は、その強度や複雑度が同じだとすれば、単純にその継続時間で測ることができる（強度や複雑度による価値規定の修正は次講で論じられる）。

　もちろん現実には、ある一商品が最終的に形成される過程は非常に複雑で、無数の売買によって媒介されているので、ある商品に含まれている労働量を厳密に算出することは技術的にきわめて困難である。だが、それは技術的に難しいというだけであって、10センチの鉛筆と100グラムの砂糖のように原理的に比較不能なものではない。そして、この技術的困難さは、無数の交換行為を通じて実践的に解決される。

　まとめると、商品の交換価値の基準となる価値は、その商品を生産するのに費やされた労働を実体としており、その大きさはさしあたって、その生産に必要な労働の継続時間によって測定される。また、すでに述べたようにここでの「生産」は広い意味であり、実際にそれを作り出す行為だけでなく、それを現実の消費地点に運ぶ行為やその使用価値を維持・再生する行為も含まれている。

　このような価値説を**労働価値説**（より厳密には**投下労働価値説**）と呼ぶ。この学説こそが唯一科学的な価値説であり、それにもとづく経済学だけが、唯一科学的な経済学でありうる。たとえその細部の仕上げが不十分で、すべての経済現象を十分に説明しえていないとしても、この価値説の延長上でのみ問題の科学的解明が可能になるのである。

社会的必要労働の意味

しかし、労働が価値を形成するといっても、個々の労働は個人によって千差万別だろう。要領のいい人もいれば悪い人もいる。器用な人もいれば不器用な人もいる。たとえば、要領のいい人がある原材料を使ってある完成品を生産するのに 2 時間しかかけないのに、要領の悪い人が同じ完成品を生産するのに 3 時間かけるとすると、要領の悪い人の方が要領のいい人よりも 1.5 倍多くの価値を原材料につけ加えることになるのだろうか？ もちろんそうはならない。ここで問題になる労働は、社会的に平均的な労働条件にもとづいて、社会的に平均的な身体的・精神的能力や器用さをもって遂行される労働である。個々の労働は常にこの平均値から多少ともずれているが、それぞれ同種の商品を生産する無数の諸労働は、その平均的質において価値を形成するのである。

このように、商品価値の実体をなすのはその商品を生産するのに社会的・平均的に必要な労働であり、その大きさはさしあたりその継続時間によって規定される。この継続時間を**社会的必要労働時間**という。また、あえて時間に限定しないとすれば（強度なども含めた場合）、価値の大きさは、社会的必要労働の大きさによって規定されると言うことができるだろう。

しかし、ここで言う「社会的必要」というのは非常に多義的な概念である。それは単に器用さや労働条件の平均的水準を意味するだけではない。そこには、さまざまな文化、習慣、階級闘争、社会的規制の有無、等々も関わってくる。価値の実体を古典派経済学のように単に「労働一般」に還元するのではなく、「社会的必要労働」と規定することで、それは多様なものに開かれた概念になる。

たとえば、ある地域の文化においてはある商品には必ず必要な装飾や機能などが、別の文化では必要がない場合もある。またある時代には不可欠である機能が、それ以前の時代にはそうでない場合もある。たとえば、電気や水道が通っていない家屋は現在ではせいぜい倉庫としてしか販売できないが、かつてはそのような家屋は普通であり、したがって住宅として販売しえた。この場合、「社会的必要」の具体的中身は、地域や文化や時代によって異なってくるということになるだろう。

さらにもっと深刻な問題がある。たとえば、労働者の人権がないがしろにされていた時代にあっては、作業における安全を確保するためのさまざまな装置

や対策にかかる費用や労働は、商品を生産するのに必要な労働の中にはカウントされないだろう。また、公害が社会的にまったく規制されていなければ、ある商品を生産するのに「社会的に必要な」労働の中には、生産の過程で発生した有毒物を除去したり無害化するのに必要な労働や費用は入らないだろう。たとえば、これまで原発による発電が総じて安価であるとされてきたのは、使用済み核燃料の処理や保管にかかる莫大な費用や労働、あるいは事故が起きた時に必要になる莫大な費用や労働が総じて無視されてきたからである。

したがって、何が社会的に必要な労働であるのかをめぐっては、階級闘争、社会的な対立と抗争、社会全体の人権意識などが深く関わってくるのであり、一見、純粋に「経済的」に見えるような商品の価値規定の最も基礎的なレベルにおいてさえ、社会のあらゆる問題が関わってくるのである。

とはいえ、このような側面を無限定に広げることは逆の誤りに陥ることになる。あるものを生産するのに実際に社会的に必要だった要素が、それが社会的に認識されていないからといって、価値形成の要素に入らなくなるわけではない。文化や社会的承認の要素は、何が社会的に必要な労働に入るのかの範囲をある程度狭めたり広げたりすることはできても、商品を生産する上で実際に客観的に必要なものを排除したり無にしたりするわけではない。もしそうだとすれば、社会的必要労働の概念は単に主観的（ないし共同主観的）なものになってしまうだろう。

社会的必要労働は、一方では人々の意識や行為から独立した客観的な過程を指示する概念であるとともに、他方では人々の社会的意識や社会的行為によって絶えず干渉され影響をこうむる概念でもある。この両方の側面を（デヴィッド・ハーヴェイ的な言い方をすれば）弁証法的な緊張関係のうちに堅持することが必要であって、今後、さまざまな場面で、このような緊張関係に遭遇することになるだろう。

4. 労働の二重性

具体的有用労働と抽象的人間労働

「社会的必要労働」という概念における「社会的必要」について、それが一

筋縄ではいかないことを明らかにしたが、では「労働」の方はどうなのか？ここでも問題は単純ではない。労働といっても、大きくいって2つの側面が区別されなければならない。たとえば、さまざまな使用価値をつくるのに必要な労働の具体的形態は千差万別である。それは、織ったり、紡いだり、彫ったり、運んだり、そしてパソコンのキーを叩いたりする。したがって、人間の労働はそれが生産する使用価値との関連では、無限に多様である。しかし、価値において問題となるのは、そのような多様性における労働の側面ではなく、どのような労働をするにせよ、平均的には同等の肉体的・精神的諸力を行使し、人間に与えられた絶対的に制限のある時間の一定部分を用いるという点では同一の性質を有しているような労働の側面である。そしてこの質的に同等で普遍的な性質において、労働は価値を形成するのであり、どの商品も、その使用価値からすれば無限に多様であるにもかかわらず、この同等で普遍的な労働の産物としては、量的にのみ区別できる同等の価値物なのである。

したがって、人間の労働はその質的に具体的で多様な姿において使用価値を形成しながら、それと同時並行的に、その質的に同等でただその継続時間という量的側面を通じて区別される性質において価値を形成する。労働の前者の側面を**具体的有用労働**と言い、後者の側面を**抽象的人間労働**と言う。

それぞれの労働についてもう少し詳しく見てみよう。たとえば、毛糸を使って編み物をする場合、独特の手の動きや筋肉の動き、編み物をするための必要な知識や精神の動き、等々が必要であり、そうした動きはパソコンで文章を打つときに必要なものとはまったく異なる。このように、何を生産するかによって、労働の具体的な様態はすべて異なる。フライパンで料理を作るような動きで手編みのマフラーを作ったり、旋盤を行なうことはできない。商品の無限の多様性に応じて無限であるこの具体的有用労働は、一方では、何らかの具体的で特殊な動きや精神的・肉体的な作用の仕方をするのであり、他方ではそうした具体的な動きや作用を通じて何らかの現物形態を作り出し、社会的効用を生み出すのである。

しかし、何を生産するにしても、それは同時に労働そのものの一般的性質を保持している。それは、一方ではすべての人が平等に持つ絶対的に有限な時間の一部を費やさせるものであり、他方ではすべての人間に内在する生きた生命

力の、その精神的・肉体的諸力の支出でもある。したがって、抽象的人間労働は具体的有用労働と同じく、単なる理論的抽象ではなく、現実に実在するものでもある。

労働には常にこうした２つの側面があるが、実際に後者の側面が価値を形成するのは、労働者が商品生産の**社会的分業**に組み込まれ、自分のなす労働が直接的には**社会的労働**なのではなく、直接的には単なる**私的労働**であり、自分の生産した生産物を市場で交換することを通じてはじめて社会的労働として承認される場合のみである。生産物が商品という形態をとること、したがって抽象的人間労働が商品に価値として対象化され、物である商品に「内在する価値」という不可思議な形態をとることは、特殊歴史的である。また、商品生産社会を前提したとしても、個々の労働における抽象的人間労働という側面がそのまま直接に価値を形成するのではなく、先に述べたように、同じ種類の商品を生産する無数の諸労働の社会的平均としてのみそれは価値を形成するのである。

☼より進んだ考察☼──抽象的人間労働の性格

マルクスの言う「抽象的人間労働」というカテゴリーは超歴史的なものなのか、特殊歴史的なものなのかという論争は、『資本論』をめぐる多くの論争の一つをなしており、その解明に多くの論文やときには著作までもが捧げられてきた。そして、この世のいっさいは社会的に構築された特殊歴史的なものであるとみなす昨今のポストモダンな風潮にあっては、抽象的人間労働を特殊歴史的なものとみなす見方のほうが有力のようである。

だが、マルクス自身のあれこれの文言だけからこの論争に決着をつけることは不可能だろう。マルクスはどこでもその点についてはっきりと明言してはいないからである。それがどちらであるのかは、基本的に、論者が「抽象的人間労働」という概念をどのような意味で用いるかに依存している。重要なのはどちらの解釈が「真実」かではなく、それぞれの論者がその概念をどのような限定のもとで自覚的に用いるのかである。

抽象的人間労働の持つ「抽象性」や「質的無差別性」といった性質が、商品交換という、異種労働の生産物を現実に同等なものとして等値する無数の過程を通じて、あるいは資本が生産過程において労働者にできるだけ均質で規則的な労働を押しつけ、また労働の具体的形態そのものが分業の発達や機械化によって実際に単純化されていく過程を通じて、はじめて実現するのだとするならば（実際そのとおりだ）、そうい

う意味での「抽象的人間労働」は商品生産社会に特有の、もっと言えば資本主義社会に特有の特殊歴史的なものである。

しかしその場合でも、そのような「抽象性」や「質的無差別性」や「同一性」や「均質性」の実体的基盤になりうるものが、商品交換関係や資本主義的生産を離れても労働そのものの中に実在するのかどうかが問われなければならない。もしそうした実体的なものが労働のうちに何もないとすれば（もしそうなら、そもそも「労働」という普遍的呼称自体も無意味になるのだが）、なぜ商品Aと商品Bとが何らかの割合で等値可能なのかという最初の問題に戻るだけだろう。そのような等値を可能とする実体的なものが、商品自身にも、その商品を生産する労働にも存在しないとすれば、それは「等値」ではなく、異なったものの単なる恣意的交換だということになる。だが、もしそのような等値を可能とする実体的なものが労働の中に実在することを認めるのなら、いったいそれは何であり、それを何と呼ぶのかについて改めて提示する必要があるだろう。

それゆえ本書では、抽象的人間労働は、一方では、すべての労働に内在する実体的一側面を指示するかぎりでは超歴史的なものであるが、他方では、それが、1．異種商品の無数の交換過程を通じて形式的に等値されることで抽出され、2．その平均的な質において商品価値という特殊歴史的なものの社会的実体となり、3．資本主義的生産過程において資本によって最大限均質で規則的なものとして統制されることで現実的なものとなり、4．分業や機械の発展を通じて種々の具体的労働が実際にも単純な平均的労働へとしだいに還元されることでいっそう現実的なものになるという視点から見ると、特殊歴史的なものである、としておく。

抽象的人間労働に関するこのような規定の仕方は一見したところ折衷的な解決策のように見えるが、これは一方では、両規定を弁証法的緊張関係のうちに維持することであり、他方では、不毛な定義論争を回避して実質的な議論をする上でも有益である。先に述べた社会的必要労働の概念の場合と同じく、行きすぎた自然主義も、行きすぎた社会構築主義も、ともに不合理な結論になるのである。

商品の物神性

これまで述べたことからして、「商品に内在する価値」という表現は実はかなりレトリカルな表現であることがわかる。ある商品の価値の大きさが別の商品の使用価値の分量で表現される「交換価値」に比べれば、その商品の生産に社会的・平均的に必要だった労働によって規定される「価値」は、商品に内在的なある量として想定することができる。交換価値の場合は、どの商品の分量で表現するかによって、無数の価値表現が存在しうる。しかし、だからといって、価値を純粋に相対的なものとみなすのは馬鹿げている。どの商品のどのよ

うな分量で表現されるのであれ、そのような表現がそもそも可能となるためには、両者に共通したある内在的な量が存在しなければならないからである。

　だが、その「内在的な量」とは自然物の量ではなかった。それは、その商品を生産するのに社会的・平均的に必要な労働の量であって、この量そのものは商品の中に自然物として含まれているわけではない。それは、労働がその生産にある平均値として投入されたという社会的事実の物的反映でしかない。もし生産物を生産するのが一個の共同体だとすれば、どの生産物にどれだけの労働が投入されたかという社会的事実を、その生産物自身の「価値」として（すなわち、物の何らかの属性として）表示する必要はない。帳面に、あるいは現代ではパソコンに、A生産物は何時間、B生産物は何時間と記録すればよい。あるいは慣習によってだいたいの労働時間が想定されていればよい。

　しかし、各々がばらばらに私的労働をする商品生産社会においては、社会全体の総労働時間を、その社会の諸成員が必要とするさまざまな生産物に対する多様な欲望の量に応じて計画的に配分することは不可能である。その生産物の生産に社会の総労働時間のどれだけが投下されたのかは、生産物が「商品」として市場に出され、その商品という「物」の価格として表示されることでしか示すことはできない。しかも、その労働が本当に社会的に必要な生産物に必要な分量だけ投下されたのかどうかは、投下された時点ではわからない。それが商品として実際に一定の価格で購買されることではじめて確認できるのである。

　こうして、社会の諸成員の支出する社会的総労働時間が、人々の多様な必要に応じて配分されなければ社会は存続できないという法則は、その労働が商品という物に内在する「価値」として物的に表現され、それが実際に交換されることで、事後的に、媒介的に、無政府的に実現されるのである。それと同時に、このように社会的な関係が物的に表現されることで、その本当の内実が見えなくなってしまう。商品の価値ないし交換価値という概念が一人歩きし、後からその「価値」とはいったい何であるのかが探求されることになる。

　このように、物を媒介とした人と人の社会関係が物と物との関係として現われることを**物象化**といい、社会関係が物に内在する自然な何かとして転倒して見えるあり方を**物神性**という。この物象化の最初の形態が、商品の「価値」と

いう不可思議な存在様式である。それは商品に（社会的な意味で）内在していると同時に（自然的な意味では）内在していない。そして、この価値が商品の使用価値と一体になることで、今度は、商品の自然的な使用価値ないしそれが生み出す効用なるものが価値の実体であるかのような幻想をも生み出すのである。

第3講　商品の価値規定に関する補足

　前講では商品の価値規定に関する一般的な原則を示したが、そのような一般的規定に対してはただちにいくつも疑問が生じるだろう。そこで本講ではその代表的なものを検討し、一般的で抽象的な価値規定を具体化していこう。

1. 価値の時間的差異と地理的差異

生産力の変化による商品価値の変化
　まず最初に起こる疑問は、ある商品を生産するのに社会的・平均的に必要な労働時間は時代によって異なるのではないか、ということである。これは、個々の労働が、その個別的で偶然的な資格において価値を生むのではなく、社会的に標準的で平均的な労働としての資格において価値を生むという、価値規定の核心に関わる問題である。

　ある特定の時代ないし時期において**生産力**の一定の標準的な水準があるとすると、その時点での諸商品の価値は、この標準的な水準において平均的に必要な労働時間で規定される。だがこのような生産力水準は永遠ではない。そして、後で見るように資本主義とはまさにこの生産力水準を絶え間なく引き上げることで繁栄するシステムである。資本主義以前にも生産力の上昇は見られたが、それは資本主義の時代と比べると微々たるものであり、しばしば何百年もほぼ同じやり方で物の生産や土地の耕作が行なわれていた。このような状況においては、商品となる生産物の範囲が非常に狭かっただけでなく、商品の価値そのものが相当程度に不変的なものであったろう。

　しかし、資本主義は絶え間なく生産方法を改善し、より高度な技術、新しいもっと安い原料や動力、もっと加工のしやすい安価な素材を絶え間なく探求するシステムである。こうしたシステムのもとでは、ある歴史的一時点において標準的であった「平均的に必要な労働時間」はその数年後、あるいは場合によ

っては数ヵ月後には別の標準に置き換えられているだろう。

　したがって、商品の価値は、その生産に実際にかかった労働時間がどれだけの大きさであったのであれ、それが市場に出される時点で社会的に支配的となっている生産力水準で必要とされる労働時間によって規定されることになる。ある生産者が、とっくに古臭くなったやり方で生産していて、その商品を生産するのに原材料などの価値も含めて総計で10時間かかったとしても、すでに支配的となっている新しい生産方法にもとづくなら20％少ない8時間で生産できる場合、その商品の価値は10時間ではなく8時間としてしか市場では妥当しない。あるいは、生産時点では、その時点での標準的な生産力水準で生産されていたとしても、生産そのものに長期的な時間がかかるために、それが市場に出される頃にはすでに標準的な生産力水準が変わっている場合もあるだろう。その場合も、その商品の価値は、市場に出た時点での最新の標準的な労働時間でもって測りなおされる。このように商品の価値は、市場のメカニズムを通じて、常にその時点での生産力水準に応じて絶えず測りなおされることになる。

　だが、商品を生産するのに必要な平均的労働時間が10時間であった時点から8時間になる時点までには、不可避的に過渡期が存在するだろう。生産力というものはすべての生産単位において時間的に均等に発展するのではなく、不均等に発展するからである。このとき、異なった**価値体系**が時間的に並存することになる。この価値体系の差は、本書のもっと後で説明するように、資本にとって特別の利得の源泉となるのであり、その獲得をめざす資本の絶え間ない運動は、資本主義の成長ダイナミズムを生み出すのである。

価値体系の地理的差異

　同じような問題は同じ時点における地理的な相違に関しても起こりうる。今日のグローバリゼーションの時代においてさえ、国によって、あるいはアメリカ大陸やアジアやアフリカ、ヨーロッパといった大陸間によって、諸商品の価値体系が相当に異なることは周知の事実である。通貨価値による影響や自然環境の相違（特定の土地でのみ収穫される果物など）を別にしても、同じような商品が異なった国や地域で相当に異なった価格で取引されている。

その最大の理由は、地域や国ごとに支配的な生産力水準が異なっており、したがって諸商品の価値体系も異なっていることである。輸送手段や商業の発展が遅れていれば遅れているほど、あるいは貿易や輸送や人々の移動に対する種々の障壁が存在すればするほど、国や地域による価値体系の差は大きい。資本はこのような価値体系の地域差を利用して利潤を上げようとし、その過程を通じて、地域的に異なった価値体系同士を相互浸透させ、したがって価値体系間の相違を絶えず均等化させるのだが、それでもそうした相違は簡単になくなるものではないし、他方では**地理的不均等発展**を通じて絶えず新たに価値体系間の地理的差異が創出される。

このように価値体系の地理的・空間的相違もまた、生産力の変化による価値体系の時間的相違と同じく、資本主義の成長ダイナミズムを説明する一つの重要なカギとなるし、両者はしばしば絡みあっている。

2. 労働強度

第2に疑問となりうるのは、労働それ自身の強度（ないし密度）の違いが価値規定にどのような影響を及ぼすのか、である。たとえば、A商品を生産するのに平均的に必要な労働時間と、B商品を生産するのに平均的に必要な労働時間とがたとえ同じであったとしても、その労働が炎天下でシャベルで穴を掘る労働なのか、空調の利いた工場内での袋詰め作業なのかでは、その疲労度も支出される労働量もまったく異なる。また同じ袋詰め作業でも、どのようなスピードで袋詰めをするのかで支出労働量は大きく異なるだろう。

まず強度だが、他の諸条件が同じだとすると、当然にも、より強度の大きい労働（より過酷な状況下でなされる労働や、より多くの筋力ないし精神的な注意力を必要とするような労働）は、より多くの身体的・精神的な諸力を酷使するのであり、それだけより多くの労働を支出させその回復により多くの時間を必要とするのだから、この強度の差異は価値規定に反映しなければならない。

ではどう反映するのか？　ここでは基本的に、より強度の大きい労働はその強度の大きさに比例して、より多くの価値を商品に対象化させると考えていいだろう。この強度の差異を技術的に測定するのは必ずしも容易ではないし、そ

れは経済学というよりも労働科学の対象であるが、そうした測定はさまざまな指標にもとづいて可能であり、いずれにせよ現実の経済学では近似値で十分である。

労働密度についても同じことが言える。同種の労働を想定すれば、この密度の差は単純に、単位時間あたりに生産される生産物の量で測定できる（内包量の外延量への転化）。この場合も、労働密度に単純に比例して価値が商品に対象化されると考えて問題はないだろう。この密度と強度の両方を簡単化のために**労働強度**と一括して呼ぶことにすれば、一定の労働時間に生み出される価値の大きさは、この労働強度の大きさに比例すると考えることができる。

先にわれわれは、商品の価値を、その商品を生産するのに必要な労働時間で規定したが、実際には、商品の価値は労働時間と労働強度の両方によって規定される。そして、労働強度は労働時間と違って絶対量ではなく相対量なので、何らかの一定の強度を1とした場合のそこからのずれ、たとえば0.8や1.2というように表わすことができる。この労働強度（i）と労働時間（t）との積を労働量（l）とすると、商品の価値はこの労働量（$l = t \times i$）に比例するとみなすことができるだろう。

しかし、毎回、労働時間と労働強度とを同時に論じるのは煩雑なので、以下、とくに強度が問題になる場面を除いて（第8講で問題になる）、労働強度は一定だと想定することにしよう。

3. 複雑労働と単純労働

このように労働強度の場合は比較的問題は簡単である。それよりもずっと難しいのは、労働の複雑さを価値規定に反映させることである。たとえば、労働強度が同じであっても、きわめて精巧で複雑な技能を必要とする労働もあれば、誰でもできる単純で単調な労働も存在する。そうした労働そのものの相違はどのように価値規定に反映するのだろうか？　これが第3の問題である。

複雑労働の還元問題

前者のような労働をとりあえず**複雑労働**と呼び、後者を**単純労働**と呼ぶとす

ると、この区別は明らかに具体的有用労働に関わる区別であり、そうした具体性が捨象される抽象的人間労働には関わりのない規定のはずである。だとすれば、このような具体的有用労働に関わる規定を価値規定に混入させるのは、せっかく獲得した、質的に無差別な抽象的人間労働という概念を再びあいまいにさせるのではないか？

　まずもって単純労働と複雑労働の意味に限定を加え、より正確なものにしておこう。ここで言う単純労働とは、一定の与えられた社会の中で平均的な環境下で成長し教育を受けた労働者であれば、特別の訓練なしでも遂行することのできる労働のことを意味するとしよう。もちろんどんな労働でも多少のこつがあり、多少の研修や訓練を必要とする。しかしそれは数時間や数日、あるいはせいぜい数ヵ月で取得することのできるものである。先ほど強度のまったく異なる労働として挙げた、炎天下で穴を掘る労働も、空調の効いたビルの中で商品を袋詰めする作業も、どちらも単純労働である。どちらにも一定のコツや要領があるとしても、それはわずかである。このように、その習得に特別の訓練や修業を必要としない、あるいはほとんど必要としない労働を単純労働と呼ぶ。

　それに対して、その習得に長期間の訓練や修業を必要とする労働を複雑労働と呼ぼう。たとえば、ダイヤモンドのカットや仕上げを行なう労働、複雑な機械時計をつくる職人の労働、大工の労働、医者や看護師の労働、ジャンボジェット機のパイロットの労働、通訳や大学教員の講義もそうした労働である。こうした技能や技術を身につけ、一人前の労働者となるためには、何年もの修業や訓練を必要とする。

　さて、単純労働が行なう１時間の労働と複雑労働が行なう１時間の労働とが同じ量の価値を商品に対象化させると仮定していいだろうか？　直観的にそれは正当ではないと多くの人は思うだろう。実際そうである。もしどちらの労働も同じ労働時間に同じだけの価値しか商品に対象化しないとすれば、誰が苦労して複雑な技能を習得しようとするだろうか？　だが問題は、複雑労働の１時間が単純労働の１時間よりも漠然と多くの価値を対象化するだろうというだけでなく、いったいどのような割合で、いったいどのような量的関係においてそうなのかを解明することである。つまり言いかえれば、複雑労働の１単位が対象化させる価値は単純労働の何単位分に相当するのか、ということである。

1単位（1時間でもいいし1日でもいい）あたりの単純労働が商品に対象化する価値量をxとし、複雑労働の同じ1単位が商品に対象化する価値量をyとすると、$y = ax$（$a > 1$）という式が成り立つはずであり、この修正係数 a をどのようにして求めればいいのかという問題である。これを**複雑労働の還元問題**という。『資本論』ではこの問題は先送りされており、最終的に未解決のままで終わっている。

複雑労働の還元割合

実を言うとこの問題は、最初に示した一般的な価値規定に立ち返ることで解くことができる。最初の価値規定とは何だったか？ それは、商品の価値とはその商品を生産するのに（社会的・平均的に）必要な労働時間によって規定される、というものだ。問題はこの「必要」の範囲を直接的に商品が生産される時間と場面だけに限定するのではなく、それを過去に向けて広げることである。複雑労働によってはじめて生産されるある商品（いわゆるサービスを含む）を生産するには、単にそれを直接生産するのに費やされた労働だけでなく、そもそもそのような労働を可能にする技能をあらかじめ身体上に生産しておく必要があった。そのような技能が存在しなければ、そもそもこの商品を生産する過程もはじまりようがなかったのである。ということは、われわれは、この商品を生産するのに必要な労働のうちに、その商品を直接生産する労働だけではなく、そうした複雑労働を可能とする技能を労働者に身につけさせるのに必要だった労働をも含める必要がある。

しかし、技能というのは、いったん習得されれば、それを使って複雑労働が一定継続的になされるかぎり維持される。したがって、われわれは、この技能の習得に費やされた総労働を、技能習得後になされるこの複雑労働によって生産される総商品の価値に均等に配分しなければならない。この配分割合は当然にも、最終的に生産される総商品量に依存し、そしてこの商品量は先に述べたように生産力の変化によって大きく変わってくる。そこで、ここでは生涯何個の商品を生産するのかに焦点をあてず、生涯にどれだけの価値をその諸商品に対象化させるのか、その総価値量に焦点をあてよう。言葉だけではわかりにくいと思われるので、一つの計算例を示して説明したい。

問題を単純化するために、ある特殊な技能を身につけるのに、本人の**修業労働**だけが必要だったと仮定する。つまり、教師や親方による特殊な**養成労働**や、またその修業に必要なさまざまな諸物品については捨象する。またどの労働者も生涯に労働に従事しうる平均的な生涯労働年数は一定で、年間になされる労働時間も平均的に同じだとしよう。

さて、ある単純商品を生産する平均的な単純労働者を取り上げ、この平均的労働者は生涯において30年間にわたって生産的労働に従事し、1年間に2000時間の労働に従事するとする。いずれも平均値だけが問題になっている。するとこの単純労働者が生涯に生み出す総価値量は6万時間である（ここでは価値を直接に労働時間で表現する）。次にある複雑な商品を生産する平均的な複雑労働者を取り上げよう。この複雑労働を習得するには平均して5年間の修業期間が必要であり、したがってこの労働者が直接に複雑商品を生産しうるのは25年間でしかない。1年間に同じ2000時間の労働をすると仮定すると、この複雑労働者は5年間の修業期間中に1万時間の修業労働をし、25年間に5万時間の直接的生産労働を行なうことになる。

さて、この複雑労働者が直接的に生産的労働を行なう25年間に商品に対象化する価値の総量はどれぐらいだろうか？　商品の生産に必要な労働を直接的な生産的労働に限定するならば、この複雑労働者が25年間に生みだす総価値量は5万時間でしかないということになるだろう。だが、その複雑商品を生産するにはそもそも、それ以前に支出された1万時間の修業労働が必要だったのだから、この1万労働時間も、25年間に商品に対象化される総価値量の中に加算されなければならない。それゆえ、この複雑労働者が25年間に商品に対象化する価値の総量は5万時間＋1万時間＝6万時間である。つまり、単純労働者が30年間に生み出す価値の総量と同じである。

以上の数値にもとづいて先の式に戻るならば、複雑労働の5万時間は単純労働の6万時間と同じだけの価値を商品に対象化させるので、5万 y ＝ 6万 x という等式がなりたち、したがって、y ＝ 1.2 x となる。つまり、修正係数 a は、この場合は1.2だということになり、複雑労働の1単位は単純労働1.2単位分の価値を商品に対象化させるということになる。

この a の値は、修業時間を何年と想定するかによって変わってくるのは明ら

かである。修業時間が5年ではなく10年だとすると、4万 y = 6万 x という等式がなりたち、y = 1.5 x であり、複雑労働の1単位は単純労働の1.5単位に相当することになる。

このように複雑労働は、何か単純労働より多くの価値を生み出す神秘的な力を持っているのではなく、ただその修業に要した労働時間が生涯の生産労働時間に均等に加算されているだけなのである。ここでは、単純労働も複雑労働もすべて一様な抽象的人間労働とみなされており、ただ後者においては修業労働分が加算されて、商品に対象化される価値量の計算に入れられているにすぎない。

4. 特殊な商品の価値規定

最後の第4の問題は、これまで論じてきた通常の商品とは一見異なるように見える特殊な商品の価値規定はどうなるのか、である。

再生産不可能な商品と独占可能な商品
たとえば、再生産が原理的に不可能な商品の価値規定はどうなるのか？ これまで問題になっていた商品はすべて通常の商品、すなわち再生産可能な商品であった。そうした商品にあっては、その生産に必要な労働時間という価値規定が妥当する。しかし、ピカソやゴッホの絵、1000年前の中国の陶器、絵柄が引っ繰り返った切手などは、単なる複製品としては再生産可能でも、それ自体は歴史的存在物であって再生産不可能である。したがって、その生産に必要な社会的・平均的労働時間はそもそも測定不可能ということになる。そしてこの場合、供給量はつねに1つ、ないし当時生産されたある限定された数しかないから、そこに当初含まれていた価値がどれぐらいであれ、それを欲する人の支払能力に依存していくらでも価格が上がりうることになる。したがって、これは商品の価値規定の例外をなす。

また、ピカソの絵や骨董品のような歴史的存在物でなくとも、土地やその他の資源を特定の個人が独占することができれば、その独占力を用いて、その土地や自然物を商品化し、形式的に価格を設定することができる。この場合も価値規定の例外をなすが、その価格は単純に需要側の支払能力に依存するのでは

なく、本書の範囲外にあるより複雑なメカニズムにしたがっている。

　しかし、どちらにおいても共通しているのは、その商品が、特定の個人によって独占可能なものであり、かつ多くの人々が欲するものだ、ということである。この場合、その価格は価値を大きく超えて上がりうるのであり、市場原理は適正な価格へと均衡させることへと作用するのではなく、独占者に独占的利得を保障することへと作用する。

　だが、この独占可能な商品が、ピカソの絵や古い中国陶器のように、人々が生きていく上でとくに必要なものでなければいいが、第2講でも述べたように、それが医療資源や住宅のように人々の生存に深く関わるものである場合、市場原理は、適正な価格へと均衡化することに作用するのではなく、人々の健康と生存を犠牲にして一部の独占者に暴利をむさぼることを可能にするだろう。それゆえ、本来ここでは市場まかせにすることは許されないのであり、市場原理に厳しい制約が加えられるべきであり、あるいは市場原理とは異なる原理にもとづいて配分される必要がある。

サービス商品の価値規定

　また、一般に売買されている商品の中には、いわゆる**サービス労働**のように、手でつかめるような物的形態をとらずに、生産と消費とがほぼ同時的であるものも少なくない。しかしこれもまた何らかの使用価値を生み、商品として販売されているかぎりでは、その使用価値を生産するのに要した労働がその商品の価値を規定する。これが通常の物的商品と異なるのは、ここで言う「使用価値」が、「効用」としての側面を持っているが、何らかの「現物形態」としての側面を持っていないという点にある。しかし、使用価値の核心は現物形態の側面にではなく、効用の側面にあるのだから、「効用としての使用価値」を生み出すために行なわれる労働は生産的労働であり、したがってそうした使用価値を生み出すために費やされた労働は、その使用価値が商品として販売されるかぎりで、そうしたサービス商品の価値に実現される。

　しかし、多くの論者は、サービス労働は価値を生まないと考えている。マルクス自身は、その記述にはいろいろとあいまいな点もあるが、おおむねサービス労働も価値を生むと考えていたと解釈しうるのだが、誰にでもわかる形では

断言してはいなかった。だからこそこの問題をめぐって長い論争が起こっているのである。

　たとえばマルクスが『資本論』でも言及している教育労働を例にとろう。私は授業で講義を行なうが、その講義は一種の労働生産物であることは間違いない。しかし、それは生産されると同時に空気中に特殊な振動としてたちまち拡散し消えてなくなる。それが特定の音声として学生たちの耳に届き、学生はそれを通じて学習する。これは一種の消費行為である（別の面から見ればそれは学習労働でもある）。ここでは生産と消費がほぼ同時に行なわれている。むろん、学生たちは授業料を払って授業を聞いているわけだから、学生は講義を商品として購入しているのである。このように商品として生産され消費されている私の講義労働は価値を生んでいるのだろうか？

　もし私が生徒たちの前で直接授業を行なうのではなく、レンタルしたテレビカメラの前でいつも通りに授業を行ない、それを撮影したものをDVDとして販売したらどうだろうか？　これは明らかに通常の商品と何ら変わらない商品であり、私の講義労働が、編集労働やDVDの物的材料の価値やテレビカメラのレンタル料などといっしょに、この商品の価値を形成していることは明らかである。カメラの前で講義をすれば価値を生み、直接に学生に講義をすれば価値を生まないというのは奇妙な論理である。どちらも商品として販売されており、ただ後者の場合は生産と消費がほぼ同時になされているだけのことである。

　ある労働が価値を生むためには、それは何か客体的なものに物質化していなければならないと言う人がいる。しかし、厳密に言うと、生徒の前で直接話をする場合も、この講義労働は空気の振動として一瞬だけ物質化している。マルクスも『資本論』の準備草稿の中で歌手の歌声を「実現された労働」だと述べている。たしかに、講義や歌声は、空気の振動として物質化した直後に消えてなくなっているが、物質化していることに変わりはない。この一瞬のうちに消費されれば、DVDという相対的に固定的なものに物質化している音声を後で再生する場合と同じ効用ないし使用価値をもたらすだろう。

　サービス労働の問題が厄介なのは、「サービス労働」という名目のもとに、実にさまざまな行為が包括されているからである。クリーニングや清掃サービス、弁護士や警察官の仕事、商人の商業労働、貨幣出納業務、等々。これらの

労働は種類も内実もまったく異なるものだが、それらをすべていっしょくたにして、総じて価値を生むのか生まないのかというように問題を立てるのはミスリーディングである。さしあたり、何らかの労働によってある特定の使用価値（物としてであれ、物のある状態としてであれ、身体の変化としてであれ）が生産され、それが商品として売買されるかぎりで（そのような使用価値が生じることを予想して売買される場合も含め）、その労働は価値を生む、としておく。この意味で、教育労働や医療労働や清掃労働などがサービス商品として売買されている場合には、それらの労働は価値を生む。しかし、純粋に商品の売買や貨幣の出納にのみ費やされている労働（狭い意味での商業労働や銀行労働）は、何ら新たな使用価値を生産していないので、価値を生まない。私が自分の生産した商品を販売するのにどれだけ時間と労力とを費やしたとしても、それによって私の商品の使用価値は1ミリたりとも高まってはいない。したがって、その商品の価格を引き上げる理由は何もないのである。いずれに該当するのかがあいまいであるそれ以外のさまざまなサービス労働については、本書の範囲外としておく。

☼より進んだ考察☼──複合生産の価値規定

　商品の価値規定をめぐっては、これまで論じたもの以外にもいくつか論争問題がある。たとえば、1つの生産過程ないし同一の原材料（量的に均等に分けることのできない複雑な全体をなしている場合）から複数の異なった種類の生産物が生産されるとき、その生産物の価値の中に原材料の価値はどういう割合で入るのかという「**複合生産の価値規定**」問題がある（一般に「複合生産」は「結合生産」と表現されているが、「複合生産」と言う方がより適切であろう）。

　たとえば、稲穂という原材料からは米そのものと藁という2種類の生産物が生産され、米は食用にされ、藁はさまざまな日常生活品の材料となってきた。同じく、畜牛は食用の肉となるとともに、その革はさまざまな革製品の材料となる、かつて鯨漁が盛んであったときには1頭の鯨は、その肉や皮や髭にいたるまでほとんどが利用されて、それぞれ別の生産物の材料となった、等々。このように、1つの原材料から複数の生産物が生産されることは、とくに有機的な自然物を材料とする場合には例外ではなく、ごく普通のことである。

　この問題は基本的には次のように考えることができる。最初からその原材料から複数の商品を生産することが予定されている場合には、生産される生産物の種類数によ

って原材料の価値が均等に分割される。たとえば、300万円の価値のある原材料からA、B、Cの3種類の異なった生産物が生産される場合には、その原材料の総価値が3等分されて、それぞれ100万円ずつ3種類の生産物の価値の中に入る。さらに、Aがこの同じ原材料から10個生産され、Bが2個しか生産されず、Cが100個生産されるとすれば、この100万円は、Aの生産物の場合はさらに10等分されて、A生産物1個あたりに入る原材料価値は10万円になる。Bの場合は2個しか生産されないので、B生産物1個あたりに入る原材料価値は50万円である。Cの場合は100個も生産されるから、C生産物1個あたりに入る原材料価値は1万円である。

　ある原材料をすべて無駄なく使用するのではなく、その一部のみが取り出されて、それ以外の部分が単に廃棄される場合には、その原材料を獲得するために用いられた労働と費用はすべて、そこから取り出されるただ1種類の商品の価値の中に入るだろう。中華料理の材料にするために、サメのヒレの部分だけが切断されて残りが海に投棄されるとき（これはサメの激減をもたらし生態系を破壊している）、このサメ漁にかかった労働と費用とはこのヒレの価格の中にのみ入ることになる。

　また、これまで捨てていた廃棄物に新たな使用価値が発見されて、別の商品の材料になる場合には、これまで1種類の生産物の価値に入っていた原材料の価値が、今では2種類の商品の価値に入るので、2等分されることになるだろう。ただし、この新たな使用価値の利用が普及する以前は、最初の1種類目の商品の販売だけで原材料価値を補填することができるので、2種類目の商品の原材料費は事実上ゼロとして計算することができ、ただその廃棄されていた原材料を集めるのにかかる労働と費用だけが、そこから生産される生産物の価値の中に入るだろう。

第4講　交換過程の諸矛盾と貨幣の発生

　商品は、資本主義経済における富の基本形態であり、すでに述べたように、いわば細胞に相当する。しかし、それらの無数の細胞はそれだけで生命を維持できるわけではない。絶え間ない血液循環を通じてそれらははじめて細胞として維持される。資本主義経済においてこのような血液に相当するのが貨幣であり、その循環が貨幣流通である。貨幣は最初から商品を前提にしており、商品がより本源的なものであって、貨幣は商品の派生物にすぎない。歴史的に見ても、貨幣は商品より後に発生したのであり、かなり長い期間にわたって貨幣なしに商品交換が局地的になされてきたのである。

　ある商品の価値の大きさは、貨幣が存在していないかぎり、何か他の商品の一定量として表現するしかない。というのも、価値そのものは社会的なものであって、直接には目に見えないものだからである。たとえば、海の産物である魚20匹と山の産物である毛皮1枚とが同じ労働時間の産物であって、両者が交換されるとすると、20匹の魚の価値の大きさは1枚の毛皮で表現することができるだろう（20匹の魚＝1枚の毛皮）。この場合、毛皮はその使用価値体でもって魚の価値の大きさを表現する役割を果たしており、事実上、貨幣のような役割を演じていることがわかる（このような商品を**等価物**と言う）。つまり、「20匹の魚の値段は1枚の毛皮である」と事実上言っているのである。このように、ある商品の価値を別の商品体で表現すること（これを**価値形態**という）のうちには、潜在的に貨幣の萌芽が存在していると言える。しかし、それはあくまでも潜在的、萌芽的なものであって、ある商品が貨幣としての役割を演じるためには、たまたま何か別の商品の等価物として一時的・偶然的に機能するだけでなく、普遍的に他のすべての諸商品の共通の等価物（**一般的等価物**）となっていなければならない。しかし、諸商品の交換を通じてはじめてそのような一般的等価物は現実に成立するのであり、したがってまた貨幣が現実に発生するのである。そこで、商品そのものから、諸商品の**交換過程**へと目を

転じよう。

1. 商品交換に内在する諸困難Ⅰ——価値実現上の困難

　商品生産と商品交換の一定の発展は、貨幣の発生とその流通とを必然的に要請する。われわれが日々の生活を送る上で、貨幣あるいはそれに相当するものが何もないとしたら、どれほど商品を入手するのが困難であるかは容易に想像がつくだろう。

直接的商品交換における諸困難
　たとえば、各人がみな商品生産者だと仮定しよう。あなたはたとえば靴職人だとする。しかし、あなたは靴職人である前に1人の人間であるから、日々の食料や日用品を必要とする。それらをすべて自前で作ることももちろん可能であるが、あなたが靴職人であるという前提からして、日用品のすべてをけっして自前では作っていない社会が前提されている。誰もが自前で日用品のすべてを作れるのなら、靴職人の出番もまたないからである。
　というわけで、あなたが靴職人として靴製造に専念するためには、それ以外の必需品を他人に作ってもらわなければならず、生きていくのに必要なものを、たとえば食料品や衣服等々を交換によって入手しなければならない。だが何でもって交換するのか？　あなたが交換に付すことができるのは、もちろんあなたの生産する靴しかない。というよりも、あなたはそのために靴を作っているのである。自分で靴を100足履くために靴を生産しているわけではない。あなたは靴の一部を自分や家族のために生産しているのだが、残りのほとんどは他の諸商品を入手するために生産しているのである。そこで、あなたは自分の生産した靴を交換手段として用いる。そのかぎりであなたは、実は自分の生産した靴を一種の貨幣として機能させようとしていることになる。
　そこであなたは靴を持って市場に行き、自分の必要なものを入手するために、それを靴と交換してくれるよう求める。たとえば、上着を入手しようとして、上着の仕立て職人のところに出向くとしよう。あなたには新しい上着が必要だったのだ。だが、相手はどうか？　交換相手もいつかは靴を必要とするだろう

が、今は必要としていないかもしれない。あるいはいま必要としていても、あなたが作った靴は気に入らないかもしれない。あるいは、あなたの靴を気に入ったとしても、あなたの靴の価値は高すぎるかもしれない。たとえば、労働時間換算で、あなたが欲する上着1着が2時間に相当し、あなたの靴1足が4時間に相当するかもしれない。すると、交換が成立するためには、あなたの靴1足と上着2着とを交換しなければならない。だが、あなたは上着を1着しか必要としないとすれば、上着1着と靴半足とを交換しなければならない。あなたにとってはそれでいいが、上着仕立て職人にとっては大問題である。片方だけの靴は、そもそも靴としての使用価値を持っていないからである。それは右半分だけの上着が衣服としての機能を果たさないのと同じである。それは使用価値ではなく、したがって価値でもない。

　このように、ちょっと考えただけでもこれらのさまざまな困難を予想することができる。しかし、こうした困難をより理論的に考察するならば、実はそれが商品という存在形態に内在するある本源的な対立の現われにすぎないことがわかる。

商品に内在する価値と使用価値との矛盾

　商品とはそもそも何であったか？　それは一方では、具体的有用労働の産物として、それぞれ特殊な姿かたちをとり、個々の具体的で特殊な効用を満たす無限に多様な使用価値である。使用価値としてはその本分はその無限の多様性と質的差異性にある。他方では商品は抽象的人間労働が対象化された価値物であり、価値としてはそこにはいかなる具体性や個別性もなく、質的に無差別で量的にのみ区別されるものである。直接的な商品交換は、この2つのまったく対立する性質を同時に実現しようとする過程である。そこからあらゆる困難が生じる。

　先ほどの上着と靴との交換関係を例に取ろう。あなたは靴を持って行って、それでもってあなたの必要とする上着を手に入れようとした。あなたにとって、あなたの靴は単なる交換手段であり、言ってみれば、それはあなたにとって単なる価値物として、したがって一種の貨幣としての役割を果たすべきものである。しかし、他方でそれは靴という使用価値のうちに囚われており、他者にとっては特殊な欲望を満たすごつごつした現物でしかない。そして、あなたが靴

を持って市場にやってきたのは、自分の靴を必要とする人を探すためでもあった。そうでないとしたら、あなたは靴職人ではないだろう。

　つまりあなたはここでは2つの役割を同時に靴に果たさせようとしている。一方ではあなたは、他の諸商品の買い手であって、そのさい自分の生産した靴を、必要な諸商品を入手するための単なる交換手段として扱っている。そのかぎりでは、靴は単なる価値物であり、靴という商品身体は価値の担い手という受動的役割を果たしているにすぎない。他方であなたは靴という特殊な商品の売り手であって、その場合、靴の具体的な使用価値は受動的ではなく、能動的役割を演じており、ピカピカに磨かれ、できるだけその使用価値の素晴らしさでもって買い手の心を捉えたいと思っている。逆に価値としての側面はその使用価値の中にひっそりと潜んでいる内在的なものである。

　靴は単なる交換手段としては価値の塊でしかない。それは、貨幣と同じく、その具体性とはまったく関わりがなく、それ自体特殊な欲望の対象ではなく、半分にされようが、3分の1にされようが、ダメージを受けない。衣服商品の持ち主が、「いや、私は今は靴を必要としない」とか「半足の靴では役立たない」と言ったとしても、あなたはこう言うことができる。「いやいや、あなたが靴を欲しているかどうかなど、どうでもよい。この靴は4時間の労働時間の産物であり、あなたの衣服は2時間の労働の産物だ。だとすれば、あなたの衣服1着と私の靴半足と交換することは等価交換の原則に合致している」。

　しかし、あなたのこの言い分は相手には通じないだろう。「なるほど、あなたの靴は4時間労働の産物かもしれない。しかし、そんなことは私にはどうでもいいことだ。靴は十分間にあっている。私に必要なのは靴ではなくて、別の何かだ」。こうして、自分の靴を貨幣のように用いようとしたあなたの試みは挫折する。そしておそらく、あなたが逆の立場だったら、やはりこの上着仕立て職人と同じことを言っただろう。

　ここで商品交換者が遭遇する困難を**「価値実現上の困難」**と呼んでおこう。どの商品所持者も他の商品の買い手としては自己の商品を単なる交換手段として、すなわち単なる価値の塊としてその価値を実現しようとするが、自己の商品の売り手としては、自己の商品は何よりも使用価値でなければならず、先の価値実現のもくろみは、他者の特定の欲求を特定の量だけ満たさなければなら

ないという自己の商品の使用価値によって妨げられる。直接的な商品交換においては、どの買い手も同時に売り手でもあるので、この二重の機能は同時に達成されなければならないが、そのような同時性は偶然でしかない。

　この困難をわかりやすく説明するために、3人の商品所有者とそれぞれが所有する3つの異なった商品との一種の「三角関係」を例にとろう。商品所有者Aは商品aを所有し、商品所有者Bは商品bを所有し、商品所有者Cは商品cを所有しているとしよう。これらの諸商品はすべて価値額が等しいとする。さてここで商品所有者Aは、商品所有者Bの持つ商品bを欲しているとしよう。しかし、商品所有者Bは商品所有者Aの持つ商品aを何ら必要としておらず、彼が必要としているのは商品所有者Cの所有する商品cだとする。しかし、商品所有者Cもまた商品所有者Bの所有する商品bを何ら必要としておらず、彼が必要としているのは商品所有者Aの所有する商品aだとしよう。

　そうすると、これら3つの商品a、b、cにはそれぞれ欲する人がいるのであり、需要と供給は一致していることになる。にもかかわらず、どの商品もそれを欲する人の手には渡らず、商品交換は成立しない。もちろん、この3名がお互いによく知った同士であれば、いくらでもこの問題を解決することは可能だろう。3人同時に顔をあわせて、相互に融通しあえばいいのだ。半共同体的な関係性においては、これはけっしてありえないことではない。だがここでは、商品所有者AもBもCもただ単なる商品の持ち手としてのみ市場で相対している。それゆえ、3人とも、それぞれの商品の所持者であるという以外のことは何も知らないのである。以上の事態を図式化すれば、以下のようになるだろう（矢印はその欲する先を指している）。

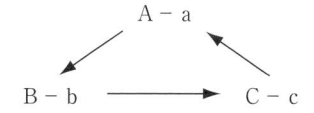

$$
\begin{array}{c}
A-a \\
\swarrow \quad \nwarrow \\
B-b \longrightarrow C-c
\end{array}
$$

　これはまさに典型的な三角関係であり、このままでは商品交換の恋は成就しない運命にありそうだ。

2. 商品交換に内在する諸困難 II ——価値表現上の困難

　だが、商品交換に伴う困難は、上で挙げたものだけではない。実はそれ以前に、より初歩的な困難がある。先の事例で言うと、靴職人であるあなたは、上着の仕立て職人にこう語った。「私の靴は 4 時間労働の産物であり、あなたの上着は 2 時間労働の産物であり、したがってあなたの上着 1 着は私の靴半足分に値する」と。つまり、上着 1 着の価値を靴で表現し、半足の靴として表現したわけだ（1 着の上着＝半足の靴）。だが実際には、ある特定の商品がトータルで何時間労働の産物であるかは、その商品をいくらこねくりまわしてもわからない。商品交換者たちは、商品の価値の実体が何であるかを説明している古典派経済学の書を手に持って交換の場に現われるわけではないし、またそもそも個々の商品の生産に実際に何時間かかろうとも、その個別の時間が直接に価値を形成するわけでもない。

　特定の物としての使用価値に包まれた社会的実体としての価値を直接に測る手段は存在しない。その妥当な交換割合は、無数の諸交換行為を通じて徐々に社会的平均値として確定されていくのである。だとすれば、商品交換者たちは、お互いの所有物である諸商品がそれぞれ相手の欲望を満たすかどうかという問題以前に、そもそも自分の商品が他の諸商品に対してどれぐらいの交換割合が妥当であるのかわからない、という困難に遭遇することになる。それゆえ、あなたはたとえば「あなたの上着 1 着は私の靴半足に値する」という価値関係を一方的に宣言するが、上着仕立て職人の方は「いやいや、あなたの靴 1 足は私の上着 1 着にしか値しない」と言い張るかもしれない。これはいわば、それぞれの商品所有者が自己の商品を一方的に等価物として扱おうとしているのである。

　これもまた商品に内在する使用価値と価値との矛盾の現われなのだが、先の場合とは性質を異にしている。先の場合、無差別な価値と矛盾している「使用価値」は、特定の欲望を特定の量だけ満たすものとしての側面から見た使用価値、すなわち、「効用としての使用価値」であった。だが、この場合に価値と矛盾している「使用価値」は、どんな効用を満たすのであれ、それが感覚的に

粗雑な物的形態を持っているという側面から見た使用価値、すなわち「**現物形態としての使用価値**」である。商品は価値としては労働時間の一定量の対象化でしかないが、使用価値としては単なる具体的な「物」でしかなく、そのどこにも価値としての分量が表示されているわけではない。社会的な実体としての価値には年輪のようなものはなく、商品をどんなにこねくりまわしても、その商品の価値の大きさがわかるわけではない。第2講で商品の物神性について説明したように、それは商品に社会的に内在していると同時に、自然的には何ら内在していない。それゆえ、それを商品の生産物としての具体的姿から読み取ることは不可能なのである。この第2の困難を「**価値表現上の困難**」と呼ぼう。これは「価値実現上の困難」とは明らかに性質の異なる困難であり、たとえ双方が相手の商品を欲していても生じる困難である。

説明の都合上、第1の「価値実現上の困難」を先に説明したが、歴史的には明らかに、第2の「価値表現上の困難」の方が先に問題になるはずである。なぜなら、商品交換の最初の段階では、社会的分業はほとんど発展しておらず、価値実現上の困難はほとんどなかったと考えられるからである（たとえば本講の冒頭で紹介したように、海のものと山のものとの交換のように）。むしろ問題になるのは、その妥当な交換割合がどれぐらいであるのか、である。

3. 困難解決の第1段階と第3の困難

観念的交換手段の発生

では、これらの困難は実践的にどのように解決されるのだろうか？　問題が発生する順番からして、困難の解決は第2の困難からはじまる。言うまでもなく、最初の交換割合はかなり偶然的であろう。しかし、それがある程度定期的になるにつれて、その交換割合はしだいに一定の均衡点へと近づくだろう。というのも、もしその交換割合が大きくその実体としての労働時間支出と食い違っていたならば、継続的に有利な交換割合を享受している側は過度に栄えるが、継続的に不利な割合を余儀なくされた側は衰退し滅びていくだろうからである。

そしてそれと同時に、交易の拡大を通じて、しだいに多様な物品が相互に交

換されていくだろう。そうした中で、とくに生活に必要な品で、とりわけ頻繁に交換に付されていて、したがって多様な商品に関して一定の妥当な交換割合がすでに成立しているような商品、たとえば穀物やパンや塩などは、それ自体が交換の対象でない場合も、観念的に交換を媒介する役割を果たすようになるだろう。

　たとえば、これまで交換されたことがない商品Ａと商品Ｂとが交換されるとしよう。これまで交換されたことがないのだから、妥当な交換割合は不明である。価値表現上の困難がここにはっきりと現われる。しかし、ＡとＢとのあいだでは交換されたことがなかったとしても、Ａは別の商品Ｃとは何度も交換され、一定の交換割合が定着しているとしよう。他方、商品ＢもＣとのあいだで何度も交換されていて、やはり一定の交換割合が定着しているとしよう。商品Ａと商品Ｃとのあいだの交換割合が１：２（１Ａ＝２Ｃ）で、商品Ｂと商品Ｃとのあいだの交換割合が３：２（３Ｂ＝２Ｃ）だとすると、商品Ｃをあいだにはさんで、この３つの商品のあいだには、１Ａ＝２Ｃ＝３Ｂという等式が成り立つ。したがって、これまで交換されたことがなかった商品Ａと商品Ｂとのあいだの交換割合も、１：３（１Ａ＝３Ｂ）として確定することができる。この場合、商品Ｃは、商品Ａと商品Ｂとの共通の等価物としての役割を果たしており、両者の交換を観念的に媒介する役割を果たしている。

　この商品Ｃにもう少し注目しよう。この交換において、商品Ｃの使用価値は、具体的な欲望を具体的な分量だけ満たすもの（効用としての使用価値）としての役割はいっさい果たしていない。商品Ｃはこの取引における交換対象でさえなく、いかなる具体的な欲望の対象でもない。この商品Ｃはここでは単なる価値物として扱われており、その物的な現物形態はただその価値を表示するのに役立っているだけである。すなわち、１Ａ＝２Ｃにおいては、商品Ａの価値は２Ｃとして、つまりＣという商品の２つ分として表現されており、３Ｂ＝２Ｃにおいては、商品Ｂの価値は$\frac{2}{3}$Ｃとして表示されている。

　こうして商品Ｃは、その物的な現物形態のままで、単なる価値物として、他の諸商品の共通の等価物としての役割を果たし、したがって、事実上の貨幣としての役割を果たしている。ただし、現実的に交換を媒介するのではなく、あくまでも観念的に交換を媒介する役割を果たしている。

このように、この商品はこの狭い限界内で一般的等価物として機能しているのだが、このような一般的等価物の地位を獲得するのは、総じて多くの諸商品と交換される機会の最も多い商品である。しかし、そうした地位は地域や時代が異なれば異なり、特定の商品にまだ固着していない。その時々において、**観念的交換手段**としての役割を果たす一般的等価物としての商品は、まだ貨幣ではなく、商品と貨幣との中間に属する過渡的な地位にある。それは、観念的交換手段としての役割を果たす場合のみその使用価値と価値とが分離して単なる価値物としての役割を果たしているが、それ自体が直接の交換対象になる場合は、あくまでも特定の欲望を満たす特定の使用価値でしかない。というよりも、そういうものであるからこそ、多くの諸商品と交換されるのであり、したがって、他の諸商品同士の交換を観念的に媒介しうるのである。

現実的交換手段の発生と第3の困難の発生

　しかし、ある商品がいったん一般的等価物としての地位を獲得すると、一方では、直接的な商品交換をするさいに一時的に現実の媒介物としての役割をも果たすことができるようになる。誰もが穀物を一定量常に必要としており、したがって穀物生産者でなくとも、穀物を一定量貯えておけば、それを一時的に交換手段にすることができる。たとえば、靴職人たるあなたは、上着を必要としているが、上着の仕立て職人は靴を必要としていないという先ほどの例に戻れば、上着仕立て職人でも必ず穀物を必要としているであろうから、あなたは、いきなり靴と交換するのではなく、まずもって自分の持っている穀物の一定量と交換することで上着を手に入れることができるだろう。この場合、穀物は靴職人にとっては単なる価値物として機能している。しかし、上着仕立て職人にとってこの穀物はあくまでも自分の（あるいは家族の）特定の欲望を満たす使用価値として入手されるのである。それは、観念的交換手段から**現実的交換手段**へと移行しているが、それはまだ一時的なものであり、かなり貨幣に接近しているが、まだ貨幣そのものにはなっていない。あるいは、上着仕立て職人も手に入れた穀物をすぐには消費せず、別の交換過程で一時的に交換手段として用いるかもしれない。このような現実的交換手段として使用される連鎖が長くなればなるほど、それは貨幣にますます接近するが、しかしまだ貨幣そのもの

ではない。

　このように一般的等価物が現実的交換手段としての機能を果たしはじめ、その機会が増えるようになると、一般的等価物は保存に適したものであること（時間がたってもその使用価値が失われないこと、壊れにくいこと、腐ったりさびたりしないこと、場所をあまりとらないこと）、直接的交換に必要なだけ分割可能なものであること（分割するのが技術的に容易であること、分割してもその使用価値が無に帰さないこと）といった特殊な物理的・化学的性質が必要になる。つまり、他の諸商品との交換機会が最も多いという当初の性質とは異なった、貨幣としての独自の諸性質を持ったものこそが、貨幣にふさわしいということになる。

　たとえば、穀物が一時的に現実的交換手段になったとしても、その穀物はいずれ消費されるか、あるいは古くなって使い物にならなくなり、したがって現実的交換手段としての役割も果たさなくなる。ここでは、商品交換における新たな第3の困難が発生している。すなわち、どの商品も価値としては不滅であり、任意に分割可能であり、完全に均質であるが、偶然的に一般的等価物や現実的交換手段としての役割を担う諸商品の自然的性質は必ずしもそうではない、という困難である。ここで価値に対する制約となっているのは、第2の困難の場合と同じく「現物形態としての使用価値」なのだが、現物形態一般としてのそれではなく、特定の具体的な自然的性質を持った現物形態としてのそれである。まさにこのような第3の困難を解決するものこそ貴金属、とりわけ金と銀なのである。

4. 困難解決の第2段階と金属貨幣の出現

貨幣材料としての貴金属

　具体的な商品流通上の諸困難が必然的に何らかの貨幣的存在を要請すること、また貨幣としての役割を果たす商品が、それにふさわしい物質的性質を持っていなければならないこと、そして貴金属こそがそうした性質を最も有していること、これらのことはある程度自明のことである。だが、これらの諸契機だけで貴金属が現実の貨幣として商品流通を媒介するようになるわけではな

い。というのも貴金属が貨幣としての役割を果たす上で障害となる諸事情が存在するからである。

まず第1に、貴金属は、一時的に貨幣の役割を果たすような諸商品と違って、日常生活において必要なものでも何でもない。一般的等価物になるような商品は、最も交換機会が多いものであり、生活において、あるいは生産において必要不可欠なものだった。しかし貴金属はそうではない。貴金属としての貨幣は外部から持ち込まれなければならない。逆にまた、そうであるからこそ、それは貨幣にふさわしいとも言える。というのも、貨幣というのは社会的な空費であって、生活や生産に本当に必要不可欠なものが貨幣として定着してしまえば、この必要不可欠なものを大量に生産や生活から引き上げて、純粋に流通や蓄蔵のために使用しなければならないことになるからである。これは生活や生産に大きなダメージを与えることになるだろう。

第2に、貴金属が貨幣にふさわしい理由は、さびない、腐らない、任意に分割でき、任意に再結合できる、といった物理的・化学的性質以外に、容積が小さくてもそこに含まれている価値量がきわめて大きいという社会的性質を必要とする（マルクスの言い方によれば価値比重が高い）。すなわち、貨幣にふさわしいためには、その商品自体が貴重なものであり、その産出に多くの労働を費やすものでなければならない。だが、貨幣それ自体は特定の具体的な必要を満たすものではないから、物質的な生活の再生産に振り向けるべき限られた生産力を、それ自体消費対象ではないものに大量に割くことは、生産力が低い段階ではきわめて困難であることがわかる。貴金属が貨幣になるためには、単に商品流通が一定発達するだけでは不十分なのであり、そうした貴金属を大量に産出しうるだけの豊富な貴金属資源が存在し、かつその産出に多くの労働と人手を割くことができるほど生産力が高くなければならない。

さらに第3に、このような貴金属資源も、あるいはこのような生産力水準も、地域的に均等に存在するわけではないし、また時間が経てば自然に獲得できるわけでもない。貴金属は穀物などと違って人為的に生産することはできず、もっぱら自然に含まれている天然資源の絶対量に依拠しており、この貴金属資源は地理的にきわめて偏って存在している。

したがって、商品交換の発展の中である程度自然発生的に貨幣的なものが生

成するということと、貴金属が排他的な貨幣の地位に就くこととのあいだには、明らかに断絶が存在する。ではいったい何がこの断絶を埋めるのか？　ここにおいて、商品交換の発展と拡大という自然発生的な論理とは異質な論理が介在してこなければならない。すなわち、人々に労働を強いて生産力水準を引き上げ、地理的に不均等に存在する貴金属資源を独占し、大量の労働と資源とを、物質的生活の再生産にほとんど役立たない貴金属を採掘し運搬し加工することに割くことができるような、強力な支配者集団とその統治権力とが存在しなければならないのである。

　そしてこの支配者集団にとって貴金属は、支配者としての彼らの特殊な生活には欠かせないものだった。彼らは、各地からかき集めた富を半永久的に蓄え、自分たちを権威づけ、自分たちの富と権力とを広く誇示するために、価値の自立した物質的定在としての貴金属を、とりわけ金を大量に必要とした。エジプト文明に典型的に見られるように、金の不滅性とそのまばゆい輝きと重量感は宗教的な意味さえ帯びて、まさに「富と権力の象徴」としてふさわしいものとされたのである。

　他方、支配者集団はやがて、このようにして蓄えられた貴金属を──自分たちの権力を社会的に承認させるため、あるいは労働力を動員したときの支払手段とするために──貨幣材料としても普及させたのであり、こうして貴金属が真の貨幣の地位へと成りあがっていったのである。たとえばローマ帝国は、その帝国的支配を拡大することによって金の産地をも支配下に置き、こうして貨幣材料としての金を大量に入手することができた。また16〜17世紀にヨーロッパにおける資本主義の発展の礎を築いたのは、アメリカ大陸から略奪されヨーロッパへと運び込まれた莫大な量の金銀財宝であった。

金属貨幣の発生と困難の解決

　こうして、貴金属という保存にも交換にも適した材料が使用された貨幣（**金属貨幣**）が登場することで、最初に提示した商品交換上の困難であった「価値実現上の困難」も全面的に解決される。貴金属は、一時的に現実的交換手段となるのではなく、永続的に現実的交換手段となる。売りと買いとは同一の過程ではなくなり、2つの分離した過程となる。

このような本来の貨幣が成立すると、先に紹介したような三角関係も解決されうるだろう。商品所有者Aは自分の必要とする商品bを商品所有者Bから手に入れるのに、もはや自分の商品Aを交換手段として用いる必要はない。彼は貴金属としての貨幣でもって商品所有者Bから商品bを入手する。商品所有者Bにしても、自分の必要とする商品cを商品所有者Cから入手するのに自分の商品bを交換手段にする必要はない。商品所有者Aから入手した貨幣でもって商品所有者Cから商品cを購入すればよい。商品所有者Cも、自分の必要とする商品aを商品所有者Aから入手するのに、自分の商品cを交換手段とする必要はない。商品所有者Bから入手した貨幣でもって商品所有者Aから商品aを購入すればいいのである。こうして、最初、商品所有者Aの手元にあった貨幣は、次々と交換を媒介して、それぞれの商品所有者に必要な商品を入手させながら、ぐるっと一周して最初の所有者であるAの手元に戻ってくるのである。

　しかし、貨幣が成立することで直接的商品交換の困難は解決されるが、価値と使用価値との矛盾そのものは解消されない。その矛盾は、商品と貨幣とへの商品それ自身の二重化によって、運動しうる形態を獲得しただけである。たとえば、直接的商品交換の困難の一つであった「価値実現上の困難」は、価値の実現と使用価値の実現とが同時に一致する必要がないという形では解決されたが、あいかわらず、商品はそれが実際に売れるかどうかわからないのに（つまりそれに投下された労働が本当に社会的に必要な労働であるかどうかわからないのに）生産され、市場に持ち出され、そこで貨幣に転換されなければならないという困難として存在し続ける。「価値表現上の困難」も、貨幣が名目的に示している価値の大きさとその実質分量との差として、あるいは、商品の実際の価値とそれの貨幣表現の差として存在し続ける。貨幣材料としての貴金属についても困難は存在しつづける。どこまでも自然の埋蔵量に制約される金の総量と、貨幣経済の発展によって必要とされる貨幣量との間の矛盾として、である。

第5講　貨幣の諸機能と諸形態

　すでに述べたように貨幣は、体内をぐるぐる回りながら商品という細胞に栄養や酸素を送る血液のような存在である。貨幣が絶えず社会の内部を駆け回ることで、資本主義社会はその生命を維持することができる。貨幣の流れが滞ると細胞が死滅するし、あるいは特定の場所に集中しすぎると、血管が破けて大出血を起こす。資本主義社会ではそれは金融恐慌と呼ばれている。血液と同じように、貨幣が特定の場所にありすぎてもなさすぎても社会は不正常なのである。

　本講では、この貨幣の諸機能とそのさまざまな存在形態についてより詳しく見ることにするが、その際、**資本主義的商品流通**の独自性を捨象して**単純商品流通**を前提として貨幣の諸機能を考察しよう。

1. 価値尺度としての貨幣

計算貨幣

　貨幣はまず何よりもその使用価値でもって諸商品の価値を統一的に表現する排他的な一般的等価物である。歴史的には頻繁に交換に付される諸商品が部分的ないし一時的にそうした役割を果たすが、前講で見たように、一定の生産力水準と支配者集団の権力のもとで、最終的には貴金属、とりわけ金ないし銀がそうした地位に就く。諸商品は金ないし銀という同一の使用価値で表現された統一された価値表現を持つようになる。これが、商品の価格であり、あるいは**貨幣価格**である。

　したがって価格とは、さしあたり、商品の価値を貨幣で外的に表現したものにすぎない。それがたとえば金だとすると、商品A、商品B、商品C等の価値は今では、A = x量の金、B = y量の金、C = z量の金、等々と表現される。このようなものとして、貨幣は諸商品の価値を普遍的に尺度する手段となり、そうした貨幣を**価値尺度としての貨幣**と呼ぶ。価格としての貨幣はここでは純

粋に観念的であって、実際の金が登場する必要はない。それはただ諸商品に単純で統一された数字で表現された価格を付与するものとして機能するのであり、そのような貨幣をとくに**計算貨幣**と呼ぶ。

この場合に重要なのは、それが金という共通の等価物で表現されているというその質的側面であって、その表現が実際に正しく価値の大きさを表しているかどうかというその量的側面ではない。後者に関しては、無数の絶えざる交換行為を通じて、そして価格の上下運動を通じて、その平均的な水準として長期的かつ傾向的に実現されていく。

いったん貨幣が価値尺度手段として自立的存在を獲得すると、労働生産物でも価値物でもないものに形式的に価格を設定することができるようになる。価格はもともと諸商品の価値表現に他ならないのだが、労働生産物でも何でもないものにも形式的に価格を設定することができるようになり、しかもそれはしばしば投機の対象にさえなる。貨幣に対する利子という価格、株などの有価証券の価格、未開墾地の価格、ゴルフ会員権の価格、等々である。ちなみにマルクスは「名誉」や「良心」などをその事例として挙げているが、これは後で見るように不適切である。

金の量は通常その重さで測られるので、金の量を何らかの固定した独自の重量単位（**度量単位**）で表現する必要が生じ、この単位はさらにいくつかの可除部分に分割されて、一連の**度量標準**に発展するようになる。ポンド、オンス、ツェントナー、等々である。さらに、金だけでなく銀も貨幣として現実に存在している場合、どちらかの貨幣が他方の貨幣の価値基準にならなければならない。ちょうど多様な諸商品の価値関係を単一の商品の量で価値表現しなければならないように、貨幣種類それ自体が複数存在する場合には、いずれかの貨幣が、「貨幣の貨幣」にならなければならない。そういう貨幣を**本位貨幣**という。金が本位貨幣の場合（金本位制）、銀は金との公的に定められた一定の交換割合でもってその価値が表示される。

鋳造貨幣

しかし、価格を貴金属の直接の重量単位で表現するのは、まだ非常に初期の段階の話である。たとえば、そのままの金（地金）が貨幣として機能する場合

には、実際に商品を購買するときに、いちいち不均等な金の塊や砂金を秤で計る必要がある。また、金は必ずしも純度100％ではないので、それがどれほどの純度の金であるのかをいちいち調べなければならない。実際、金貨幣が流通しはじめたごく初期の段階では、金の重さを測る規格化された秤が開発されたり、金の純度を調べるための、「試金石」と呼ばれる玄武岩の板が使われたりしていた。

それゆえ、金が実際に交換手段として機能するためには、現実に商品の価値を正確かつ容易に尺度することができるよう、あらかじめ一定の重量ごとにある程度均等な大きさや形に分割されていなければならない。そして、その均等に分割された金が実際に混じりけのない本物であることを保証する印がついていなければならない。こうして、価値尺度としての貨幣は、それぞれの重量ないし純度に応じた幾種類かの公的に規格化された**鋳造貨幣**（鋳貨）に、すなわち金貨や銀貨につくり変えられる。

最初の鋳貨が製造されたのは紀元前7世紀頃と言われているが、それ以降、各地で貨幣としての適度な大きさ、規格化された均等な形（四角形、長方形、円、楕円など）、価格を表現する数字や単位、鋳造年、それが公式のものであることを示す規格化された模様や紋章（皇帝や国王の顔や王家の紋章、富や権力を象徴する動物や植物など）が施されて、貨幣としての独自の現物形態を持つようになる。

貨幣は鋳造貨幣となることで、独自の単位や名称を持つようになる。その名称は金の度量単位の呼称を引き継ぐ場合もあるが、別個の呼称が付けられる場合も多い。そして、この単位の呼称は、鋳造貨幣の大きさや種類に応じて多様なものとなる。ポンド、ペンス、シリング、ペニー、両、銭、分、等々である。

観念的尺度機能と現実的尺度機能

このように、価値尺度としての貨幣は、一方では諸商品の価格を表現する計算貨幣としては、すなわち値札か頭の中に描かれた貨幣の一定額の量的表現としては、観念的に尺度機能を果たし（**観念的尺度機能**）、他方では実際の購買の場面においては、だが購買手段として機能する前に、その観念的な価格に相当する価値を実際に持った規格化された鋳造貨幣として、現実的にも尺度機能

を果たす（**現実的尺度機能**）。

　この後者の現実的尺度としての貨幣、すなわち鋳造貨幣は、しばしば、次に見る流通手段としての貨幣と混同されている。マルクスにあってさえもそうであり、マルクスは『経済学批判』においても『資本論』においても鋳貨を流通手段として論じている。だが、実際に流通手段として機能する前に、貨幣は商品を前にして、それが表示している価格に真に相当する存在として、すなわち貨幣としての品質において間違いのない具体的で物質的な姿を持ったものとして自己を示さなければならない。

　商品は貨幣を熱烈に恋い慕うのだが、実際に貨幣が自分の目の前に現われた時には、突如として冷静になって、「あなたは本当に私が思い描いたとおりの存在なのか？」と問い、その証明を迫るのである。その証明を与えるものが、その規格化された形状、大きさ、素材、時の政府によって承認された記号や模様、等々なのである。

　したがって、価値尺度としての貨幣は2度機能する。価格としては観念的に、鋳造貨幣としては現実的に。この両者はもちろん相互に深く関連している。観念的にすでに価値尺度として機能しているからこそ、鋳造貨幣は購買の場面において現実的尺度として機能しうる。他方、貨幣が現実の鋳造貨幣として存在するからこそ、観念的尺度としても容易に機能しうるのである。

2. 流通手段としての貨幣

　諸商品は価格としてはすでに観念的に貨幣に転化している。しかし、それが現実に転化するためには、その商品を欲しかつその価格を実現しうる量の貨幣を所持する者を市場で見つけ出さなければならない。これはつねに困難な課題であり、商品にとって貨幣への転化はつねに「命がけの飛躍」なのである。そこに費やされる膨大な社会的コストは、富の生産と享受に向けられるべき時間と労力と資源からの控除となる。逆に、貨幣所持者はその価格を実現しうるだけの貨幣を持っているかぎり、その商品を無条件で買うことができる。ここでは、商品の側が価格表示されて存在していることと、貨幣の側がその品質において間違いのない物質的な鋳造貨幣として存在していること、という2つの契

機が必要になる。この2つの前提が存在するかぎり、貨幣は実際に単純商品流通の中で具体的にさまざまな機能を果たすことができる。

商品流通と貨幣流通

　直接的商品交換は**一般的購買手段**としての貨幣によって媒介されることで、「売り」と「買い」という2つの別個の過程に分裂する。ここで今後頻繁に用いることになる記号を導入しておこう。貨幣はドイツ語で Geld（ゲルト）で、商品は複数形で Waren（ヴァーレン）というので、今後貨幣をG（ゲー）、商品をW（ヴェー）という記号で表現することにしよう（英語だと、MとCになる）。そうすると、直接的商品交換は、W_1―W_2と表現できる（W_1とW_2はそれぞれ使用価値の異なる商品を意味している）。これは、両商品の価値と使用価値とが同時的に実現される過程であり、そこに伴う諸困難についてはすでに前講で述べたとおりである。この過程は、貨幣によって媒介されることで、W_1―G―W_2となる。

　W_1の商品の持ち手からすると、前半のW_1―Gは「売り」であり、後半のG―W_2は「買い」である。商品所持者は、自分が生活するために、あるいは自分の商品を生産するのに必要な何かを手に入れるために自分の商品を手放すのだから、最初の「売り」には必然的に「買い」が伴う。商品から見ると、出発点の商品であるW_1は、まず同じ価値を持つGに転化し、次に同じ価値を持っているが最初の商品とは異なる使用価値を持つW_2に転化し、そこから消費過程（ないし生産過程）に入って、商品流通過程から脱落する。したがって、「W_1―G―W_2」（より簡潔に表現すれば「W―G―W」）という過程は、商品流通過程の相対的に完結した一つの基本単位となる。

　しかし、この過程が成立するためには、前半においては商品W_1を購入する貨幣所持者と、後半においては貨幣と引き換えに商品W_2を売る商品所持者とを必要とする。W_1の所持者をAとし、その買い手をBとし、商品W_2の売り手をCとすると、まずAとBとの間では次のような取引が存在する。

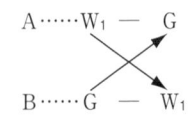

```
A……W₁ ―  G
         ╳
B……G  ―  W₁
```

後半においては、今度は商品W_2の売り手とのあいだで以下のような取引が存在する。

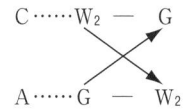

$$
\begin{array}{l}
C \cdots\cdots W_2 \ — \ G \\
 \\
A \cdots\cdots G \ — \ W_2
\end{array}
$$

この両取引を合体させると、以下のようになる。

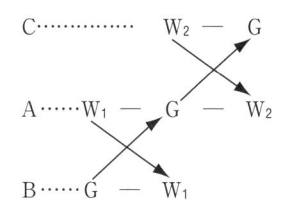

$$
\begin{array}{l}
C \cdots\cdots\cdots\cdots\cdots W_2 \ — \ G \\
A \cdots\cdots W_1 \ — \ G \ — \ W_2 \\
B \cdots\cdots G \ — \ W_1
\end{array}
$$

以上で少なくとも、Aに関する商品流通の流れを描くのに必要なすべての点と線とが描かれている。しかし、W_1の買い手であるBは、最初から貨幣を持っていたわけではない。ここでは商品所持者同士で構成される社会が前提となっているので、Bは自分が今もっている貨幣を入手するのに、自分の商品を売って貨幣を入手する前段があったはずである。他方、Aに商品W_2を売るCにしても、それによって得た貨幣でもって別の何らかの商品を買う後段が存在するはずである。そこで、Bが最初に持っていた商品をW_0とし、Cが最終的に購入して消費する商品をW_3とすると、以下のような3つの商品流通が描けるはずである。

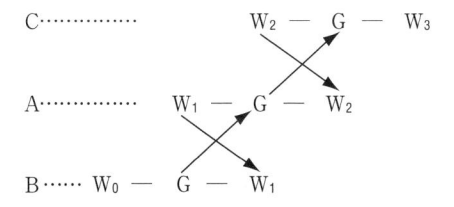

$$
\begin{array}{l}
C \cdots\cdots\cdots\cdots\cdots\cdots\cdots\cdots W_2 \ — \ G \ — \ W_3 \\
A \cdots\cdots\cdots\cdots\cdots\cdots\cdots W_1 \ — \ G \ — \ W_2 \\
B \cdots\cdots W_0 \ — \ G \ — \ W_1
\end{array}
$$

しかし、BはBで、自分の最初の商品W_0を買ってくれた貨幣所持者がどこかにいたはずであり、Cにしても、自分が最終的に購入する商品W_3を売ってくれる商品所持者がいたはずである。こうして、この商品流通の流れは無限連鎖となる。

ここで、貨幣Gに注目すると、Gは、代わる代わる3つの商品流通を媒介し

ながら、その最初の持ち手であったBからしだいに遠ざかってCにまでいたっていることがわかる。しかし、Bはこの貨幣を別の誰かから入手したわけであり、またCもそれをすぐに手放して別の商品を入手するわけだから、このGの軌跡は前にも後にも無限に延びていくだろう。このような無限の軌跡を描いて次々と商品流通を媒介していく貨幣は、単なる購買手段ではなく、**流通手段**として機能していると言える。そして、この流通そのものは**貨幣流通**と呼ばれ、このような貨幣はとくに**通貨**（currency）と呼ばれる。

ところで、商品流通を媒介するという貨幣機能は、何も、直接に鋳造貨幣が購買の場面で登場することでしか果たせないわけではない。今日の日常生活においては、クレジットカードでの買い物が広く普及しているし、生産者同士の取引においては古くから**信用取引**が主要な取引形態であった。とはいえ、現金を直接介在させて商品流通を媒介するやり方は、今日でもなお小口取引の最も基本的な方法でもある。

商品流通における流通手段の必要量は、この信用取引や後述する準備金を捨象するならば、①流通している総商品の総価格、②一個あたりの貨幣片（たとえば金貨）が表わす平均的な価値額、③それが売買を媒介する平均回数、という3つの変数によって決定される。これを**流通必要貨幣量**と呼ぶが、それは以下の式で求められる。

$$流通必要貨幣量 = \frac{総商品の総価格}{貨幣片の平均価値額 \times 平均媒介回数}$$

この必要量を超えて貨幣が流通に投じられた場合は、この余分の貨幣は流通から脱落して、個々の商品所有者の手元に退蔵されるか、媒介回数が減ることになるだろう。

代理貨幣

商品流通が順調に進んでいるかぎり、売りと買いとは連続した一連の過程なのであって、それを媒介する貨幣は瞬過的に登場するだけでよい。それどころか、確実に売りの後に買いが続くことがわかっているならば、貨幣そのものが

いっさい登場することなく信用取引によって売りと買いとを相殺することさえ可能である（これについては後で再論する）。このように、商品流通が発展すればするほど、貨幣そのものを発展させるとともに、貨幣をますます観念的で瞬過的なものにする。また貨幣は、計算貨幣としてはすでに観念的な定在をもっており、観念的にも十分機能しうるものであった。

　他方、貨幣としての貴金属は価値尺度としては申し分のないものであるが、流通手段としては必ずしもそうではない。まず第1に、取引額が大きすぎる場合も小さすぎる場合も、金では流通の用途に向かないだろう。すなわち、取引額が大きすぎる場合は大量の金を必要とし、それでは重量が重すぎて、運ぶのが困難である。取引額が小さすぎる場合は、金だと単位あたりの価値量が大きすぎてしまい、金を過度に小さく分割するのは困難である。第2に、いくら貴金属が持ち運びに便利だとはいえ、その重量はかなりのものであるし、また流通していくうちにしだいに摩滅することは避けられず、それが名目的に示す価値額とその実質的な価値額との間に差が必然的に生じてしまう。第3に、そのような自然の磨耗以外でも、流通の過程で意図的に金や銀を貨幣から少しずつ削っていくことや、また逆に鋳造の過程で当局者が名目の金銀量より少ない金銀しか用いないことも可能である。第4に、貨幣の発達と軌を一にした商品流通の発達は、流通に入る商品量を絶対的にも相対的にも増大させるのだが、そのような商品流通の発達は必然的に流通貨幣量の増大をも必然化し、したがって貨幣流通のために必要な貴金属量も増大させなければならない。しかし、すでに述べたように、金や銀は絶対的に制限された貴重な資源であり、かつ地理的に不均等に存在する。

　このように、流通手段としての貨幣の機能と、貴金属としての貨幣の定在とはさまざま矛盾を持っているのであり、こうした諸矛盾に促されて、鋳造貨幣は紙幣のような象徴的で観念的な存在によってしだいに代理されるようになっていく。これらの**代理貨幣**は、非常に材質が廉価で、軽くて持ち運びに便利で、いくらでも生産することが可能であり、さびたりすることもない。

　このような代理貨幣は、国家権力によって強制通用力を与えられて流通するか、あるいは政府によって法的にバックアップされつつ莫大な量の貨幣を集積している**中央銀行**によって供給される（後者については「より進んだ考察」を

参照せよ）。

　しかし、いくら象徴だとしても、人々がそれを貨幣として受け取るためには、国家機関による明確な表示や品質の確保、偽造を困難とするさまざまな化学的・物理的処理は不可欠であり、物質的重みはなくとも、貨幣としての物質的側面がなくなるわけではない。

　この代理貨幣はあくまでも金ないし銀という現実の金属貨幣の代理物であるかぎり、その発行量には大きな制約が存在する。それは基本的に先に述べた流通必要貨幣量によって制約されており、その必要量を大きく超えて発行された場合、個々の代理貨幣が表現する貨幣価値の大きさが実質的に減価することになり、したがって、個々の商品の価格は名目上より大きな貨幣額で表現されるようになる。これは、貨幣減価による名目的な全般的物価上昇、すなわち典型的な**インフレーション**を招くことになるだろう。

　政府はしばしば意図的に代理貨幣を大量発行することで社会から富を奪い取り、政府自身を富ましてきた。他方で、それ自体としては価値物ではない代理貨幣は、本物の鋳造貨幣よりもはるかに偽造が容易であり、代理貨幣の歴史は絶えざる偽造との戦いの歴史でもあった。この２つの歴史は、代理貨幣であっても、貨幣の物質的側面が結局は失われていないことをはっきりと示している。

3. 支払手段としての貨幣

　しかし、すでに述べたように、商品流通を媒介するためには、けっして直接に現金を介在させる必要はない。代理貨幣を必要としたさまざまな諸事情（貴金属の量的制限、持ち運びの困難さ、等々）は同時に、本来の金属貨幣であれ代理貨幣であれ、直接の**現物貨幣**を介在させるのではないやり方で取引をすることを必然にした。こうして、何らかの形態の信用取引は、商品流通を媒介するもう一つの主要な方法となる。この信用取引を補完しそれを完結させるものとして、貨幣は**支払手段**という独自の存在形態を持つようになる。

後払い手段

　信用取引の最も初歩的で素朴な方法は、たとえば、お互いに取引商品を記録

しあって後で交換を完成させるというものである。このような**直接的信用取引**は、実際、流通手段としての貨幣が出現するはるか以前から存在した。少し考えてみるだけで、そうしたやり方が非常に合理的であることがわかる。

　たとえば、季節によって収穫できる時期が異なる２つの商品が存在するとしよう。Ａ商品所持者の商品は春に収穫することができ、Ｂ商品所持者の商品は秋に収穫することができるとする。そしてそれぞれの商品はその自然的性質からしてそれほど長いあいだ品質を維持できないとすると、流通手段としての貨幣が存在しないときに、この両者のあいだでどのようにして商品交換が成立するのだろうか（両者はともに相手の商品を必要とし、かつ、両商品の価値量、すなわち収穫に要する平均的労働時間は同一だとする）。明らかに、まず春に収穫されるＡ商品がＢ商品所持者に引き渡され、そのことが記録される。次に、秋が来たら、今度は、その記録にもとづいて、すでにＢに引き渡された商品Ａの価値量に等しい商品ＢがＡに引き渡され、そのことが記録されて、交換が完了するのである。

　しかし、このような直接的信用取引は、取引される商品の質と量とが相互に望む通りのものでなければならず、それはかなりレアなケースだろう。ちょうど直接的商品交換をさまざまな困難に導いたのと同じ事情が、このような直接的信用取引を困難に陥れ、やがて貨幣そのものの発生とともに、支払手段としての貨幣がこの信用取引を媒介するようになるのである。

　流通手段としての貨幣の媒介によって直接的商品交換が「売り」と「買い」という２つの過程に分裂したように、直接的信用取引は支払手段としての貨幣の媒介によって、「掛け売り」と「掛け買い」という２つの過程に分裂する。この場合、貨幣は、まず最初に取引される商品の価格表現として、したがって計算貨幣として観念的に機能することで取引額が確定される。次に貨幣は、実際に取引する買い手の人格を媒介として観念的購買手段として機能し、商品が売り手から買い手へと移行する。ここでは、買い手の人格＝人としての存在そのものが、その人への信用を通じて、今はまだ流通過程に投げ入れられていない貨幣の代理物として機能しているわけである。こうして商品の買い手は**債務者**となり、商品の売り手は**債権者**となる。最後に、支払期限が来たときには、この売買関係を完結させるために貨幣が商品の買い手によって流通に投じら

れ、商品の買い手から売り手へと貨幣が移行する。この最後の貨幣は、支払手段としての貨幣の一形態である**後払い手段**として機能している。

　これは、商品流通を媒介しているという点では、商品と直接に交換される流通手段としての貨幣と同じ機能を果たしているが、しかしその媒介の仕方において異なっており、したがって貨幣の機能そのものにも異なった性格が付与される。それは、すでに成立してしまっている売買関係を後から完結させるという独自の機能を果たしている。売買そのものはすでに成立しており、商品はすでに買い手のもとにあって消費されてしまっている。いまさら売買を取り消すことはできない。したがって、この取引を完結させる後払い手段としての貨幣は絶対に必要なものとして特別の重みを持つ。その貨幣はあらゆる手段を尽くして捻出されなければならないのであり、どうしても払えなければ、破産が宣告されるだろうし、場合によっては詐欺罪として捕まるだろう。

　他方、売買される商品の性質上、その場その場での支払いが不可能であり、一定の期間ごとにまとめて支払わなければならない場合にも、貨幣は事実上、後払い手段として機能する。光熱費や家賃などがそうである（ただし家賃の場合、貸し手の優位性ゆえに、しばしば先払いが強要される）。最近流行のネット上での売買においても、商品の手渡しと同時に貨幣支払いが不可能なので、先払いか後払いが必要になる。

　このような信用取引は、その履行を保障する法律がたとえ発達していなくても大昔から存在していたのだが、それはなぜ成立しえたのだろうか？　それは、完全なる共同体と、完全に自立した個々バラバラの私的生産者という両極のあいだに、共同性と自立性とが多少なりとも入り混じった中間状態がきわめて長期にわたって広範に存在していたからである。すでに形式的には独立した私的生産者になっていたとしても、相対的に狭い地理的空間の中で日常的に取引をしている人々のあいだでは、近隣や同じ地域社会に長期的に生活するものとしての信頼関係にもとづいて、このような信用取引は成立しうるのである。資本主義がかなり発達した後でも、日常生活においてはこのような「つけ」による売買が普遍的に存在していたのであり、戦後日本においてもかなり最近まで普通のことだった。

> **ブレイクタイム　マルクスと支払手段**
>
> 　極度の貧困の中で亡命生活を送り『資本論』を執筆していたマルクス自身も、生活手段の多くをつけで購入しており、そのつけの支払いが集中する時期には、この「支払手段としての貨幣」を工面するのに非常に苦労した。マルクスの手紙を見るとそのことに触れたものが数多く見られる。家財道具を質に出したり、近親者にお金を借りたり、そしてエンゲルスにもしばしば援助を要請することになった。マルクスは、支払手段としての貨幣がいかに切実で独自の意味を持っているかを生活実感を通じて理解していたのである。通俗的な貨幣論では、「流通手段としての貨幣」と「支払手段としての貨幣」とが区別されていないことが多いが、マルクスは両者をあえて区別したのであり、そこにマルクス貨幣論の重要な特徴がある。その理由はもちろん理論的なものなのだが、マルクス自身の生活実感にも根ざしたものだったのではないだろうか。

決済手段としての貨幣

　さて、このような信用取引が広く行なわれれば行なわれるほど、ある商品所持者に対しては債務者であった者が、他の商品所持者に対しては債権者であるということがありうる。したがって、その債権債務関係を相殺することが可能になる。このような操作は銀行が存在する場合には最も系統的かつ容易に行なうことができるが、銀行がなくとも、歴史的には、銀行に近いさまざまな制度や媒介者を通じて、そうした相殺は行なわれてきた。そして、その相殺によって必然的に生じる差額は、現実の貨幣によって決済されなければならない。この場合、貨幣は**決済手段**として機能している。これはいっそうのこと現物貨幣を節約することにつながるだろう。

　このように、支払い手段としての貨幣には、より単純な後払い手段と、より複雑な決済手段という2種類のパターンがあることがわかる。両者はいずれも商品流通を間接的ないし結果的に媒介しているのだから、広い意味で流通手段としての貨幣の一形態に他ならない。したがって、先に論じた「流通手段としての貨幣」、すなわち直接的に現物貨幣（金属貨幣であろうが代理貨幣であろ

うが）を介在させて商品流通を媒介させる手段としての貨幣は、この支払手段としての貨幣との対比においては、「流通手段としての貨幣」の一特殊形態として再規定される。それを**直接的流通手段**と呼ぶことにしよう。そして、ここで論じた支払手段としての貨幣は、この直接的流通手段との対比で**間接的流通手段**と呼ぶことができるだろう。したがって、「流通手段としての貨幣」は広い意味においては、直接的流通手段と間接的流通手段とを包括する概念であり、狭い意味においては直接的流通手段としての貨幣を指す。

☼より進んだ考察☼──信用貨幣と商品貨幣

　信用取引の発展の中からさまざまな**信用貨幣**が発展してくる。たとえば、最も初歩的な直接的信用取引においては、帳面に書かれた取引の記録は、信用貨幣の萌芽形態であり、一種の観念的交換手段として機能している。

　信用取引がいっそう発展し、私的な人格関係を超えた広がりを持つようになれば、掛け買いをする相手に対する単なる私的な信頼関係だけでは信用取引は成立しないので、それにふさわしい物的手段が必要になる。その一つが商業手形である。この商業手形は、手形の裏書を通じて貨幣のように流通することができるので、一種の流通手段として機能する信用貨幣である。

　銀行が発達すると、銀行口座の限度額の範囲内で日々の商取引に用いることのできる小切手が発達し、事実上の流通手段ないし支払手段として機能するようになる。また、かつては民間銀行が、金属貨幣との兌換を条件に銀行券を発行していたが、これもまた信用貨幣の一種であり、一定の範囲内でさまざまな貨幣機能を果たすことができた。このように信用貨幣は、その物質性が高まれば高まるほど、個人的な信用関係に依存する度合いもまた下がっていくのである。

　さて、これらの信用貨幣との対比においては、これまで論じてきた貨幣は実は、**商品貨幣**という特殊な規定性を帯びるようになる。これは、現実の商品を直接の起源にしているという点で信用貨幣と区別される特殊な貨幣規定である。しかし、この商品貨幣は同時に貨幣一般でもあり、信用貨幣の土台であり、その前提である。どのような信用取引においても商品の価格は商品貨幣のある一定量として表現されていなければならないし、兌換の銀行券は商品貨幣との交換を前提しているし、最終的な決済手段としてはあいかわらず商品貨幣が必要になる。社会通念においても、貨幣とは基本的に商品貨幣のことを指している。すなわち、商品貨幣は、貨幣一般であると同時に、信用貨幣との対比においてのみ一つの特殊な貨幣形態なのである。

　商品貨幣の発展が、貨幣としての機能と商品としての物質的・金属的定在との矛盾

を推進力にして、その機能にますます合致した定在へと、したがってますます非商品的で非物質的な定在へと発展していく過程であったのに対し（商品貨幣の信用貨幣化）、他方、信用貨幣の場合は、その定在そのものが最初から純粋に機能的で観念的であり、それゆえ信用貨幣の発展は、商品貨幣とは反対に、その純粋に観念的な定在がしだいに、その貨幣的機能を果たしうるのに必要な範囲でしだいに物質的形態と物質的重みを獲得していく過程であり、したがってしだいに私的人格への信用に依存する度合いを低めていく過程であった（信用貨幣の商品貨幣化）。

両者の発展の最終形態は、各国の中央銀行が発券する不換の**中央銀行券**であるが、これは、商品貨幣の信用貨幣化と信用貨幣の商品貨幣化とが収斂した地点に位置すると言ってよい。すなわち、それは一方では、商品貨幣がしだいに非物質的で非商品的なものになっていき、国家ないし中央銀行への信用に依拠した存在になっていく過程の一つの終着点であると同時に、他方では、もともとは民間銀行が発行する信用貨幣としての銀行券がその私的信用の枠を根本的に脱して、たとえ金や銀との兌換可能性がなくとも国家の権威と法によって流通を保障された普遍的な物質的定在を獲得したものとみなすこともできる。

つまり、中央銀行券は、商品貨幣の非物質化と信用貨幣の物質化との、あるいは、商品貨幣の非商品化と信用貨幣の非信用化との、つまりは商品貨幣の信用貨幣化と信用貨幣の商品貨幣化との、合流点に位置する貨幣なのである。今日の不換中央銀行券は国家紙幣なのか信用貨幣の一種なのかという論争がかつて熱心に行なわれていたが、実際にはそれは両方の発展の収斂地点に位置しており、両性格の（矛盾した）統一物と見るべきであろう。

ただし、国際取引では各国の中央銀行券はその強制通用力をなくすので、単なる信用貨幣に成り下がり、各国の経済的・政治的力に対する信用にもとづいてのみ国際的に通用するし、それゆえしばしば金との交換可能性に支えられなければならない。また、国際市場に大きな混乱や動揺が生じたときには（世界恐慌、大災害、戦争など）、商品貨幣の最も基礎的なものである金が結局は決定的な重みを持つのである。

4. 流通準備金

このように、商品流通は、流通手段としての貨幣によって直接的に媒介されるか、あるいは信用取引を完結させる支払手段としての貨幣によって間接的に媒介されている。しかし、貨幣がこうした機能を果たすためには常に、ある一定額の貨幣がわれわれの財布か銀行口座の中に存在するのでなければならない。貨幣はこのような形で一時的な休止状態をとりうるからこそ、流通手段として機能しうるのである。

ではこのような休止状態にある貨幣はどのような機能を果たしているのだろうか？　たとえば、それは時間が経っても価値が失われない形態として存在しているかぎりで、**価値保存機能**を果たしている。しかしそれは、貨幣が貨幣であるかぎり常に果たしている機能であり、直接に流通手段として出動する際にも果たしている。あるいは貨幣ではない金や銀もその地金形態で十分に価値を保存することができる。したがって価値保存機能というのは、必ずしも休止形態にある貨幣の独自の機能ではない。

財布やポケットの中に存在している貨幣や銀行預金として存在している貨幣は、直接に流通手段として機能しているのでなくとも、貨幣が流通手段として直接的にか間接的に機能する上で不可欠の役割を果たしている。財布にも銀行預金にも現金がないとすれば、そもそも私たちはどうやって貨幣を流通手段として機能させることができるだろうか？　貨幣流通は、貨幣そのものに着目するなら、常に運動（出動と帰還）と一時的休止という2つの存在様式ないし局面によって構成されているのであり、どちらも貨幣流通そのものの不可欠の契機なのである。したがって、この一時的休止形態における貨幣は、広い意味での「流通手段としての貨幣」の一契機である**流通準備金**（あるいは単に**準備金**）という機能を果たしており、あるいはそうした存在様式をとっている。

本来の流通準備金

まずもって流通準備金は、直接的流通手段の準備金として、すなわちその時々の買い物をするための準備金として手元にか銀行に存在していなければならない。いくら流通手段としての貨幣が瞬過的であるとしても、文字通りの意味で瞬過なのではない。先の$W_1 - G - W_2$の定式に戻るならば、商品所持者Aは商品W_1を売って貨幣を入手するのだが、それでもって別の商品W_2を買うまでに一定のタイムラグが当然に生じる。また、目の前に自分の商品の買い手と新しい商品の売り手とが並んで待ち構えているのでないかぎり、われわれは貨幣を持って移動しなければならず、ここでも貨幣は休止状態のまま運ばれなければならない。

逆に、貨幣流通が瞬過的であればあるほど、それはますますもって単なる直接的商品交換に近づいてしまうだろう。直接的な商品交換過程が売りと買いの

2つの過程に分離したのは、まさにこのような時間的・空間的分離を可能にするためであった。したがって、売りと買いへの分離は一時的休止状態にある貨幣を最初から前提している。直接的な流通手段としていつでも出動可能な形で一時的に休止しているこのような流通準備金は、最も流動的で短期的な準備金である。このような準備金は買い手だけでなく売り手にも必要であり、売り手は常に一定額のつり銭を準備していなければならないし、時には品物の返金にも対応しなければならない。

　しかし、同じ準備金でもそれが長期に及ぶ場合はどうか？　たとえば1年とか3年といった定期預金や、あるいは商品生産者の場合には原材料や機械を買うための資金の積み立て、あるいは一般消費者の場合でも自分や家族の老後の生活資金や子どもの教育資金、家などの大きな価値を持った消費財を買うための貯金などは、最終的に流通手段として流通過程に投げ込まれるにしても、したがって長期的には商品流通の一契機であるとしても、その長期性と相対的な固定性ゆえに、短期的な準備金とは異なった長期的な準備金として存在していると言えるだろう。

　最後に、人はその生涯において、事業の行き詰まりや恐慌、重大な事故や重い病気、その他のさまざまな思いがけない臨時出費が必要になるときがある。このような場合に備えても一定の貨幣を蓄えておかなければならない。このような臨時的な準備金もまた、いずれ流通手段として出動することが予定されているのであり、そのかぎりでは流通手段としての貨幣の一契機であるとみなすことができる。とはいえ、その一部は常に流通手段として出動するとしても、残る一部は常に手元に残されているのであり、この部分は恒常的な**蓄蔵貨幣**としての性格を帯びている。

支払準備金

　流通準備金は、このように直接的流通手段の準備金として存在している必要があるだけでなく、支払手段の準備金としても存在していなければならない。たとえばある商品を掛けで、あるいはローンで購入した場合、あるいは光熱費や家賃やクレジットカードの支払いのように毎月、預金口座から引き落としがなされるような場合には、それらの商品の後払いに必要なだけの一定の貨幣額

が支払期限までに手元か銀行口座に準備されていなければならない。このような流通準備金をとくに**支払準備金**と呼ぶことにしよう。この支払準備金にもさまざまなパターンがある。

　まず、後払い（返済）に必要な額、あるいはローンの1回あたりの返済額が、債務者の定期収入の1回あたりの平均額（商品販売からの収入や給与など）を下回っている場合には、この支払準備金は、短期的な流通準備金と同じような役割を果たすだろう。短期的な流通準備金の場合はそのときどきの売買ごとに貨幣出動が随時なされていたが、支払準備金の場合は、売買契約後の一定期間に定期的に貨幣出動がなされるだけであって、事態が順調に進むかぎりは、この種の支払準備金は短期的な流通準備金と同じく、商品流通を媒介する契機にすぎない。

　しかし、支払期限までに準備しておかなければならない額が、定期的に入る個々の収入額よりも大きい場合には、支払期限までに収入の全部ないし一部が少しずつ積み立てられていなければならない。この種の支払準備金は、長期的な流通準備金と同じような役割を果たしているが、そこには本質的な違いもある。長期的な流通準備金の場合は、最終的に、買う予定であった商品に支出しなくても何ら問題は生じない。まだ売買は成立していないのだから、その商品に支出しなくても、ただその商品が入手できなくなるだけのことである。それゆえ、ある商品の支出に予定されているとはいえ、積み立てられた貨幣は実質的重みを有している。しかし支払準備金にあっては、その支払先によって最初から拘束されており、その貨幣の山はいわば幻のような存在である。

　他方、同じ支払準備金であっても、決済手段として用いられるための準備金は、このような幻のような存在ではない。支払いの相殺が実際にどのようになるのかを前もって完全に把握することは不可能であり、それゆえ、決済手段に最低必要であると思われる額を一定超えた額が銀行などに準備されている。実際に決済手段として出動しなければならない額がこの準備金を下回ることも多いだろうし、その場合、この準備金の一部は支出に拘束されていない蓄蔵貨幣に転化するだろう。その意味でこれは、臨時的な流通準備金と類似している。

5. 価値の自立的定在としての貨幣

　すでに見たように、貨幣は大きく言って、「価値尺度としての貨幣」と「流通手段としての貨幣（広い意味でのそれ）」として存在している。この２つが貨幣の最も基本的な機能である。前者が、前講で検討した「価値表現上の困難」に対応し、後者が「価値実現上の困難」に対応していることは明らかである。しかし、前講では第３の困難についても指摘しておいた。この困難に対応するのがここで論じる貨幣形態である。

　貨幣は、この２つの基本的機能を果たすことによって、あるいはこの２つの存在形態の統一物として、独自の社会的権力を獲得する。なぜならそれは、あらゆる商品の価値を統一的に表現することで、あらゆる富を代表する抽象的物象としての地位を獲得し、またあらゆる商品を（その額に応じてだが）自由に購買する能力を持った物として諸商品の上に君臨するからである。こうして貨幣は、価値尺度および流通手段としての貨幣を自己のうちに統一しながら、かつその両者とは異なる独自の形態、すなわち**価値の自立的定在としての貨幣**としての形態を持つようになり、それに応じて独自の機能を果たすことができるようになる。

自己目的としての蓄蔵貨幣

　種々の形態で存在する流通準備金を流通の契機から見るのではなく、休止状態にある貨幣そのものの観点から見るなら、それは同時に蓄蔵貨幣でもある。しかし、ここでとくに問題とされる蓄蔵貨幣は、直接的な流通手段ないし支払手段として出動することが予定されている場合ではなく、**自己目的としての蓄蔵貨幣**である。

　この「自己目的としての蓄蔵貨幣」は、流通を媒介する契機としての一時的な蓄蔵貨幣とはおよそ正反対の性格を有している。商品流通において不可避的に生じる一時的な休止ではなく、あるいは将来や臨時の支出のための積み立てでもなく、貨幣を蓄えることそれ自体を目的とする場合、それは流通の契機ではなく、むしろ流通の絶えざる否定を意味している。現在ないし将来の流通の

ためではなく、できるだけ多くの貨幣を流通から引き上げ、できるだけ流通には再投下せず、流通の外部にできるだけ長くとどめておくことで発生するのが、この「自己目的としての蓄蔵貨幣」である（『資本論』では、準備金としての蓄蔵貨幣と「自己目的としての蓄蔵貨幣」とが同じ「蓄蔵貨幣」の枠内で論じられているが、前者は「流通手段としての貨幣」の一契機にすぎない）。

　しかし、このような自己目的としての蓄蔵貨幣は、根本的に矛盾をはらんだ存在である。単純流通を前提として貨幣蓄蔵を行なうには、できるだけ多くの商品を売りながら、できるだけ商品を買わないようにするという操作が必要になる。つまり、ここではできるだけの「勤勉と節欲」が最大の美徳となる。だが本来、貨幣はその持ち手にとっては何かを購買する手段として、したがって何らかの欲望を満たすものとして意味があったはずであり、だからこそそれは社会的権力を持つにいたったのである。しかし、守銭奴としての貨幣蓄蔵者にとっては、目的と手段とが逆転し、貨幣の本来の機能をできるだけ否定し拒否することへと駆り立てられる。たくさんの貨幣を絶えず貯め込みながら、生活を享受する時間もなく、そのための費用さえ出し渋る。

　しかし、この自己目的としての貨幣蓄蔵は個人の力となった社会的権力を蓄積することでもあり、富の絶対的で抽象的な形態を蓄積することでもある。貨幣は自己のちっぽけな制限された存在をはるかに突破して無限に拡張しうるし、無限に高めうる。何かを買うためではなく、貨幣が大量に自己の所有物として存在すること自体が、深い満足感と権力の快感を所有者に与えるのである。だが、その権力を実際に行使する段になると、貨幣の現実の支出を必要とするので、やはりここでも守銭奴は自己矛盾に陥ることになる。

　また、この自己目的としての蓄蔵貨幣には、質的無限性と量的制限性との矛盾も内包されている。抽象的な富である貨幣には、それでもう十分と言える限度が具体的な形では存在しない。たとえば、何らかの具体的な使用価値であれば、客観的にはその使用価値の質的多様性の範囲に制限されているし、主観的には自己の具体的な欲望の容量を満たせばそれで終わりである。しかし、抽象的で記号化された富そのものとしての貨幣には、そのような量的限度というものが存在しない。しかし、実際に存在する貨幣は常に一定量の貨幣でしかなく、その量には常に限度が存在する。

この質的無限性と量的制限性との矛盾は、貨幣材料としての貴金属に着目するならば、別の意味を持ちうる。すでに見たように貨幣は価値としては観念的に無限であり、貨幣蓄蔵者は無限の貨幣蓄蔵を求めるが、それを担う現実の貴金属としてはそれは絶対的に有限な存在であり、むしろ通常の商品以上に有限な存在である。通常の商品であれば、生産力の拡大によってどんどん量産することができるが、金や銀そのものは人工的につくり出すことはできない。錬金術は不可能な夢であった。それは自然の中にあらかじめ埋蔵されている総量によって絶対的に制限されている。

　以上見たように、自己目的としての貨幣蓄蔵には種々の矛盾が内包されており、これらの矛盾は一方では、単なる蓄蔵貨幣から「資本としての貨幣」へと発展していく契機の一つであるとともに、他方では、貨幣そのものが貴金属からより象徴的で記号的なものへと、あるいは貨幣そのものを節約する複雑な機構を構築することへと発展していく契機でもある。

価値移転手段としての貨幣

　価値の自立的定在としての貨幣は蓄蔵貨幣家にとっては無限の蓄蔵対象であったが、別の人々にとっては異なった役割を果たしうる。だが手元に蓄蔵もされず、商品を購買するのにも使われないとすれば、残されているのは、それを他人に譲渡することだけである。だがこの計算高い商品世界においては、このような譲渡が無条件の気高い贈与の精神でなされることはめったにない。もしそうだとすれば、そのような貨幣は独自に検討するべき独自の機能を果たしてはいないだろう。ここで検討されるのは、価値の自立した形態としての貨幣がそういうものとして所持者から手放されて別の所持者に移転されながら、社会的に独自の機能を果たすような場合である。このような貨幣を**価値移転手段としての貨幣**と呼ぶことにしよう。

　このような貨幣の第1の最も重要な機能は、社会的ないし法的に支払う義務のある税金や罰金や賠償金などを支払う手段となることである。これをとくに**一般的支払手段**と呼ぶ。「支払手段としての貨幣」は、商品流通の一契機としてはすでに、後払い手段および決済手段という形で登場している。しかしここでは、そのような商品流通の媒介の契機としてではなく、一般的・絶対的なも

のとしての支払手段である（『資本論』では同じく、この両者がともに「支払手段」の枠内で論じられている）。

　流通手段としての貨幣にあっては、価値が移転するのではなく、ただ価値がとる姿が変わるだけであった。商品と貨幣が交換されるとき、等価交換を前提するなら、商品も貨幣も同じ大きさの価値を有しているのであり、ただ価値がとる姿が商品から貨幣へと、あるいは貨幣から商品へと変わるだけであった。したがってそこでは、価値そのものが一方的に移転しているのではなく、移転しているのは商品の特殊な使用価値だけであり、価値そのものは手元に保持されている。後払い手段の場合も、それは商品流通を完結させる上で不可欠なものであって、他方の側への商品の移動を伴っている。だが一般的支払手段としては、貨幣の流れと逆方向への商品の流れは存在していないのであり、価値のとる姿が変わるのではなく、価値そのものが絶対的に一方から他方へと移転するのである。もちろん、移転した先において貨幣は、直接的流通手段、流通準備金、支払手段、蓄蔵貨幣などとして、さまざまな機能を果たすだろうが、価値を絶対的に一方から他方へと移転させることそれ自体は、これらのいずれの機能にも還元できない独自の貨幣機能なのである。

　第2の機能は、貨幣を用いて他人に自己の意志を押しつけ、自分の意図する何らかの利益や特権、特典を手に入れることである。社会的な権力性を帯びている貨幣は、持ち手が他者に対して自己の意思を押しつける手段としても用いることができる。典型的には、貨幣が買収や賄賂として使用される場合がそうである。これを**権力手段としての貨幣**と呼ぼう。

　ここで気をつけなければならないのは、この過程が貨幣によって媒介されていることで、この貨幣があたかも、通常の購買手段として機能しているかのように見えることである。たとえば、あたかも、意思を押しつけられる側の何らかのもの（良心や名誉）があらかじめ形式的に商品となっており、したがって何らかの形式的価格を有していて、それが貨幣を通じて売買されているように見える。この幻想は、貨幣が何よりも購買手段として最も一般的に承認されていることからくる一種の「取り違え」である。マルクスも「それ自体としては商品ではないもの、たとえば良心や名誉などは、その所持者が貨幣と引き換えに売ることができる」（KⅠ，136頁，S.117）と述べている。しかし、お金と

引き換えに良心を売るという表現は、単なる文学的比喩にすぎず、ここで実際に起こっていることは、権力手段としての貨幣を用いて、相手に自己の意思を押しつける（あるいは押しつけられる）行為にすぎないのであり、それは「等価交換」という外観を帯びた強制行為なのである。

国際通貨取引

　これまで述べてきた貨幣の諸機能は、商品流通が国際的にも広がるかぎりにおいて国内のみならず国際的にも果たしうる（**世界貨幣**）。貨幣は国際的価値尺度機能、国際的流通手段、国際的準備金（**準備通貨**）、国際的支払手段などとしてそれぞれ機能しうる。この場合、貨幣は基本的に、各国通貨の衣服を脱ぎ捨てて、基本的に金ないし銀の延べ棒という地金状態でそうした機能を果たすのだが、時には、特定の経済的ないし政治的な覇権国家の通貨が**基軸通貨**として用いられ、派生的ないし一時的な世界貨幣としての役割を果たすことがある。かつてのローマ帝国の鋳貨のように、あるいは現在のアメリカのドルのようにである。だがそれは金よりもはるかに不安定で一時的であり、その国家の持つ力が衰えるにつれて、基軸通貨としての地位は揺らぎ、本源的な世界貨幣としての金の役割が再び増すことになる。

　だが、いずれにせよ、世界貨幣が果たすこれらの国際的諸機能は基本的に国内的諸機能が国際的に延長されたものにすぎない。しかし、貨幣が国際的に機能するときには、そうした国内的機能の単なる延長とは異なる独自の機能を果たすこともできる。それが、すなわち、国際的な貨幣価値の相違を利用して貨幣を増殖させる場合であり、これは「価値の自立した定在としての貨幣」の独自の機能なのである。

　たとえば、ある国ないし地域における金と銀との交換比率が国際的な平均的交換比率と大きく食い違う場合、たとえば、A国では金と銀とが1：5の量的比率で交換され、B国では1：10で交換されるとき、B国の銀をA国に持っていって5分の1の金と交換し、次にその金をB国に持ちかえって2倍の銀に交換するなら、最初持っていた銀の2倍の銀を持つことができるようになる（ただし、金や銀の運搬にかかる費用や労働をそこから差し引かなければならない）。この2倍になった銀を再びA国に持っていって5分の1の金と交換し、

その金を再びB国に持ちかえって銀と交換すれば、今度は最初の時点の4倍の銀を手に入れることができる。

このような操作はもちろんある一定期間までしか継続せず、やがてA国の金と銀との交換比率は国際的水準に合致するようになるか、あるいはA国の金が枯渇することになるだろう。しかし、それまでのあいだ、この取引に従事する者は、濡れ手に粟で貨幣を増殖させることができる。実際、日本では幕末にこのようにして莫大な量の金が国外に流出したのである。同じような事態は、産金国とその周囲の諸国とのあいだでも起こりうる。

このような手法は、金や銀が世界貨幣でなくなった現代においては、通貨取引の自由化がなされる中で、大規模な**国際通貨取引**としていっそうの発展を遂げるにいたっている。刻々と変動する各国の通貨価値の差を利用して、ある国の通貨を売ったり買ったりして**通貨差益**を獲得して貨幣を増殖させるのである。

以上、「価値の自立的定住としての貨幣」の3つの機能について見てきたが、そこには「資本としての貨幣」の萌芽が見られることがわかる。「自己目的としての蓄蔵貨幣」には抽象的富の無限の増大としての資本の萌芽が見られるし、「権力手段としての貨幣」においては、生産過程において労働者の意志を従属させる手段としての意味を持つし、国際通貨取引においては貨幣は交換を通じて増殖するものとして存在している。こうして、貨幣から資本への移行に向けた理論的準備が整うのである。

第 2 部

資本の生産過程

第6講　貨幣から資本へ──価値増殖の謎

　貨幣の発生とそのさまざまな機能の発展は、商品流通を大規模に発展させることによって、資本主義発生の前提条件をつくり出す。そしてすでに少し見たように、貨幣の諸機能および諸形態のうちには資本の萌芽が存在する。しかし、貨幣経済の発展が自動的に資本主義を生み出すのではない。経済の土台は、人々の生活を物質的に生産し再生産する営みである。だが、商品流通も貨幣流通も、すでに生産されたものの形態転化だけにかかわるものであった。すでに生産されたものが商品という形態をとり、ついで貨幣という形態をとるのである。したがって、資本主義がシステム的に発生するためには、生産のあり方そのものが資本主義的なものにならなければならない。あるいは、資本の抽象的形態が生産的実体を備えなければならない。そうしてはじめてそれは自己再生産可能なものとなる。

1. 資本とは何か

　というわけで、いよいよ資本主義システムの本丸である「資本」に入る。商品が生物で言うところの細胞に相当し、貨幣が血液およびそれを含む血管に相当するとすると、資本とはこの2つを材料にして運動している生命体のような存在である。資本はまるで生きた生物個体のように、相対的に自立して運動している。「資本主義」とは書いて字のごとく、「資本」の「主義」であるが、ここでいう「主義」とは人々の何らかの主観的な思想・信条のことではない。それは社会ないし経済を支配する客観的な運動原理のことを指している。つまり、「資本主義」とは、「資本」という特殊な社会的生命体が経済を支配し、その運動原理を中心に社会ないし経済が回っているシステムのことである。

資本の運動原理

「資本」というのは、日常用語のレベルでは、何らかの用途をもった一定額のお金の塊（資金）として理解されている。しかし、ある一定額の貨幣は資本の出発点だとしても、資本そのものではない。それは投資されて、さまざまな姿をとって、そして最後に貨幣として返って来なければ、それは単なる蓄蔵貨幣であって、資本ではない。資本とは、そういう循環を描く価値の運動体のことである。だから、われわれは資本を、単なる蓄蔵貨幣としてでも、単なる物としてでもなく、一個の運動、過程、流れとして捉える必要がある。では、その運動、過程、流れを支配している運動原理とは何か？　先の生物体の比喩に即して言いかえれば、さまざまな細胞や血管構造を独特の形で組みあわせ独自に作動させるための設計図が、すなわちＤＮＡに相当するものが必要である。

この資本の運動原理を理解するために、まず、単純商品流通の運動原理から見ていこう。前講で述べたように、単純商品流通における運動の基本原理は、$W_1 － G － W_2$ だった。これがいわば単純商品流通のＤＮＡである。自分の所持している商品を買い手に売って、自分の必要とする商品を他の売り手から買うのである。最終的に購入された商品は食料品や日用品として個人的に消費されるか、あるいは自分の商品を新たに生産するための材料として消費されてしまい、流通過程から脱落する。これは基本的に商品生産者が自己の生活を再生産するのに必要な流通の形態である。

しかし、資本の運動においてはこれとはまったく異なる。それは、利潤、儲け、利益を上げることが最終目的であり、そのために貨幣が投じられるのである。資本というのは、生活の再生産のためや、何らかの特殊な使用価値的目的のために行なわれる運動ではない。貨幣が流通に投じられるのは、あくまでもより多くの貨幣を獲得するためである。貨幣は価値がとる自立した形態に他ならないから、より厳密に言えば、資本とは、より多くの価値を獲得するために流通に絶えず繰り返し投じられる価値の運動体であると言うことができる。この事態を価値の側から見れば、価値が自分自身を増殖させる過程だと言うことができるだろう。したがって、資本とは、最も抽象的で形態的なレベルで規定するならば、**自己増殖する価値**の運動体であり、資本の運動原理とはまずもって、流通過程に絶え間なく貨幣を投じることを通じて無限の価値増殖を実現す

ることである。これを資本の**形態的運動原理**と呼ぼう。

資本の一般的定式

では、いったいどうやって資本はその価値を増殖させるのか。言いかえれば、資本の形態的運動原理はいかにして実体的なものになりうるのか？

できるだけ商品を買わないという、自己目的としての貨幣蓄蔵ではだめだとなると、貨幣を何らかの商品に投じるしかないことになる。そして、それを貨幣に再転化することで、より多くの価値を獲得する以外に方法はない。これを、例の記号で表現すると、G―W―Gとなるだろう。最後のGは、最初のGよりも額が大きくなっていないとだめなので、これは正確にはG―W―G′と書くことができる。G′はGより大きいことを表わしている（G＜G′）。すなわち、G′＝G＋ΔGである。このΔGとして表現できる部分、すなわち最初に投じた価値よりも増殖している価値部分を**剰余価値**（独 Mehrwert、英 surplus value）と呼ぶ。すなわち、資本とは、G―W―G′という循環を繰り返しながら、しだいに多くの剰余価値を獲得していって、出発点としての一定量の価値を増殖させていく絶え間ない運動体だと言うことができるだろう。このように資本の運動を最も簡潔に表現した3項連結式であるG―W―G′を、**資本の一般的定式**と呼ぶ。それは資本の形態的な運動を簡潔に図式化したものであり、資本の社会的ＤＮＡの最も簡略化された表現である。

どのようにしてこのような自己増殖を達成するのかについては後で述べるとして、ここで確認しておくべきなのは、このような運動は端的に言って無内容であり、そして客観的な限界がないということである。このような奇妙なウィルス的運動体は、人類の歴史においては長い間、商人資本や高利貸し資本の一形態として、社会の一部で、あるいは社会の表面上に、生産の生きた有機体に対する寄生的存在として、細々と存在していただけだった。ところが、歴史のある時点以降、この奇妙な社会的ウィルスは社会に寄生するのではなく、生きた有機体をしだいに乗っ取り、それを自己に従属させ、社会ないし経済全体を編成する中心原理にまで成り上がっていったのである。

2. 価値増殖の謎

　さて、資本の運動原理については抽象的に了解しえたとはいえ、その内実についてはまださっぱりわかっていない。なぜ何らかの商品に貨幣を投じることでより多くの貨幣を、あるいはより多くの価値を獲得することができるのだろうか？　いったいそんなことはどうして可能なのか？
　これまでは基本的に価値どおりの交換、すなわち等価交換が前提されていた。しかし、資本の一般的定式は、G―W―G′ であり、この取引も通常の商品取引と同じく等価交換だとすると、最初と最後をつなげたならば、G＝G′ という等式に、たとえば、1000万円＝1200万円というありえない等式になってしまうだろう。これはまったくの不条理である。

詐欺・瞞着による価値増殖
　まず最初に思いつく解決策は、等価交換の前提をはずしてしまうことである。つまり、売買において取引当事者のどちらか一方における詐欺ないし騙しという方法を使えば、商品を媒介にして価値を増殖させることができるかもしれない。たとえば、G―W―G′ の最初のG―Wにおいて、売り手を騙して、実際に商品Wをその実際の価値よりも安く購入し、今度はそれを価値通りに買い手に対して売ったとしたら、その差額分を儲けることができるだろう。たとえばWという商品は100万円の価値があるにもかかわらず、それを90万円で購入し、それを100万円で別の買い手に売ったとしたら、この資本家は10万円を儲けることができる。あるいは逆に、商品を価値通りに100万円で買うが、今度はそれを別の買い手に110万円で売ることでも10万円を稼ぐことができる。売り手を騙すか、買い手を騙すかの違いがあるだけで、どちらも等価交換の原則を侵害することで儲けを上げていることに変わりはない。
　実際には、そういうやり方で金を儲けている悪徳資本家は大勢いる。怪しげな通販や、宗教を装った商売などである。さらに、そうした商品売買の場面でだけでなく、金融詐欺や投資詐欺などの形でも、貨幣ないし価値が、騙された一方の手から騙した他方の手へと大規模に移動することもある。そして、資本

主義の長い歴史において、そうした詐欺や瞞着による蓄積がきわめて大規模かつ持続的に行なわれてきたのも事実である。最近でも、2013年の後半に話題になった原材料の偽装表示は、そうした手法の一つであると言える。

しかし、これによっては価値の総量は増えておらず、ただその一部が騙された側から騙した側へと移転しているにすぎない。それはまた通常は違法行為とみなされている。また、資本家はつねに売り手であると同時に買い手であるから、買い手が常に売り手を騙しているとしたら、資本家は買い手のときに儲ける金を売り手のときに失うだけだろうし、売り手が常に買い手を騙しているとしたら、売り手のときに儲けた金を買い手のときに失うだけだろう。

したがって、さまざまな詐欺や瞞着による蓄積は、特定の個別資本家による一時的な利得を説明することはできても、総資本がなぜ長期にわたって持続的に価値増殖できるのかを説明しない。それゆえ、ここでは基本的に取引は等価交換であると前提しよう。

等価交換という条件のもつ内的困難

だが等価交換を前提すると、ますますもって価値の増殖を説明することができないだろう。何らかの商品を購入して、それをもう一度売ったとしたら、普通は、購入したときの価格よりもはるかに低い価格でしか売れない。新しい本を購入して、それを古本屋で売ったら、引き取り価格は通常、半額以下である。ほとんど使用していなくても、新品でなくなった時点で価値は減ったとみなされる。ましてや、使用すればするほど、価値は減る。つまり、価値通りに商品を買って、価値通りに商品を売れば、最もいい場合でも最初に持っていたのと同じ額の貨幣が返って来るだけであり、普通は、もっと少ない貨幣しか戻ってこない。同じ額の貨幣が返って来るだけなら、そもそも貨幣を流通に投じるのではなく、貨幣蓄蔵家のように貨幣をずっと大切に持っていた方が利口だろう。

等価交換を前提にして、なおかつ資本家が恒常的に上げている利潤の仕組みを解明することは、価値の実体をめぐる問題と並んで、経済学上の大問題だった。たとえば経済学の父アダム・スミスはその解明に失敗しており、結局は「買い」か「売り」のどちらかの場面で、不等価交換を密輸入せざるをえなかった。

すなわち、スミスは、一方では、資本と労働との交換の場面、すなわち資本

家にとっては「買い」の場面では、賃金を「労働の価格」とみなした上で、資本家が労働者に支払う「労働の価格」は、労働者が賃金と引き換えに資本家に与える「労働の価値」よりも小さいことから利潤を説明しようとした。これは実を言うと、後で見るように結果的には正しいことを言っているのだが、それが資本と労働との直接的な不等価交換を前提しているかぎりにおいて、価値法則にもとづく利潤の発生を説明することに失敗している。

他方でスミスは、今度は「売り」の場面で、すなわち労働者によって生産された商品を販売する場面において、商品の価値に利潤という「ある追加分」を上乗せすることで利潤の発生を説明しようとした。これは直接に不等価交換にもとづいており、したがってやはり説明に失敗している。こうして結局、スミスは、問題の本質にぎりぎりまで迫りながらも、解決することはできなかった。リカードをはじめとするそれ以降の古典派経済学者たちも、等価交換の原則にのっとりながら、なおかつ利潤の発生、すなわち剰余価値の発生を説明することができなかった。

自己労働にもとづく価値増殖の可能性

この難問を解決するためには、そもそも価値とは何だったのか、という原点に立ち返る必要がある。商品の価値とは何か？　価値とは、その商品を生産するために必要な社会的・平均的な労働時間を実体とするものだった。つまり、短縮して言えば、価値の実体は労働だった。ということは、一つの解決策として、自己労働によって価値をつけ加えることができれば、等価交換の原則を維持しつつ価値増殖させることができるのではないか？

この解決策は実はまったく誤りというわけではない。さまざまな独立職人や小経営や小農民はまさに自己および家族の労働でもって商品（W＝原材料など）に価値をつけ加えて、より多くの価値を持った新たな商品（W´）を生産し、それを販売することで生計を立ててきた。これは、一見したところ、G―W―G´を見事に達成しているかのように見える。しかし、低い労働生産性のもとで自己労働あるいは家族労働によってつけ加えられる価値量はたかが知れており、それによって購入した商品の価値をたしかに増すことができても、その差額は基本的に、その商品を販売するのに費やされる追加的な費用（本書の

範囲外にある「流通過程論」でテーマの一つとなる**流通費**）と、自分および家族の生活費に消えてなくなるのであり、G―W―G′の運動を永続的に繰り返すことでますます大きな価値額へと成長していくことはほとんどできないのである。

　これらの独立職人や小経営、小農民における運動原理は、資本の運動原理とまったく異なっていて、**生活の再生産原理**とでも呼ぶべきものである。彼らが何らかの商品を生産するのは、無限の価値増殖を達成するためではなく、自分および家族の生活を再生産するためでしかない。したがって、この生活費用をまかなう分を大きく超える差額がたまたま生まれたとしても、それは不況や不作のときのために蓄蔵されるか（臨時的な流通準備金）、生活を多少改善することに用いられるか、あるいは労働時間を減らして生産量を調整するのであり、無限の価値増殖に用いられるわけではない。

　もちろん、いったん資本主義が発生し、その運動原理が独立職人や小経営をも巻き込むならば、彼らの一部は、節欲と自己および家族に過酷な長時間労働を強いることで潜在的資本を蓄積し、やがて資本家へと成り上がるかもしれない。しかしそれは、非資本家から資本家へと移行する特殊な過程を示すものであり、すでに十分に自分の両足で立っている資本の運動原理であるG―W―G′のメカニズムを示すものではない。したがって、すでに十全に成立しているシステムとして資本の価値増殖メカニズムは、自己労働（家族の労働を含む）にもとづくのではない形で示されなければならない。

3. 謎の解決――労働力商品の登場

　こうして、不等価交換も排除され、自己労働による価値増殖も排除されたとすれば、いったいどうやって資本は自己を価値増殖させるのだろうか？　いったいどうやって、G―W―G′を永続的に実現していくのだろうか？

労働力商品の登場
　その唯一の解決方法は、資本が購入する諸商品の中に、それを使用すること

が労働そのものであるような、したがってその使用が価値生産であるような特殊な商品を見つけ出すことである。それができれば、等価交換を前提にし、かつ自己労働を排除してもなお価値増殖が可能になるだろう。それを使用することが労働そのものである特殊な商品、それは**労働力商品**である。

労働力とは、人間の身体および精神の中に統合されて存在し、労働する際にそのつど発揮することのできる肉体的・精神的な諸能力、諸力の総体である。労働者が資本家に売っていたのは、実は労働そのものではなく、労働力という特殊な商品だったのである。マルクスはこのことを発見することで、古典派経済学の難題を脱することができた。

スミスら古典派経済学者は、賃金を、それが現象するままの姿で捉えて、それが「労働の価格」であると信じ込んでいた。しかし、労働者が資本家に売っているのは、労働そのものではなく、その発生源、源泉、動力源である「労働力」である。とはいえ、資本家は労働力を購入して労働を入手しているのだから、結果的に労働を買っているとも言えるのだが、直接に購入しているのは労働力商品であり、支払っているのはその価値なのである。

たとえば、ある買い手が「涼しさ」を得る目的で扇風機を買ったとすれば、買い手は結果的に「涼しさ」を買っているのだが、「涼しさ」という商品を直接に買ったのではないし、彼が支払った代金も、「涼しさ」そのものの代金ではありえない（「涼しさ」の価値をいったいどうやって測るのか？）。それは、あくまでも「涼しさ」を作り出す源泉である扇風機の価値である。そして、この扇風機の価値はそれを生産するのに社会的に必要な労働によって規定される。しかし、「涼しさ」そのものには価値はないのであり、それと同じく、労働そのものにも価値はない。労働は価値の実体であって、それ自体は価値を持たない。価値を持つのは、それを生み出す源泉である労働力であり、その価値は、労働力を生産し日々維持・再生産するのに社会的に必要な総労働によって規定されており、その主たる部分は、労働力を日々維持するのに必要な生活諸手段の価値である（実際にはこれに還元されないのだが、そのより詳細な説明は次の第7講で行なう）。

しかし、この労働力という商品は、扇風機などの通常の商品と違って直接手でつかんだり、誰かにそのまま手渡すこともできない。それは人間の身体およ

び精神という「器」のうちに埋め込まれている。それゆえ、まず第1に労働力は時間決めで売るしかない。すなわち1日分とか、1ヶ月分というようにである。第2に、労働力は労働者の身体と一体なので、それを買い手に引き渡すためには、労働者は実際に資本家の支配下で労働するしかない。すなわち買い手による消費という行為を通じてしか、つまり実際に労働を行なうことでしか労働力を現実に引き渡すことができない。

謎の解明

さて、そこでたとえば、この労働力商品の価値が1日あたり1万円であるとしよう。すなわち、この労働力商品を生産し再生産するのに社会的に必要だった総労働のうち1日分に該当する部分が1万円に相当するとしよう。そして、この労働力が1時間あたりに生産する価値額が2500円だとしよう。

資本家は1万円を出して労働者からこの労働力を購入し、それを消費する。すなわち、労働力の持ち主たる労働者に一定時間働かせる。最初の1時間で生み出される価値は2500円である。2時間働かせれば5000円である。そして4時間働かせてはじめて、資本家は元を取ることができる。すなわち資本家が労働者に支払った賃金分である1万円を取り戻すことができる。労働者としてはそれで十分だが、資本家としてはそうではない。彼が労働力を買ったのは、投下した貨幣と同じ額の価値を手に入れるためではなく、その貨幣を増殖させるためであった。それゆえ、資本家は4時間を超えて働かせる。ここではたとえば8時間働かせるとしよう。すると、この労働力は8時間使用されることで、合計で2万円の価値を生む。購入金額が1万円であるから、資本家はめでたく、その差額の1万円を剰余価値として入手したことになる。

だが、すでに自己労働による価値増殖を論じたときに示したように、実は、これだけでは資本による価値増殖の謎を解明したことにはならない。なぜなら、このわずかな剰余価値だけでは、1．その商品を市場で実現するのにかかる流通費、2．資本家（およびその家族）自身の生活費、をとうていまかなうことはできないからである。したがって、資本の運動原理は最初から、それなりの数の労働力商品を購入することを前提としているのであり、したがってそれを可能とするような資本額があらかじめ蓄積されていることを前提としている。

たとえば、先に示した事例で言うと、1万円の賃金に1万円の剰余価値であるから、明らかに、資本家の生活水準が労働者と同じだと仮定しても、この1万円は資本家の生活費に使用されてなくなるだろうから、無限の価値増殖は最初から不可能である。このような労働者をたとえば最低でも4〜5人は雇わないと、資本家自身の生活費と流通費を捻出してもなお、出発点の貨幣額を大きくするための貨幣は残らないだろう。たとえば、こういう労働者を5人雇ったとすれば、この資本家は各労働者から1万円の剰余価値を抽出し、したがって合計で5万円の剰余価値を獲得するだろう。そこから資本家の生活費（たとえば労働者よりやや多く1万5000円としよう）と流通費（たとえば1万円としよう）とを差し引いてもなお半分の2万5000円が残るのであり、これが次のG—W—G′の出発点に追加されて、こうして無限の価値増殖が可能となるのである。

こうして今や、資本の価値増殖の謎は解明された。それを生産的に消費することで価値を生むことのできる特殊な商品を一定数購入し、それを購入金額以上の価値を生むまで使用し続けることによって、資本家は、等価交換の原則を侵害することなく、剰余価値を入手するのである。

ところで、これは結果から見ると、資本家は結局、労働者1人あたり1万円のお金しか支払っていないのに、労働者から2万円を獲得していることになる。これは結果としては不等価交換に他ならないのであり、したがって労働者からの搾取、収奪、略奪に他ならない。スミスらはこの結果としての不等価交換を可能とする形式的な等価交換のメカニズムを解明することができなかったが、結果は正しく理解していたのである。そしてスミスやリカードの後に、古典派経済学の価値論にもとづいて、資本家の利潤は不等価交換による不当なものだと糾弾した**リカード派社会主義者**たちの主張も、結果としてみれば間違ってはいなかった。しかし、直接的にはそれは不等価交換ではなく等価交換としてなされており、したがって資本主義は私的所有と商品交換法則にのっとった市場的正当性の外観（正当な所有、正当な交換、したがって正当な領有）を持つことができるのである。

☼より進んだ考察☼──「労働」から「労働力」へ

　スミスもリカードも、またそれ以外のすべての古典派経済学者も、賃金は「労働の価格ないし価値」であると主張している。これは古典派全体に共通する根本的ドグマであり、古典派の経済学とマルクスの経済学とを分かつ分岐点の一つでもあるので、これを**古典派のドグマ**と呼ぼう。しかし、その一方で、古典派は実際には「労働の価格ないし価値」を事実上「労働力の価値」（ないし労働者の生産費）の意味で理解しており、したがって賃金を、労働力を再生産するのに必要な生活諸手段の価格総額として把握していた。しかし、「労働の価格ないし価値」という形式上の定式と、「生活手段価値」という実質的な中身とを適切に媒介する中間項を彼らは持っておらず、「労働の価格」と「生活手段価値」とを無媒介に等置していたのである。これは古典派全体に共通する根本的な矛盾の一つであった。

　この矛盾はサミュエル・ベイリーという反リカード派の経済学者によって的確に指摘され、リカード学派の解体の一契機になった。マルクスも当初は、古典派のこの矛盾を受け継いでいて、たとえば『賃労働と資本』においては、一方で賃金を「労働の価格」として規定しつつ、他方では、「労働の価格」の内実を労働者の生産と再生産に必要な生活手段の価値の総額としている。すなわち、事実上、それを「労働力の価値」として把握している。その後、マルクスは、自己の剰余価値論を形成する中で、この矛盾を理論的に自覚し、両者を媒介する適切な媒介項を発見するにいたるのである。

　しかし、マルクスは最初から「労働力」という言葉で統一していたのではなかった。マルクスは、『資本論』の最初の本格的な草稿である1857〜58年の「経済学批判要綱」の中では、主として「労働能力」という用語を用いており、労働者が資本家に売っているのは労働そのものではなく、「労働能力」であり、その発揮が「労働」なのだとみなした。「労働力」という用語は時々使われるにすぎなかった。

　1861〜63年草稿になると、最初から一貫して「労働能力」が用いられている。しかし、その後の1863〜65年草稿になると、今度は「労働能力」という用語と並んで「労働力」という言葉も再び使われるようになる。最初のうちは圧倒的に「労働能力」という用語の方が多いのだが、しだいに「労働力」という用語の頻度が増えはじめ、1863〜65年草稿の最後の部分である第3巻「主要草稿」の最終章「諸収入とその諸源泉」においては、完全に「労働力」で統一されるようになる。

　マルクスは『資本論』第1巻の「貨幣の資本への転化」章の中で労働者が資本家に売る特殊な商品について最初に述べたとき、「労働能力ないし労働力」と表現し、両者を基本的に同義のものとして扱っている。だが、この章以降は一貫して「労働力」だけを用いている。このことからして、「労働力」の方がより適切な概念であるとマルクスが考えていたと推測することができるだろう。だが、どうしてそうであるのかに関してマルクス自身は、『資本論』でも草稿でもいっさい説明していない。おそらく、

「潜在的な能力」を想起させやすい「労働能力」という用語よりも、実際に労働として発現しうる実体的なものとしての「労働力」という用語の方が、より適切だと考えたのではないだろうか。

他方、マルクスは適切な中間項を見出したとはいえ、賃金を「生活手段価値」に還元する見方に関しては古典派の立場を基本的に踏襲しつづけた。それとは若干異なる考え方が1861～63年草稿には見出せるのだが、基本的には賃金の生活手段価値還元説を堅持していたと言っていいだろう。これは、労働力商品形成の最終段階における種々の直接的労働（その具体的内実に関しては、次講でより詳しく論じられる）を無視している点で、不十分であった。

4. 労働力商品出現の歴史的前提

二重の意味で自由な労働者

しかし、労働力そのものは、いつの時代にも存在した。というよりも人類が生まれると同時に労働力も生まれたと言ってよい。しかし、それは常に商品であったのではなかった。もし常に商品だとしたら、資本主義は大昔から発達していたことだろう。だが実際には、資本主義がヨーロッパで発達しはじめるのはようやく16～17世紀になってからであり、主要な温帯地域を支配するのは19世紀になってからであり、世界全体をおおむね支配するのはようやく20世紀になってからである。労働力はある一定の歴史的条件のもとでのみ商品となり、したがって、それを市場で見出すことができるようになる。その歴史的条件とは何だろうか？

たとえば、読者諸君が就活中の学生だとすると、履歴書を無数に書いたり、あちこちの会社回りをしたりして、自己の労働力を会社側に買ってもらう約束を何とか卒業までにとりつけなければならない。これがけっして容易なことではないのは、20年に及ぶ不況の中で多くの先輩たちが経験してきたことである。会社回りをすると強く実感されるのは、まさに労働者は、セールスマンが何らかの商品を消費者に売るように自分の労働力を買い手に売り込まなければならないことである。自分が売ろうとしているのは、まだしてもいない労働それ自体などではなく、それを行なう自己の能力、力量であることがわかるだろう。諸君はいかに自分の労働力が有用でお買い得であるかを一生懸命説明しな

ければならない。年齢、学歴、職歴、資格、経験、話し方、やる気、健康、性別、ルックスやファッションさえも、労働力を買ってもらえるかどうかの判断材料になる。

　だが、たとえば諸君の実家が自営業か何かだとして、その家業を継ぐことができるとすれば、このような売り込みをする必要はない。自分の労働力をわざわざ買ってもらう必要はないし、他人の指揮と支配のもとで働く必要はないのである。何が違うのか？　違うのは、自営業の場合には店舗などの生産手段が働き手自身の所有物であるということだ。生産手段が自分（あるいは家族）のものであれば、その生産手段を用いて何らかの商品を生産してそれを売ればいいのであって、労働力そのものを商品として売る必要はない。労働力を売らなければならないのは、働き手から生産手段が分離されて、自分の労働力以外に何も売るものがないという状態にあることが前提となる。

　しかし、それだけではない。労働者自身が他人の所有物だったり、土地の付属物であったりする場合には、やはり労働者は自分の労働力を自分のものとして他人に販売することはできないだろう。他人の奴隷である者は、そもそも自分の労働力を含めてまるごと他人の所有物であるから、それを自分で誰かに売ることはできない。封建社会の農民のように土地の付属物である場合も、その土地から離れて自分の労働力の買い手のところに売りに行くことはできない。労働者自身が自分の労働力の所有者となり、その自由な処分者となっていなければならない。

　このような歴史的条件が広範に存在する場合のみ、労働者は自分の労働力を他人に売ることができるし、売らざるを得ないのであり、また買い手は市場において労働力を商品として見出すことができるのである。このような労働者を**二重の意味で自由な労働者**と言う。

　ここでは「自由」という言葉の持つ２つの意味が関係している。たとえば、あるエリアに「スモークフリー」という表示があるのを見て、「ここでは喫煙を自由にしていいんだ」と思ったらとんでもないことになる。実際はその逆であって、喫煙が自由なのではなく、タバコの煙から自由になっているということ、タバコの煙が存在しないこと、というのがここでの「フリー」の意味である。労働力商品化の第１の歴史的条件である労働者が生産手段から排除されて

いることは、この意味での「フリー」なのであり、労働者の側に生産手段が存在していないことを意味している。したがって、ここでいう「自由」はかなり逆説的な意味を有しており、労働者は、生産手段から、すなわち自己の生活手段を自立的に作り出す手段から切り離されていることで、自分の労働力を商品として売ることを強制されているのである。

他方で、「フリー」とは、他者の支配に置かれていないこと、自分が自由な自立した人格であることをも意味する。日本ではこちらの意味の方が一般的であるが、この意味での「フリー」は、第2の歴史的条件である、労働者が他人の奴隷や土地の付属物ではなく、自己の労働力の所有者であって、その自由な処分者であるということに関係している。

本源的蓄積と労働力の商品化

この「二重の意味で自由な労働者」が、すなわち生産手段からも、他者や土地の支配からも自由になり、自分の労働力以外に売るものがなくなった生産者が市場で大量に見出されるようになったある歴史的時点以降に、ようやくしだいに労働力は商品になっていった。資本主義が現実に発生するためには、それ以外にもさまざまな条件が必要だが、一番重要な条件がこの労働力の商品化である。

そして、まさにこの過程の裏面では、生産者から分離されたこれらの生産手段（および生活手段）がしだいに一部の人間に独占されていく過程が存在する。人間が自己の生活を生産し再生産するのに必要な生産手段と生活手段とは、基本的に自然そのもの（すなわち土地）とそれを用いて生産された労働生産物の2種類が存在するが、これらが資本家と土地所有者とによって独占され、生産者たちを支配し搾取する道具に転じるのである。資本家と土地所有者によるこのような生産手段の独占こそが、労働力の商品化と並んで、資本主義システム成立の核心に存在するメカニズムである。

そしてこのような条件が成立するためには、歴史的に、生産者たちから大規模に生産手段（および生活手段）を収奪し、それらの生産手段を一部の富裕者の手中に集中させる歴史的過程が必要だった。これを**本源的蓄積**と呼ぶのだが、この歴史的過程はしばしば長期にわたるすさまじい暴力を伴った。この本源的

蓄積の過程を経て以降、資本はしだいに労働力を包摂し、したがって労働力の消費過程である生産過程を包摂していった。それによってはじめて資本は、社会の片隅に潜んでいた寄生的存在であることをやめて、自己を維持し再生産する一個の自立した有機的システムになることができたのである。

こうして労働者は、生産手段の独占者たる資本家に自己の労働力を売り、資本家から賃金を得ることで自己の生活を維持する賃労働者となった。両者は資本主義システムの中核をなす階級であり、したがって両者が生産で取り結ぶ関係は、資本主義システムの基本性格を規定する生産関係である。

しかし、以上だけではまだ、剰余価値の発生メカニズムは何ら具体的に明らかになっていない。われわれは、労働力の価値が1日あたり1万円になると仮定したが、労働力の価値の内実はまだほとんどわかっていない。また、生産というのは労働だけで行なえるわけでもない。それが働きかける対象や働きかけるための手段も必要である。それらが明らかになってはじめて剰余価値の発生メカニズムも本当の意味で明らかになる。これが次講の課題である。

第7講　剰余価値発生のメカニズム

　前講で見たように、資本は労働力商品を価値通りに買い、その商品を生産的に消費して、労働力の価値以上の価値を生み出させるならば、商品交換法則を維持しながら、なおかつ剰余価値を生み出すことができ、したがってGはG´になることができる。

1. 労働力価値の4つの構成部分

　しかし、ここで真っ先に問題になるのは、では労働力という商品は具体的にはいかなるもので、その価値の大きさはどのようにして決まっているのか、である。すでに第2講で述べたように、商品の価値はそれを生産するのに社会的に必要な労働によって規定されている。そうだとすれば、労働力という商品の価値もそれを生産し再生産するのに社会的に必要な労働によって規定されていることになる。労働力は生命と意識を有しているとはいえ、一個の労働生産物である。それが労働力として正常に機能するためには、種々の膨大な労働が投じられなければならなかったし、日々投じられなければならない。これらの労働の総量が労働力価値の総量を形成する。前講では、生活手段の価値だけを挙げたが、ここではより詳細に検討しておきたい。

必要生活手段の価値

　まずもって、労働力は人間の精神および身体と一体のものとして存在し、労働する際にそのつど発揮される諸力ないし諸能力の総体として理解しうるのだから、何はともあれ、人間の精神・身体が正常な状態で日々再生産されていなければならない（労働力の日常的再生産）。それなしにはいかなる労働力も存在しない。
　では、人間の精神および身体は何によって再生産されているのだろうか？

まず第一に、一定水準の文化・習慣のもとで人が正常に日々生活するのに必要な生活手段を消費することによってである。この種の生活手段を**必要生活手段**と呼ぶならば、その中には、日々の食料、住居、衣服、食器、家具、寝具、種々の日用品などの物質的生活手段はもちろんのこと、一定の娯楽やレジャーなどの文化的生活手段も入るだろう。一定の気晴らしやレジャーを楽しむことができてはじめて、労働者は「健康で文化的な」生活水準を手に入れることができる。

しかし、このような生活手段の質、量、種類などは時代によって大きく異なるし、地域や国によっても異なる。たとえば、今ではパソコンや携帯電話（あるいはスマートフォン）はわれわれの日常生活において必需品となっているが、かつてはこれらは贅沢品であったか、そもそも存在しなかった。昭和30年代には電気冷蔵庫やテレビでさえ必需品ではなく贅沢品であった。また日本のように四季がはっきりしている地域では、衣服や寝具は四季に応じたものをそろえておく必要があるし、暖房や冷房にかかる光熱費もばかにならない。常夏の国のように、数種類のアロハシャツだけでいいというわけにはいかない。このように、時代と地域が異なれば、必要生活手段の質も量も種類も異なる。

さらに、この水準は、このような客観的な時代差・地域差を反映しているだけでなく、労働者の文化的・経済的な要求水準とそれを実現しようとする主体的な運動や闘争にも、あるいはどのような生活水準が労働者にふさわしいのかという社会意識にも依存する。労働者は物言わぬ客体的物質ではなく、自意識と尊厳とをもった生きた主体的存在である。労働者自身がどの程度の生活水準を自分たちにふさわしいとみなすのか、あるいは社会的にそうみなされるのかは、客観的法則なるものによって機械的・自動的に決まるのではない。

逆に資本家の側も、自分たちのつくった商品をできるだけ労働者に買ってもらわなければならないので、必要生活手段の範疇のうちにできるだけ多くのものを詰め込もうとする。無数の広告や宣伝はそのための手段である。この側面は、後で述べる労働力価値をできるだけ引き下げようとする資本の内在的傾向と矛盾するのだが、ここでは、議論を先に進めるために、この必要生活手段の範囲と水準とは、一定の時代と一定の地域においては平均的に一定であるとしておこう。

労働者は自分が受け取る賃金によって、まずは、これらの多様な必要生活手段を購入することができなければならない。そして、必要生活手段そのものは労働生産物であり、それ自身の価値を有している。したがって労働力価値はまずもってこれらの必要生活手段の価値によって構成されている。

家事労働
　しかし、必要生活手段の中には買ってすぐに消費できるものもあれば、そこからさらに一定の労働を加えなければ消費できないものもある。今日では、買って袋ないし蓋をあければすぐに食べられるような加工食品が多数出まわっているが、それでも、われわれはそれを買って自宅に運ばなければならないし、栄養のバランスのとれた文化的な食事をしようと思えば、材料を買ってきて自宅で調理する必要がある。使い捨てにするのでないかぎり、衣服や寝具は一定の頻度で洗濯して干さなければならないし、家もまた一定の頻度で掃除しなければならない。
　これらの労働はすべて物質的な生活の生産と再生産に寄与しており、生産物の使用価値を明らかに高めている（あるいは再生し、維持している）わけだから、生産的労働である。それによって労働力が正常なものとして再生産され、その労働力が商品として労働市場で販売されるのだから、工場で機械を掃除する労働がその機械によって生産される商品の価値に入るのと同様、これらの労働は労働力商品の価値の中に入る。家庭内において労働力の正常な生産と再生産に寄与するこのような労働を**家事労働**と総称するとすれば、この家事労働は労働力商品の価値を構成する第2の要素となる。
　この家事労働が寄与する労働力価値部分は、もし労働者が結婚して男女間で賃労働と家事労働との**性別分業**が行なわれている場合には、家事労働に専念する労働者の生活手段に充当されるだろう。このような価値部分が賃金総額に反映した賃金は一般に**家族賃金**と呼ばれているが、それは実のところ家事労働が賃金に反映したものに他ならない。
　通説では、この家事労働は、後で述べる育児労働と並んで労働力価値に入らないとされているが、労働価値説にもとづくなら当然に入らなければならない。なぜならそれは、労働力を生産するのに社会的に必要な労働の一部を明らかに

構成するからであり、その労働力が商品として労働市場で販売されるかぎりでは、それらの労働は労働力商品を生産するのに社会的に必要な労働だからである。

技能形成

以上の2つが労働力を日々生産し再生産するのに必要な一種のランニングコストだとすれば、より長期的なスパンで労働力を形成するのに必要な部分も存在する。たとえば、ある特殊な生産部門においてはある特殊な技能が必要だとしたら、そのような技能を取得するのに必要な労働と費用は、当然、その特殊な労働力の価値の中に入る。

たとえば、一人前の医者になるためには、医学部を卒業してからさらに何年も研修を積まなければならず、それにかかる平均的な費用と労働とを補填する分が医者に支払われる賃金の中に入っていないとすれば、医療労働という特殊な技能は十分に供給されなくなるだろう。医療部門に限定したとしても、このような特殊技能を必要とする職種は他にも多数存在する。看護師、薬剤師、検査技師、レントゲン技師、作業療法士、等々。いずれも一定の訓練と修業を必要とし、それらの技能の形成ないし取得にかかった労働と費用とは、その部門の賃金の追加分として補填されなければならない。

かつては、このような特殊な部門でなくとも、どの労働部門でもそれぞれ一定の特殊技能を必要とし、その取得に相当の労働と費用とを必要とした。しかし現在では機械化と単純労働化とが進んで、一般労働部門における技能はごく短期間で身につけられるので、その部分の価値はごくわずかと考えてよい。

労働力の世代的再生産

長期的なスパンにもとづく労働力価値規定にはもう一つの構成要素が存在する。それはそもそも、販売可能な一定水準の労働力として市場で登場するまでにその労働力の本源的形成に関わる労働と費用がそれである。すでに述べたように、人間は生まれながらにして一人前の労働力を持っているわけではない。それは単に可能性にすぎない。精神と身体とを一定の正常な水準で育成・成熟させ、一定の教育・文化水準を身につけさせるためには、**育児労働**や教育労働

をはじめとする膨大な労働と費用とが投下されなければならない。この部分もまた労働力価値の中に入らなければ、労働力は世代的に再生産されないだろう。

　労働力を一定年齢まで社会的に正常な水準で育成することに関わる労働と費用とは、労働力価値の第4の構成部分をなす。そしてその総額は、実際にその労働力が市場に販売されるようになったあと、労働力商品の生涯価値によって補填される。たとえば、20年かけて一人前の労働者になり、生涯に40年間にわたって賃金労働者として労働に従事するとし、その20年間に費やされた費用と労働との総額が貨幣価値に換算して4000万円であったとしよう。この4000万円は、生涯労働年数の40年間で補填されるのだから、平均すると毎年100万円ずつ補填されることになる。したがって、労働者が年々獲得する賃金から、年間の生活費（と家事労働分）を差し引いた後で、100万円相当の予備が年々発生しなければならない。

　この予備分は、労働者が子どもをもうけた場合には、その必要生活手段に充当されることになる。こうして、労働力は世代的に再生産されていくのである。自分の労働力の世代的生産のためにかかった費用と労働とが賃金に反映し、その分が次世代の労働力の育成費用に充当されるという世代的循環を通じて、全体として労働力の世代的再生産が実現される。ただし、子どもを生涯つくらなければ、この予備分は自分の世代で消費することができる。

労働力価値と階級闘争

　以上見たように、労働力という特殊な商品を正常な形で日常的かつ世代的に生産し再生産するには、実は、このような膨大な量の労働と費用とが必要となるのであり、それらは労働者の平均的な生涯労働年数において獲得される総賃金（＝総労働力価値）に反映されなければならない。この総額を平均的な生涯労働年数で割れば、平均的な年労働力価値の大きさを算出することができ、それをさらに年平均労働日数（たとえば250日）で割れば、平均的な日労働力価値を算出することができる。

　しかし、ここでいくつか気をつけるべき点がある。まず第1に、年労働力価値を割るのはあくまでも年平均労働日数であって、けっして365日ではない。1日分の労働時間が文字通りの24時間を意味しないのと同じく、1年間の労

働日数はけっして365日ではない。マルクスは『資本論』において年労働力価値を365日で割って日労働力価値を算出しているが（KⅠ，225～226頁，S.186）、これだと休日がゼロとなってしまう。割る日数が具体的にどれだけの大きさであるのかは、後で見る労働時間の問題と同じく、労働者の権利水準と階級闘争の問題でもある。

第2に、ここで問題になっている労働力価値の大きさはあくまでも平均値であって、現実の賃金の多くは、この平均値を下回っている。たとえば、国税庁の調査によると2012年度における日本の労働者の4割以上（1870万人）が年収300万円以下であり、23％が年収200万円以下であった。このような低賃金では労働力価値のうち日々の生活を維持する分を超える部分をほとんどまかなうことはできないだろう。したがって、労働力の世代的再生産を社会的規模で維持するためには、直接の賃金だけに依存することはできないのであって、子ども向けの社会福祉や教育費の公的負担が絶対に必要になる。

第3に、資本家の獲得する剰余価値は、この労働力価値と、労働者が実際に生み出す価値との差額であるから、資本家はこの4つの要素で構成される労働力価値のすべてを進んで払うのではなく、できるだけそれを切り縮めようとする。労働者にとりあえず日々の労働をさせるのに必要なのは生活手段価値だけであり、その部分に関してもかろうじて生きていける分まで圧縮させれば、最小限に切り縮めることができるだろう。そのことによって、資本家は、長期的には労働力の日常的・世代的再生産に重大な障害をつくり出しているのだが、「わが亡き後に洪水は来たれ」をモットーとする資本家にとっては、そんなことはどうでもいいことなのである。

ブレイクタイム　少子化と資本主義

　今日の日本では、労働者の賃金がどんどん切り下げられ、子ども向けの社会福祉は最初から貧弱なままであり、教育費の公的負担はごくわずかである。これらのことのかなり必然的な帰結として、日本では急速な**少子化**と生産労働人口の絶対的減少が進んでいる。このような事態にいたってもなお政府は、抜本的対策を立てようとせず、低賃金・低福祉体制を堅持している。このま

ま事態が進行すれば、間違いなく社会の再生産そのものが危機に陥るだろう。だがその時には主要な大資本はみなとっくに海外に逃げているので彼らが困ることはない。困るのは日本にとどまって生活を続ける一般庶民だけである。資本は自らの利益のためなら、自分の国や社会を危機に陥れることさえいとわないのである。

☼より進んだ考察☼──労働力商品の特殊性

　「労働力商品の特殊性」というのは、マルクス経済学の世界ではあまりにも一般的な言い回しになっており、その内実がきちんと検討されることなく、あれもこれも特殊性だとされている。

　たとえば、通説では、労働力は労働者の消費行為ないし単なる生活過程によって再生産されるので労働生産物ではないとされており、それが労働力商品の特殊性だとされている。だがもしそうだとすれば、赤ん坊が母親から生まれて、そのまま誰も何の世話もせずにその子を放置していても、すくすくと立派なサラリーマンか工場労働者になることができることになる。だがこれほど奇妙な考えはない。人間の精神および身体のうちにある潜在的な諸能力が、実際にオフィスや工場や建築現場で役に立つ現実の労働力となるためには、周囲および本人および社会による膨大な労働を必要とするのであり、したがってそれは労働生産物である。

　また、一人前の労働者になるのに必要な直接的労働を別にしたとしても、すなわち労働力が単に生活手段の消費によって再生産されると仮定しても、それでも労働力は労働生産物である。なぜなら労働生産物を消費することで再生産されるものはやはり労働生産物だからである。マルクスは、労働力を形成するのに必要だった種々の直接的労働を捨象している場合でも、労働力が労働生産物であるという立場において一貫していた。なぜなら、労働生産物を材料として生産されるものは、やはり労働生産物だからである。ある商品が完成される最終段階で何らかの直接的労働が投下されていなくても、その材料となるものが労働生産物であったなら、できあがったものは労働生産物である。人間がつくった肥料で育った作物が労働生産物であるのと同じである。

　さらに、労働力の価値はそれに直接投下された労働によっては規定されず、生活手段に投下された労働によって間接的にしか価値規定できないことが労働力商品の特殊性だとも言われているが、これも、労働力に直接投下されている無数の労働（育児労働、修業労働、熟練養成労働、家事労働、等々）を無視している点で間違っている。マルクスもしばしば、労働力の価値をもっぱら労働者が消費する生活手段価値に還元しているのだが、1861〜63年草稿を仔細に見るならば、熟練の形成に関連して、特殊な

技能を修得するための直接的労働が労働力に投下されており、したがって生活手段価値だけでなくそのような直接的労働も労働力価値の中に入ると述べている。しかし、マルクスはこの正しい観点を十分に貫徹することができず、『資本論』では結局、この点をあいまいなままにしてしまった。またマルクスは、そのジェンダーバイアスゆえに、育児労働と家事労働については一貫して労働力価値規定から排除している。

また、労働力は普通の商品のように大量かつ迅速に再生産できないことが特殊性だとも言われている。たしかにこれは特殊性ではあるが、唯一性ではない。これは自然的制約の強いあらゆる商品にある程度共通した性格である。人工的に栽培したり養殖したり再生産したりすることができず、自然に自生しているもの、あるいは自然に埋まっているものを採取することでしか得られないものも同じく、大量かつ迅速に再生産することはできない。このことは、さまざまな資源問題として今日重要な意味を持っている。

普通の商品と違って倉庫に貯えておくことができないということも労働力商品の特殊性だと言われている。これもたしかに特殊性だが、やはり唯一性ではない。生鮮食品の多くはその日のうちに売られなければならないし、ホテルの部屋、タクシーの走行等々も、倉庫に貯えておくことはできない。

労働力の価値規定には文化的・歴史的要素が入ることが労働力商品の特殊性だとも言われている。これもたしかに特殊性であり、しかもかなり重要な特徴である。だがこれについても多少割り引いて考える必要がある。というのも、すでに第2講で述べたように、どんな商品であれ、その価値規定にはそれなりに文化的・歴史的要素が入っているからである。たとえば、耐震基準が法律で変われば、そのような耐震基準を満たしていない建造物は商品として通用しなくなる。

労働力が人間の身体と精神のうちに内在していて手でつかむことのできないものだということも労働力の特殊性だと言われている。これもたしかに特殊性であり、後に第12講で見るように、労働力と労働とを混同させる一つの重要な要因になっている。しかし、これもまた特殊性ではあっても、唯一性ではない。人間の身体ではないにせよ、他のより大きなものに埋め込まれていて、直接手でつかめない商品は他にも存在する。先に述べたホテルの部屋などはその一例である。

マルクスは『資本論』において何度も、労働力商品の価値も他のあらゆる商品と同じくその生産に必要な社会的労働によって規定されると繰り返しており、その論理をきちんと貫徹することのほうが、「労働力商品の特殊性」を安易に持ち出して労働力の価値規定を恣意的に切り縮めることよりもはるかに重要である。本講で示した「労働力価値の4つの構成部分」論はまさにそのような観点にもとづいている。

もちろん、労働力商品に何の唯一性もないと言っているのではない。そのような唯一性は厳然と存在している。労働力商品の真の唯一性とは、まず第1に、それが労働者という階級的・人間的主体に内在する商品であるということ、したがって、その価

値規定のみならず、その生産、売買、消費と使用、流通と「廃棄」といったそのあらゆる局面、段階において、生きた人間集団による闘争と人権問題とが深くかかわるということである。先に述べた価値規定における「文化的・歴史的要素」という「特殊性」も、この観点から取り上げるべきである。労働力商品の担い手が生きた主体的人間集団であるからこそ、文化的・歴史的要素は他のどの商品とも異なる重要性を持つのである。

　第2に、他のあらゆる商品と異なって労働力だけが価値を生産することができ、したがって剰余価値を生産することができるということである。システムとしての資本はこの商品の売買なしには存在しえない。それゆえ、資本はこの商品の支配と管理、一定数の安定確保、規律化、といったことに他のどんな商品の場合よりも大きな注意を向けるのである。また、労働力は普通の商品のように簡単かつ大量に拡大再生産できないという「特殊性」は、むしろこの価値源泉としての唯一性という文脈で理解することが必要であろう。他にも簡単に大量生産できない商品は存在するが、それらはときに生産要素の対象からはずすことができるが、労働力はそういうわけにはいかないのである。

2. 労働過程と価値増殖過程

　しかし、何らかの商品を生産するには、労働力だけで、あるいはそれが行なう生産的労働だけで足りるわけではない。そこで今度は、生産の過程を全体的に考察して、剰余価値が発生するメカニズムをより詳しく見ていこう。

生産の3要素と労働過程

　生産のためには少なくとも、生産的労働を行なう労働力ないし労働者と並んで、**労働対象**と**労働手段**とが存在しなければならない。これらを**生産の3要素**という。

　労働対象とは労働者が労働の際に働きかける対象のことである。通常の工業部門を想定すれば、原材料がそれにあたる。パソコンの組み立て作業ならば、パソコンの部品がそれにあたる。日曜大工で木材を使って椅子や机をつくる場合には、その木材が労働対象にあたる。農業の場合には土地そのものや種子などが労働対象になるだろう。

　しかし、労働者が労働対象に働きかける際に、素手で働きかけるわけではない。それ自体が労働生産物である何らかの道具や機械を通じて働きかけるので

ある。このように、生産的労働と労働対象とのあいだに挿入されて労働者の労働を助けるものを労働手段という。パソコンの組立作業ならばベルトコンベアーや部品をはめる種々の道具などがそれにあたるし、日曜大工で木製の椅子や机を作る場合には、のこぎりやかんなや釘やかなづちがそれにあたる。農業の場合にはさまざまな農具やトラクターやビニールハウスなどがそれにあたる。労働対象に直接働きかける手段ではなくとも、労働者が労働対象に働きかけるのに必要な種々の手段は労働手段として分類可能である。たとえば、工場やオフィスは労働手段である。大学で授業を行なうための校舎や教室もそうだ。

また、ある物は労働対象にも労働手段にもなりうる。椅子を塗装する場合には、その椅子は労働対象だが、椅子に座ってパソコンを組み立てる場合には、その椅子は労働手段である。それが労働対象であるのか労働手段であるのかは、その使用価値的ないし現物的性質から機械的に導き出せないのであって、生産過程そのものにおけるその独自の位置によって規定される。

実際に生産を行なう上では、生産の3要素以外にもさまざまなものが必要であろうし、労働対象に入るのか労働手段に入るのか微妙なものもあるだろう。しかし、そうした細かい議論はここではしなくてよい。とりあえず大ぐくりに、労働力、労働対象、労働手段の3つを区別しておけばよい。また、この労働対象にはときには人間そのものも入る場合もある。人間の身体ないし頭脳に働きかけて、その身体ないし頭脳を有用な方向で変化させる場合には、人間という自然が労働対象となっている。医療や教育、育児などはそのような労働である。

この3つの生産要素の関係は、労働力ないし生産的労働が労働手段を用いて労働対象に働きかけるのだから、「労働力（or 生産的労働）―労働手段―労働対象」という3項連結式になる。しかし、労働者が労働対象に働きかけるのは、何か自分ないし社会にとって有用な労働生産物を生産するためであるから、より大きな視野で見ると、次のような4項連結式になる。「労働力（or 生産的労働）―労働手段―労働対象―労働生産物」。この4項連結式においては、中間の2つ、すなわち労働手段と労働対象とはともに、労働力（or 生産的労働）と労働生産物とを媒介する手段に他ならないので、この労働対象と労働手段とをひっくるめて**生産手段**と呼ぶ。したがって、結局、「労働力（or 生産的労働）―生産手段（労働手段＋労働対象）―労働生産物」という3項連結式になる。

労働過程と価値増殖過程

　すでに第1講で述べたように、労働者はいつの時代においても、種々の生産手段を用いて生活にとって必要な生産物をつくり出すことで、自分たちの生命と生活とを再生産してきた。どんな社会もこのような日々の生産行為なしには1日たりとも成り立たない。人類史全体に共通するこのような物質代謝の過程を**労働過程**と言うが、資本主義においては、この労働過程は資本の支配のもとで行なわれる。

　この労働過程の包摂とそれによる労働過程そのものの具体的な変容については第11講で論じられるが、労働過程そのものが物質的に変容しなくとも、それが資本主義のもとに包摂されることによって、ある決定的な変化が生じる。資本主義における労働過程はそれ自体が目的ではなく、またそれによって生み出される生産物それ自体も目的なのではなく、資本が剰余価値を生産し取得するための単なる手段にすぎないということである。すなわち、労働過程は、G―W―G´において、出発点の貨幣（G）を終結点であるより多くの貨幣（G´）に転化させるための媒介項にすぎない。資本のこのウィルス的な形態的運動原理に包摂されることで、労働過程は、したがってまた、その中に存在する労働者、労働対象、労働手段もすべて、資本にとって価値を増殖させるための手段にすぎなくなる。こうして、労働過程は、資本主義のもとでは、無限に価値を増殖させる過程、すなわち**価値増殖過程**に転化する。

　労働過程のこのような根本的な階級的変容こそ、その後における労働過程そのものの物質的変容の方向性ないし枠組みを定めているのであり、またそのもとで労働者がこうむる種々の支配、疎外、非人間化をも必然的なものとしているのである。これによって、生産的労働の概念も変質する。労働過程の見地からは、生産手段を用いて有用な生産物を作り出す労働が生産的であった。しかし、価値増殖過程の観点からすると、資本のために剰余価値を生産する労働だけが生産的である。したがって、労働者を酷使すればするほど、労働者のあらゆる生命力を剰余価値産出の手段にすればするほど、その労働者は資本にとって生産的であるということになる。労働者の見地からすると、それは端的に自己の人間性の否定であり、自己の生命力の発現であるはずの労働が、労働者自身を犠牲にして他人（資本家）の富を増大させる単なる手段となりはてる。だ

が資本の観点からするとこのような労働のあり方こそが生産的なのである。

このことから、労働過程と労働者とに対する支配をしだいに強化していくという資本のもう一つの運動原理が生じる。これを資本の**実体的運動原理**と呼ぶとすれば、資本は、労働過程を包摂することで、無限の価値増殖の追求としての形態的運動原理とともに、労働過程と労働者とに対する絶え間ない支配の深化としての実体的運動原理を持つことになる。この2つの運動原理は相互に結びつき、相互に補完しあいながら、最深部における資本の運動のダイナミズムを構成するのである。

3. 不変資本と可変資本

不変資本と可変資本

では、生産手段は、価値増殖過程においてどのような役割を果たすのだろうか？　生産手段はそれ自体としては普通の商品と同じであり、それの使用によって何らの新しい価値も生み出しはしない。しかし、それは生産過程において有効に使用されることによって、その価値を生産物に移すことができる。

ある生産物の価値の中に、その材料となった物の価値が含まれるのは当然であろう。パソコンの価値の中にその必要な部品の価値が含まれるのはあたりまえである。同じく、その生産物を生産するのに必要だった道具や機械の価値もその耐用期間に応じて少しずつ生産物の価値の中に入る。

このように種々の生産手段は、生産過程において生産物を生産するのに役立つ形で適切に使用されるかぎりにおいて（**生産的消費**）、その価値をそのまま生産物に移転させるのである。しかし、生産手段は新たな価値を生産するわけではないし、まして剰余価値を生産するわけではない。したがって、この生産手段に投下された資本は、その価値の大きさを変えることがないので、**不変資本**（constant capital）と呼ばれる。

なお、この不変資本のうち、原材料のようにその使用価値ごと生産物に作り変えられ、したがってその価値をまるごと生産物に移すものを**流動資本**と言い、道具や機械、工場やオフィスのように、生産過程に一定期間とどまって、その物質的磨耗に応じてその価値を少しずつ生産物に移すものを**固定資本**と言う。

たとえば、ある機械が5年間でその平均的耐用期間がすぎて新品と交換されなければならない場合（固定資本の更新）、この機械の総価値は5年間に生産される諸生産物の価値の中に分割して移転する。たとえば、機械の価値が1000万円とし、5年間でこの機械で1万個の商品が生産されるとすれば、1個あたりの商品に入るこの固定資本の価値は1000円である。ここでの規定は後に第11講でより詳しく論じられるが、とりあえずここではこの程度の理解でよい。

さて、流動的部分であれ固定的部分であれ、いずれにせよ不変資本は生産過程においてその価値の大きさを変えないのに対して、労働力に投下された資本部分は、その労働力を生産的に消費することによって、最初に投じた資本価値よりも多くの価値を生産することができるので、**可変資本**（variable capital）と呼ばれる。この可変資本こそが実際に資本を増殖させるのであり、不変資本はただそのための手段にすぎない。したがって、「無限に自己増殖する価値の運動体」としての資本の規定は実は可変資本の規定なのであり、可変資本は、資本そのものであると同時に、不変資本との対比において特殊な資本部分となる。

不変資本と可変資本という区別は、剰余価値の生産システムとしての資本の本質に関わる決定的な区別であり、その後の議論の要となるものである。今後、不変資本を「c」という記号で表現し、可変資本を「v」という記号で表現しよう。そして可変資本によって生み出される剰余価値を「m」という記号で表現することにしよう。

価値創造と価値移転

資本のこの決定的な区別を生産過程における労働そのもののあり方から考察してみると、この資本の不変性と可変性とが労働の二重性と深く関わっていることがわかる。原材料や機械や道具がその価値を生産物の価値にそのまま移すことができるのは、それらの原材料や道具・機械がその使用価値的性質に応じて労働によって適切に結合され、合目的的に消費されることによってである。もし原材料がでたらめに加工されたり、道具や機械がでたらめに使用されたならば、まともな生産物は生産されないだろうし、その生産過程でどれほど多く

の生産手段が消費されようとも、その生産手段は無駄に使用されたのであって、その価値が生産物に移転することはないだろう。したがって、原材料や道具・機械がその価値を生産物に移すことができるのは、何よりも生産的労働の具体的有用労働としての合目的的性格によるのである。

　他方で、労働力に投じられた資本がその価値額を変えることができるのは、それによって用いられる労働の具体的な性格がいかなるものであれ、それが抽象的人間労働としての資格において一定時間機能するからである。すなわち、それが何を作るのであれ、それが機能した時間に比例して価値を生産手段につけ加えるからである。たとえば、1時間労働するならば、1時間分の価値をつけ加え、8時間労働すれば8時間分の新たな価値をつけ加える。

　このように、生産的労働は、一方ではその具体的有用労働という性質において、各種の生産手段を合目的的に使用し、新たな「使用価値としての生産物」を生産することによって、生産手段価値をこの生産物の価値にそのまま移転させる。他方では生産的労働は、その抽象的人間労働という性質において、それらの生産手段の価値（不変資本価値）に新たな価値をつけ加え、したがって、「価値としての生産物」、すなわち**価値生産物**（独 Wertprodukt, 英 value-product）をも生産する。生産手段価値＝不変資本価値に、この新たに生産された価値生産物が付加されることによって、新たな生産物の総価値が決定される。したがって、**生産物価値**＝生産手段価値（不変資本価値）＋価値生産物（新価値）、である。不変資本価値は「c」で表現され、価値生産物は可変資本（v）と剰余価値（m）に分かれるから、生産物価値の大きさは、「c＋v＋m」で表現することができる。

　この労働の二重性にもとづく価値の移転と価値の創造との区別、したがってまた、それぞれの労働の側面によって生産される生産物の区別は、非常に重要である。というのも、古典派経済学者たちは労働の二重性を明確に理解することができず、したがって、「使用価値としての生産物」（その価値が生産物価値）と「価値としての生産物」（価値生産物）とを区別することができず、前者を後者に還元し、あたかも生産物価値の全体が賃金と利潤に分かれるような謬論（v＋mのドグマ）に陥ったからである。

4. 生産物価値と剰余価値率

 以上の考察にもとづいて、剰余価値の発生メカニズムを改めて具体的に見ておこう。資本の一般的定式はG—W—G′であった。しかし、この定式はこれまでの考察にもとづいてより正確なものに拡張されなければならない。

生産物価値の大きさ

 最初の貨幣資本Gは生産に必要な諸商品に投下される。その一つは生産手段（Pm）、すなわち不変資本（c）であり、もう一つは労働力（A）、すなわち可変資本（v）である。この両者が結合して生産（P）が行なわれる。この過程において、生産手段の価値はそのまま新しい生産物へと移転するが、労働力に関しては、労働力に代わって生きた労働が生産過程において登場し、それが新たな価値を生む。この生きた労働が、労働力価値を超えるまで価値を生み出すことで剰余価値（m）が生まれる。この生産過程において、不変資本価値のみならず剰余価値をも含む新商品（W′）が生産され、それが流通過程において無事、貨幣に再転化するならば、それは最終的に、最初に投じた貨幣資本よりも多くの量の貨幣資本（G′）に転化する。以上を記号で表現すると以下のようになる。

$$G - W \begin{matrix} \nearrow Pm(c) \\ \searrow A(v)+m \end{matrix} \cdots P \cdots W' - G'$$

 あるいはより簡潔に、G—W…P…W′—G′と表現される。これを資本の一般的定式と対照させて、**資本の拡張された定式**と呼ぼう。具体的な数値をあてはめると、たとえば、1日あたりに消費される生産手段の価値（原材料の価値と、1日あたりに磨耗する固定資本の価値の合計）を40万円とし、その生産に労働者を10人雇い、1人あたりの日賃金を1万円とする。そうすると、不変資本価値は40万円で、可変資本価値は10万円であるから、合計で、最初に投じる貨幣資本の総額は50万円となる。さて、この労働者は1人あたり平均して1時間に2000円の価値を生むとする。すると、この労働者たちは、5

時間だけ労働すれば、それで基本的に自分たちが受け取った賃金分の価値を生み出したことになる。これで基本的に五分五分の損得なしになるはずである。しかし、資本家は、賃金分を超えて労働者に働かせることではじめて剰余価値を得るのであり、したがって、資本家は 5 時間を超えて労働者に労働をさせるだろう。たとえば、資本家は各労働者に 1 日に 8 時間働かせるとしよう。すると、各労働者は 1 人あたり 8 時間で 1 万 6000 円の価値を生み、10 人だと総計で 1 日あたり 16 万円の新価値（価値生産物）を生む。さて、生産物価値の大きさはいくらになるだろうか？

まず不変資本の価値はそのまま生産物価値に入るのだから、生産物価値の大きさは必ず 40 万円より大きい。他方、労働力に投じられた資本、すなわち可変資本は、その額がそのまま生産物価値に入るのではなく、労働力に代わって生きた労働が生産過程で登場し、それが新たな価値（＝価値生産物）を生むのだから、最終的な生産物の価値額は、40 万円（不変資本価値）＋ 16 万円（価値生産物）＝ 56 万円（生産物価値）である。

では、剰余価値はいくらだろうか？ 労働者が労働力の価値として受け取ったのは合計で 10 万円である。つまり、労働者は 10 万円の価値を受け取り、それと引き換えに 16 万円分の新たな価値を生み出し、それを資本家に譲渡したわけである。差し引き、資本家が獲得した剰余価値は 6 万円となる。すなわち、16 万円（価値生産物）− 10 万円（労働力価値）＝ 6 万円（剰余価値）。資本家はこの 6 万円をいかなる対価もなしに労働者から獲得したのであり、言いかえればそれを労働者から搾取したのである。

剰余価値率

労働者が労働力と引き換えに得た貨幣額 10 万円に対して、労働者が対価なしに資本家に譲り渡した価値額は 6 万円であり、この両者の割合を**剰余価値率**（m'）という。剰余価値率とは、剰余価値を労働力価値ないし可変資本で割った値である。すなわち、$m' = \dfrac{m}{v}$。先の事例では $v = 10$ 万円で、$m = 6$ 万円だから、$m' = \dfrac{6 \text{万円}}{10 \text{万円}} = 0.6$ であり、百分率で表現すると、剰余価値率は 60％ということになる（以後、剰余価値率はすべて百分率で表現する）。これは資本が労働者から奪い取った価値の大きさを労働力価値で測るものであるか

ら、**搾取率**ともいう。

　今日の日本では、全生産部門における平均的な剰余価値率は100%〜120%ぐらいであると計算されており、正規労働者の平均年収は400万円から450万円のあいだである。労働者の年間の平均労働時間はおおむね2000時間強なので、これらの数字から、1時間あたりに生産される価値のだいたいの大きさを計算することができる。平均年収をたとえばやや少なく見積もって400万円として計算すると、1時間あたりの賃金は2000円となり、剰余価値率を100%として計算すると、労働者が1時間あたりに生む価値額は約4000円である。

　さて、みなさんの時給はいくらぐらいだろうか？　アルバイト学生なら、その時給は地域別の最低賃金に連動しているので、せいぜい800円前後だろう。そうすると資本家が獲得する剰余価値は3200円となり（4000円 − 800円）、したがってアルバイト学生に対する搾取率は400%にものぼる（$\frac{3200円}{800円} \times 100$）。アルバイトや非正規労働者がどれだけひどい搾取を受けているかは明白である。この間、急速に成長した企業の多くがアルバイトや非正規労働者を食い物にして成長しているのは偶然ではない。儲けの真の源泉は、労働者から搾取される剰余価値にあるのであり、賃金が安ければ安いほど、それだけ企業は多く儲けることができ、したがって急速に蓄積し成長することができるのである。

第8講　剰余価値生産の3つの形態 I
―― 絶対的剰余価値の生産

　前講で見たように、資本は生産過程において労働者から剰余価値を搾取することによってはじめて自己増殖することができる。金融資本や商業資本などその他のあらゆる資本はこの生産過程で抽出される剰余価値の分与を得ているだけであり、この生産過程における剰余価値の創出こそ、すべての資本の利得の真の源泉である。しかし、剰余価値の生産といっても、その生産の仕方は一つではなく、さまざまな形態がある。それは大きく言って3つの形態に分かれる。**絶対的剰余価値**の生産、**特別剰余価値**の生産、**相対的剰余価値**の生産、である。まずは、絶対的剰余価値の生産から見ていこう。

1. 外延的な絶対的剰余価値の生産 I ―― 労働時間の延長

必要労働時間と剰余労働時間

　絶対的剰余価値の生産とは、生産過程で労働者が支出する労働量を絶対的に増大させ、したがって労働者が生み出す価値量を、労働力価値を超えて絶対的に増大させることで発生する剰余価値のことである。労働者が生み出す価値量を絶対的に増大せる方法は2つあるので、この絶対的剰余価値の生産にも2つの形態が存在することになる。

　1つは、単純に労働時間を絶対的に延長させることである。より正確に言うと、1日の総労働時間のうち資本家が支払った労働力価値を補填する時間を超えて労働時間を絶対的に延長させることである。この「労働力価値を補填する」部分の労働時間を**必要労働時間**と言う。「必要」というのは二重の意味である。まず資本家にとっては、可変資本に投下した貨幣分を取り返すためには労働者に最低でも、労働力価値と同じ大きさの価値を生む時間は働いてもらわなければならないのであり、したがってその労働時間は資本家にとって必要な労働時間である。他方で、労働力価値は別の面から見れば、労働者自身が日常的およ

び世代的に自己を生産し再生産するための生活手段や種々の労働を表わしているわけだから、少なくとも労働者は自分が消費する分を再生産しないかぎり、社会の富はどんどん減っていくことになるだろう。したがって、労働者や社会全体にとってもこの労働時間は必要な時間である。

　だが資本家はこの必要労働時間では満足せず、それを超えて労働させることで剰余価値を獲得しようとする。だが、すでに述べたように、社会的にも労働者にとっても必要労働時間だけで本来十分なはずである。実際、資本主義が社会を支配するようになるまでは、多くの独立自営職人は、必要労働時間だけ働き、あとは自由時間として生活を享受していた。たとえば江戸の職人は月の半分だけ働けば、それで十分に生活できたと言われている。こういう人々に、必要労働時間を超えて労働させるためには強制力が必要になるのであり、資本はそのような権力を、生産手段に対する独占を通じて獲得する。こうして労働者は、資本家が求める時間働かないかぎり、そもそも自分の生活を再生産する分の価値さえ入手できなくなる。

　さて、この必要労働時間を超えて資本家のために働く労働時間を**剰余労働時間**と言う。したがって、剰余価値とはこの剰余労働時間が価値として対象化したものである。資本家はこの剰余労働時間をできるだけ延長することで、できるだけ多くの剰余価値を獲得しようとする。たとえば必要労働時間を4時間とし、剰余労働時間も同じ4時間だとすると、必要労働時間と剰余労働時間との関係は次のような図に描くことができる。

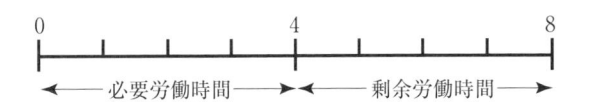

```
0                    4                    8
├─┼─┼─┼─┼─┼─┼─┼─┤
  ←── 必要労働時間 ──→←── 剰余労働時間 ──→
```

　この4時間の剰余労働時間は、必要労働時間を超えて労働時間を4時間だけ絶対的に延長することで得られるのであり、このような絶対的剰余価値を**外延的な絶対的剰余価値**、あるいはより簡潔に**外延的剰余価値**と呼ぼう。労働時間の外延的増大による剰余価値の生産は剰余価値生産の最も基本的な方法であり、また実際、剰余価値の生産そのものでもある。というのも、そもそも剰余価値とは、労働力価値を補填する部分を超えて労働者に労働させることで得ら

れる価値だからである。したがって、実はこれまで剰余価値生産一般として説明してきたものは、外延的剰余価値の生産のことだったのである。

労働時間による剰余価値率規定

この必要労働時間と剰余労働時間という概念をふまえるならば、前講で説明した剰余価値率を労働時間タームにもとづいて再規定することができる。前講では、剰余価値率（m′）は「$\frac{剰余価値(m)}{可変資本(v)}$」で表現された（$m′=\frac{m}{v}$）。しかし、ここでは必要労働時間と剰余労働時間との関係によっても剰余価値率を表現することができる。すなわち、「剰余価値率（m′）＝ $\frac{剰余労働時間}{必要労働時間}$」である。

この剰余価値率の大きさが、剰余労働時間の増大に比例して増大するのは明らかであろう。たとえば必要労働時間を先と同じく4時間と仮定すると、これを超えて行なわれる剰余労働時間が長くなればなるほど、剰余価値率も高くなる。最初の設定のように、剰余労働時間が必要労働時間と同じ4時間だとすると、剰余価値率は100％である（4時間÷4時間×100）。1時間あたりに生み出される価値が2500円だとすると、剰余価値率はもちろん、1万円÷1万円×100として価値タームで表現することができる。しかし、資本家が4時間だけで満足せず、さらに2時間追加して労働させ、剰余労働時間が合計で6時間になったとすると、その場合の剰余価値率は、6時間÷4時間×100＝150％となる。

```
0               4               8    10
|---|---|---|---|---|---|---|---|---|---|
    ←―必要労働時間―→ ←――剰余労働時間――→
```

さらに強欲な資本家が、剰余労働時間をさらに2時間延長させて8時間もの剰余労働をさせたとしたら、剰余価値率は、8時間÷4時間×100＝200％となる。このように、剰余労働時間ないし剰余価値の増大に比例して剰余価値率も上昇していることは明らかである。

2. 外延的な絶対的剰余価値の生産 II ——標準労働日の確立

　必要労働時間と剰余労働時間との合計は、資本家の指揮下で行なわれる1日の総労働時間を構成する。この1日の労働時間を**労働日**（独 Arbeitstag, 英 working day）と呼ぶ。問題は、この労働日の長さは何によって決まるのかである。

労働日の限界 I ——「資本家の夢」

　必要労働時間の長さは引き続き所与としておこう。すると、労働日の長さは基本的に剰余労働時間の長さによって決まることになる。では、この剰余労働時間はどこまで延長可能なのだろうか？　この問いは、言いかえるなら、「1日分の賃金」をもらって労働者が行なわなければならない「1日分の労働時間」とは具体的に何時間を意味するのか、となる。というのも、「1日分」というのは非常にあいまいな言い方であって、それが文字通りの24時間を意味しえない以上、「1日分」が意味する実際の時間数は、自然的にではなく社会的に決定されているからである。同じことを逆から言うと、いったい労働者は1日に何時間労働をすれば、「1日分の賃金」を獲得することができるのか？

　資本家にとっては、剰余労働時間は長ければ長いほどよい。それゆえ、その「1日分」はできるだけ文字通りの意味に取ろうとする。**資本の人格化**たる資本家の頭を支配しているのはできるだけ多くの剰余価値を獲得することであって、労働者の健康や生活などではない。ワタミの元会長が社員向け小冊子で妄想的に言うように、「365日24時間死ぬまで」働かせることこそ「資本家の夢」である。実際、ワタミのある新入社員は膨大な時間外労働をさせられた挙げ句、わずか入社3ヶ月で過労自殺を遂げている。

　ナチスもその強制収容所においてそうした「死ぬまで働かせる」体制を追求しようとした。この点で資本家の夢とナチスの現実とはそっくりである。というよりも、通常の状態では実現できない資本家の夢を、絶対的な暴力と独裁のもとで実現しようとしたのがファシズムなのだから、資本家の夢とナチスの強制収容所とがそっくりなのは当然といえば当然なのである。まさにこの場面に

おいて、資本の形態的運動原理である「無限の価値増殖」と資本の実体的運動原理である「労働者に対する支配の強化」とは完全に合致し、手に手をとって労働者から最大限の剰余労働を搾り取ろうとするのである。

> **ブレイクタイム　ブラック企業**
>
> 　日本では最近、あからさまに人権侵害的な働かせ方をする企業を「ブラック企業」と呼ぶようになっている。ネットから始まった呼び名が今では研究者や政党までもが使うようになっており、すっかり定着した感がある。企業による人権侵害や過剰搾取という問題を非常にイメージしやすい言葉で名指すことで、広く世論を喚起し、多くの人の注目を集める状況をつくり出した点で、これは実に見事なネーミングであった。しかし、これは国際的には通用しない言葉であり、また日本の大企業の平均がブラック企業レベルであることも忘れてはならない。本質的にブラックである企業とそうでない企業とが存在するのではない。資本の内的本質がそのまま現象すればブラック企業になるのであり、それを抑える社会的・階級的力が強いかどうかが国によってブラック企業の割合の大小を左右するのである。

労働日の限界Ⅱ──労働日の種々の限界

だが、たとえ資本家の夢がそうだとしても、「通常の状態」ではそれは実現不可能である。労働者には、少なくとも、その日に消費され消耗した労働力を肉体的にも精神的にも回復するための一定の時間が絶対に必要である。「1日分」とはけっして、24時間ではありえないし、20時間でもありえない。労働者はさしあたり生物学的存在として、一定の睡眠時間や食事時間や休憩時間などを必要とする（身体的・生理的制限）。だが、労働者は単に生物学的存在であるだけでなく、社会的・文化的存在でもある。したがって、テレビや映画を見たり、読書やネットをしたり、家族と会話したり、趣味を楽しんだり、社会的な交流をする等々の時間が必要である（社会的・文化的制限）。

さらに、これらの回復時間以外にもさまざまな時間が必要である。たとえば、勤務先から自宅に帰宅する時間、あるいはその逆に自宅から勤務先へ行く時間

も必要である。これはこれで労働力を消耗させる。さらに、家庭内においても種々の労働が待っている。まずは日々の生活手段を消費し維持するための家事労働が必要である。周知のように、この点では男女間で大きな差が存在する。とりわけこの日本ではそうだ。男性労働者は、結婚していればおおむねこのような家事労働を免れるが、女性労働者の場合、賃労働者として働いていても、家庭内でのこの追加的な労働を担わされている。さらには、労働が何か特殊で高度な専門的労働である場合には、その専門的知識や技術を維持したりより高めるための時間も必要になるだろう。子どもがいる場合には、当然にも育児労働が必要であり、子どもが小さければ小さいほどそうだ。

　このように、労働力が身体的および精神的に日々正常な形で再生産されるためには、賃労働時間以外にも多くの時間が必要になる（ちなみに『資本論』では、通勤時間や家事・育児労働時間などが看過されている）。これらの種々の時間は、基本的に労働力価値を構成する諸要素にそれぞれ対応している。労働力が正常に再生産されるためには、賃金だけでは不十分なのであり、種々の消費・休息と種々の追加的労働のための時間が必要なのである。

　このような時間がちゃんと保障されなければ、労働力は正常な形では再生産されないだろうし、そのような状況が毎日積み重ねられれば、本来なら40年間は健康な状態で労働できるはずの労働力が、10年や20年で使いものにならなくなるかもしれない。

　これは、等価交換の原則に反するだけでなく、労働力の所有権を侵害するし、さらには犯罪として告発されるべき人権侵害でもある。なぜなら、労働者は、自分自身を丸ごと売ったのではなく、身体と精神に埋め込まれて存在している労働力を時間決めで売ったにすぎないからである。買い手は、労働力を購入することによって、この労働力が埋め込まれている身体と精神を毀損しない範囲で労働力を使用する権利を得たにすぎない。それを超えた労働力酷使は、労働力価値を支払うことで得た権利を明らかに逸脱しているのであり、その逸脱が微弱でも等価交換の原則に反するし（詐欺）、重大であれば労働力の所有権を侵害することになる（窃盗）。

　たとえば、ホテルの1室を1日分購入した客が、この部屋は俺が買ったのだからどう使おうと自由だといって、数日間その部屋を使えないような使い方を

意図的にしたらどうか？　彼が支払ったホテル代には1日分の使用料しか含まれていないのだから、それを超えて部屋を使えなくする行為は明らかに等価交換の原則に反する。使用できなくなった日数分のホテル代が追加的に請求されても文句は言えないだろう。だが、そうした水準を超えて、たとえば部屋の高価な調度品や壁や天井などを意図的に破壊したらどうか？　この場合には、そもそも彼が買ったものではないものを破壊したのだから、ホテル側の所有権を侵害したことになる。

　同じことは労働力についても言えるし、ここでは、ホテルという「物」ではなく、人間の命や健康が問題になっているのだから、なおさらである。本来、労働者を過労死や健康破壊に追いやった資本家や経営者は、しかるべき賠償金を支払わされるだけでなく、犯罪者として刑事告発されるべきなのである。

　しかし、資本家は、労働力価値をできるだけ切り縮めようとするのと同じく、剰余労働時間をできるだけ延長させ、したがって賃労働時間以外のあらゆる時間をできるだけ切り縮めようとする。労働力以外に売るもののない労働者はどんな苛酷な条件であっても資本家に労働力を買ってもらうしか生きるすべがない。このような根本的に不平等な状況ゆえに、しばしば形式上の等価交換の原則さえ踏みにじられる。労働者を単なる剰余価値生産機械に転化し、労働者のいっさいの自由時間と生命そのものを絶えず資本家のための剰余価値源泉に変えること、これこそ資本の不断の傾向であり、その最も根源的な衝動の一つである。

標準労働日のための闘争Ⅰ──標準最大労働日

　労働者はこの資本の絶えざる傾向と闘争しないかぎり、人間として存在しえないのであり、彼ないし彼女はただ、資本家のために剰余価値を生産する機械か役畜と成り果て、自己の人生をまともに享受できないまま早死にすることになるだろう。貨幣蓄蔵家が自分の利益のために自己に課したのと同じ無限の「勤勉と節欲」が、今度は他人の利益のために、他人の下劣な貨幣蓄積欲のために自己に課せられることになるだろう。これほど惨めな状態があるだろうか？

　労働者はその人間性と生命そのものとを奪われないためには、労働時間の制限に取り組まなければならない。労働日をできるだけ延長しようとする資本の

内的衝動と、労働日を制限しようとする労働者の長く苛烈な闘いとの結果として、19世紀初頭以降、しだいに労働日の制限が法制化されていった。その際、とくにイギリスでは、伝統的支配層であった地主階級が果たした役割も大きかった。彼らは、自己の排他的支配権に挑戦するようになった新興ブルジョア階級に対抗するために、この労働時間規制の闘争において労働者側に一時的に味方したからである（ちなみに、このような異質な同盟者は後発資本主義国であった日本の場合には存在しなかった。多くの後発国と同じく、日本では地主は最初から資本家の味方であり、ともに強欲な搾取者であった）。

しかし、最初の時点で成立した法定労働時間規制はまったく中途半端なものであった。それは13時間労働とか12時間労働を許容しており、せいぜい、労働者が自らの労働力の身体的・精神的な回復を可能とするぎりぎりの水準を保障するものでしかなかった。このような労働日を**標準最大労働日**と呼ぶとすれば、この労働日は労働力の正常（ノーマル）な身体的・精神的再生産を可能とするぎりぎりの長さの労働日でしかない。すなわち、この長さを超えて恒常的に労働時間が延長されると、労働力の正常な再生産が不可能となって、それが長期間に及ぶと労働力が致命的な毀損を受けることになる。

標準労働日のための闘争 II──標準労働日の成立

しかし、このような労働日を実現したとしても、労働者はかろうじて正常に生きていけるにすぎず、人間的な生活や人間的な個性の開花というものは、とうてい望みえないだろう。かろうじて健康に生きていけるだけで、ほとんどの時間がやはり労働時間に費やされる人生とはいかなる人生だろうか？　労働者は、単に労働者としてぎりぎり正常に生きていける程度の労働時間規制で満足するべきではないし、実際しなかった。標準最大労働日よりもいっそう労働日を制限する闘いに労働者は引き続き取り組んだのである。

そして、この闘いは同時に、労働者はいったい1日何時間働けば「1日分の賃金」を獲得する権利を得るのかをめぐる社会的な抗争でもあった。つまり、ここで言う「1日分の賃金」がその時々の歴史的・地域的・社会的条件のもとで標準的とされている生活を可能にする額だとすれば、そのような賃金を受け取るのにいったい労働者は1日に何時間労働すればいいのか？　それが8時間

なのか9時間なのか10時間なのかは、あらかじめ理論的に特定することは不可能であるし、また商品交換法則から演繹できるものでもない。それは、どれぐらいの労働時間が（したがってどれぐらいの長さの生活時間が）社会的に「標準的（ノーマル）」なものとして承認されるのかという問題でもある。標準最大労働日の範囲内にあって、かつ、「1日分の労働時間」として標準的であると社会的に承認されたこのような労働時間こそ、本来の**標準労働日**（normal working day）である。ここでは、単に正当な商品交換をせよという水準を大きく超えて、人間的で文化的な生活を求める社会的生存権の論理が重要な役割を果たしている。

　こうして、労働者による階級闘争と社会的承認をめぐる抗争の末、19世紀半ば以降になってようやく、本来の標準労働日がしだいに各国で法的に確立されていった（**法定標準労働日**）。この法定標準労働日は最初は10時間程度だったが、20世紀になるとやがてそれは8時間労働となり、それがグローバルスタンダードになっていった。

　いわゆる労働者の祭典である5月1日のメーデーも、この8時間労働制の確立をめざすアメリカ労働者のストライキが行なわれた日にちなんでいる。国家として最初に明確にこの8時間労働制を男女ともに確立したのは1917年の社会主義革命後のソヴィエト・ロシアである。この日本で基本的に8時間労働制が確立されたのは、ようやく第2次世界大戦後の**戦後改革**の中でであった。世界的に標準労働日が獲得されるためには、単に各国労働者の階級闘争が必要であっただけでなく、世界最初の社会主義革命が、そして世界規模の戦争さえも必要だったのである。

標準労働日と標準最大労働日

　標準労働日が法的に成立したからといって、標準最大労働日の規定が無意味になるわけではない。何が標準的な労働時間かという問題と、労働者に1日最大何時間の労働を課すことができるのかという問題とは、依然として異なった問題であり、どちらもともに重要だからである。

　通常の先進国においては、標準労働日が法律で定められているだけでなく、1日あたりの労働時間の上限も法律で定められている。それゆえ、労働時間に

関しては二重の歯止め、二重の規制が存在するわけである。しかし、この日本では、戦後改革における労働者の抜本的な地位向上にもかかわらず、法定標準労働日とは別に、標準最大労働日が法律できちんと定められず、労働組合の側と交渉して協定を結べば（三六協定）、事実上いくらでも労働時間の延長ができることになっている。それゆえ日本では、標準労働日が確立された後にもなお長時間労働がはびこり、それゆえ「過労死」が頻発し、そのような過労死を大量に生み出しても経営者が何ら法的責任を問われないという状況がつくり出されてしまっている。

だがこれでもなお日本の経営者たちは満足しておらず、標準労働日の規定そのものを廃棄し、日本を文字通り19世紀的状況に戻したがっている。「資本家の夢」は果てしない。彼らは労働者の生命の最後の一滴まで吸い尽くさないと気がすまないのである。

3. 標準労働日成立による理論的前提の変化

さて、この法定標準労働日の成立は、労働者の地位と境遇にとって決定的な意味を持っただけでなく、経済学的にも大きな意味を持っており、これまで剰余価値論の説明として述べてきたことの部分的修正を要請する。

労働力価値一定の前提の修正

まず第1に、「1日分の労働時間」ないし「1日分の賃金」というときの「1日分」という概念が公的で制度的なものとして確定することになる。資本家は「1日分の賃金」を労働者に支払った上で、「1日分の労働時間」を労働者に求めることができるのだが、その「1日分」とは、標準労働日成立以前にはあいまいであり、事実上、資本家の恣意的な要求に従わせられていたか、あるいは特定の部門においては慣習的な長さにすぎなかった。今ではそれは法律の文言に書かれた明確な長さとして特定されている。今これをとりあえず8時間としておけば、「1日分の賃金」をもらって労働者がなすべき「1日分の労働時間」とは、具体的には8時間を指すのである。

したがって第2に、この8時間を超えて労働をさせることは**超過労働**として

社会的に認知されるのであり、資本家はこの超過労働に対して「1日分の賃金」を超える**追加賃金**を支払わなければならない。なぜなら、労働者に最初に支払われた「1日分の賃金」ないし「1日分の労働力価値」は8時間労働を想定したものであり、その分しかまかなわないからである。それを超えて労働させた時間は「1日分」という範疇を超えているのであり、したがって別途、賃金を支払う必要がある。また、その点をたとえ別にしても、そもそも労働時間が延長されるならば、その分より多くの労働力が支出され、労働力がより多く消費されるのだから、その分の使用料を追加で支払うのは当然であろう。

　超過労働に対するこの追加賃金額は、さしあたり、1日分の賃金を標準労働日で割って得られた金額が基準になる。たとえば、1日分の賃金が1万円で、標準労働日が8時間である場合には、1時間あたりの賃金は1250円になり、したがって、追加賃金としては少なくとも1時間あたりこの金額が支払われなければならない。

　しかし、この超過労働時間には単なる比例的賃金額を支払うだけでは不十分であろう。なぜなら、それは、本来する必要のない労働を追加的に課すものであり、さらには8時間労働を終えてより消耗した状態で遂行され、したがって時間に比例する以上の損耗を労働力にもたらすだろうからである。したがって、超過労働時間には比例的にではなく、**割増賃金**が支払われる必要がある。たとえば賃金の割増率が20％だとすると（ただしグローバルスタンダードは50％）、追加的賃金は1時間あたり1500円になるだろう。

　このような割増賃金を払っても、資本家はやはり追加的な剰余価値を得るだろう。なぜなら、たとえば労働者が1時間あたり2500円の価値を生産するとすれば、1時間あたり1500円の賃金を支払っても、なお1000円の追加的剰余価値を獲得するからである。

ブレイクタイム　　残業とサービス残業

　日本では、「超過労働」を意味する言葉として「**残業**」というひどくあいまいな表現が一般に用いられている。資本ないし企業の側が超過労働を労働者の側に主体的に課しているのではなく、あたかも「なすべき仕事」が客観

的に残っていて、したがってそれを労働者が自主的に最後までやらなければいけないかのように、である。このような一見無害に見える言葉にも資本の側にとって都合のいい表現が浸透しているのである。さらに、この超過労働時間に対して割り増しどころかそもそも賃金そのものが支払われない場合、それを「**サービス残業**」と呼ぶ言い方も定着している。そもそも「サービス」を「無料」の意味で用いるのは典型的な和製英語だが、「サービス残業」という言い方では、まるで店が客に自発的に何らかのおまけをするように、労働者が企業に対して自発的に無償労働というおまけをしているかのようなニュアンスを帯びる。しかし、実際には超過労働時間に追加賃金が支払われないことは、違法な窃盗行為以外の何ものでもない。一見何でもないように見える用語にさえ、企業の側にとって都合がいい論理が浸透しているのである。

剰余価値率と剰余価値量

これまでは必要労働時間は一定であると仮定されていて、したがって労働日が増大しても必要労働時間あるいは労働力価値は変わらないと仮定されていた。それゆえ、労働日が延長された分はそのまますべて剰余労働時間となった。しかし、標準労働日が確立されると、労働時間が標準労働日を超えて延長されるならば、追加賃金が発生するので、必要労働時間も労働力価値もその分増大することになる。この追加賃金が標準労働日内の賃金と比例して支払われる場合には、剰余価値率は一定のままで剰余価値量だけが増大することになる。

たとえば、必要労働時間が4時間、剰余労働時間が4時間で、合計8時間の総労働をするとして、この総労働時間が10時間へと2時間分延長された場合、最初の仮定ではこの2時間の延長分はすべて追加的な剰余労働時間となり、したがって剰余価値率は100%から150%へと増大した。しかし、標準労働日の成立を前提とすると、総労働時間を2時間延長しても、それはまるごと剰余労働時間に算入されないのであって、その一部は追加賃金となって必要労働時間の一部を構成することになる。この延長時間に対して割増賃金ではなく、比例的賃金が支払われるとすると、2時間の延長時間のうちの半分（1時間）は追加的な必要労働時間になり、残る1時間だけが追加的な剰余労働時間になる。以上を図式化すると以下のようになるだろう。

◎標準労働日成立以前における労働時間延長

出発点　0　　　　　4　　　　　8
　　　　←──必要労働時間──→←──剰余労働時間──→

延長後　0　　　　　4　　　　　8　　10
　　　　←──必要労働時間──→←──剰余労働時間──────→

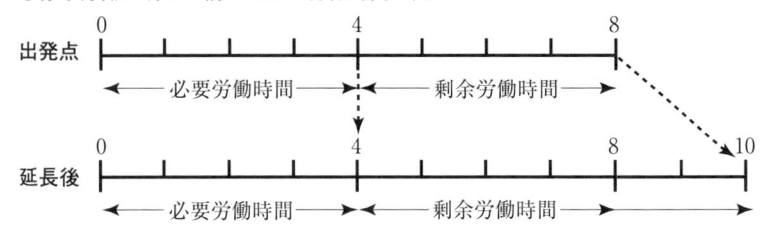

◎標準労働日成立以後における労働時間延長

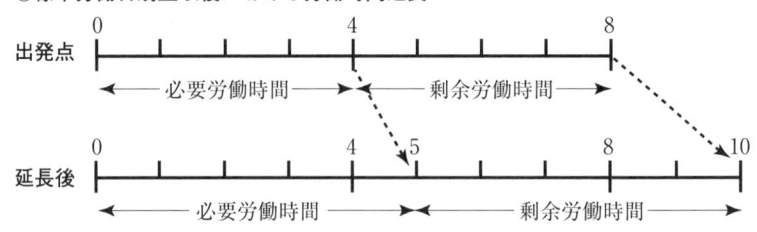

出発点　0　　　　　4　　　　　8
　　　　←──必要労働時間──→←──剰余労働時間──→

延長後　0　　　　　4　5　　　　8　　10
　　　　←───必要労働時間───→←────剰余労働時間────→

　このように、標準労働日成立以後は、総労働日の2時間延長によって、必要労働時間も剰余労働時間も1時間ずつ延長され、したがって剰余価値率は引き続き100％のままである。しかし、それでも剰余労働時間は1時間だけ増大しており、したがって資本家が獲得する剰余価値量も増大している。また、20％増とか50％増の割増賃金が支払われる場合には、むしろ剰余価値率は減少するが、それでも剰余価値量は増大するだろう。

　このように、標準労働日が理論的に組み込まれると、もはや最初に想定したような、総労働日が延長されても必要労働時間ないし労働力価値が一定であるという前提は成立しない。労働力の総価値は、総労働日の延長に少なくとも比例して増大し、したがって必要労働時間も増大する。しかし、剰余価値の方も――追加労働時間に比例的賃金のみが支払われると仮定すると――労働日の延長に比例して増大する。したがって、最初の想定と異なって、総労働日が延長されるにしたがって剰余価値率が増大するのではなく、剰余価値率の大きさは一定なのであり、それでも剰余価値量は増大しうるのである。

☼より進んだ考察☼──「リカードのドグマ」

　標準労働日が成立するまでは、剰余価値量を増大させることと、剰余価値率を増大させることとは、同じことの別表現にすぎなかった。一方の増大に比例して他方も増大し、両者の間に普遍的な連動関係があった。しかし、標準労働日の成立によってこのような連動関係は成立しなくなり、両者は分離し、剰余価値率が一定でも剰余価値量を増やすことができるようになる。

　このような一見あたりまえに見えることをくどくどと述べたのは、『資本論』において、標準労働日の成立が説かれた後も、労働日が増大しても必要労働時間ないし労働力価値の大きさが一定であると仮定され、それによって種々の混乱と誤謬が生じているからである。

　この誤謬は、より一般的に見るなら、剰余価値率と剰余価値量との普遍的連動関係を無限定に前提するという誤謬に帰着する。これは実は、古典派経済学にまでさかのぼることのできる重大な誤謬の一つである。

　古典派経済学の完成者と言われているリカードは、その労働価値説にもとづいて、賃金が上昇しても利潤が減少するだけであり価格の上昇をもたらすものではないことを証明し、俗流経済学と一線を画する古典派経済学の決定的な理論的基盤を確立した。しかし、リカードはここからこの命題を不当に一般化して、利潤（剰余価値）が増大するのは賃金が下がる場合だけであり、その逆に賃金が増大すれば必ず利潤が減少するとみなした。これは、労働者と資本家との根本的な利害対立を示すものなので、その後、マルクスにも受け継がれた。マルクスはその『哲学の貧困』や『賃労働と資本』などでこの命題を踏襲し、自己の階級論の基礎に据えている。

　しかしマルクスは経済学研究を独自に進める中で、この命題に潜む種々の限界をしだいに理解するようになった。リカードのこの「利潤と賃金との相反関係」という命題は、１．労働日の長さが常に与えられた一定の大きさであることを前提し（**労働日一定のドグマ**）、２．労働日が必要労働時間と剰余労働時間とに最初から分割されていることを前提としている（剰余価値発生論の不在）。つまりリカードは、そもそも利潤（剰余価値）というものが必要労働時間を超えて労働日を強制的に延長させることで生じるということを理解せず、最初から利潤の存在を前提していたのであり、また、すでにある一定の大きさの労働日がさらに延長されて剰余価値が増大する可能性も無視していたのである（後で述べる労働強度の問題も無視されているのだが、ここでは割愛する）。これは、リカードの階級的限界であるというだけでなく、すでに生産された生産物ないし価値が諸階級のあいだでどのように分配されるのかに注意を集中したことの方法的限界でもある。

　このドグマを「**リカードのドグマ**」と呼ぶことにすると、マルクスはこのドグマの克服を通じてしだいに自己の剰余価値論を確立していったのだが、それを十分には克

服しきれなかった。すなわち、剰余価値の発生メカニズムと、労働日のさらなる延長による剰余価値の増大を明らかにしたのだが、マルクスは同時に、労働力価値が一定のままであるという理論的前提を置き続けたために（これは剰余価値の発生メカニズムを明らかにする段階では正しい前提だが、標準労働日が成立した段階では誤りになる）、労働日を延長すれば自動的に剰余価値率も増大するという命題を維持し、したがって、結局、「リカードのドグマ」の核心である「剰余価値率と剰余価値量との普遍的連動関係」論を受け継いでしまったのである。

そのため、たとえばマルクスは、剰余価値を増大させる方法として、剰余価値率を高めることと労働者を増やすことの「2つの要因」を挙げているのだが、労働日が延長されれば、たとえ剰余価値率が一定でも、剰余価値は増大するのである。マルクスは、1861～63年草稿では、しばしば正しくこのことを洞察していたし、『資本論』でもときにこの正しい考えを表明しているのだが、全体としては基本的に、剰余価値を増大させる方法を剰余価値率の上昇と労働者数の増大という「2つの要因」に還元してしまっているのである。

4. 内包的な絶対的剰余価値の生産——労働強化

価値量を絶対的に増大させる方法は労働時間の延長だけではない。絶対的剰余価値を生産する方法としてもう一つの方法がある。絶対的剰余価値とは、充用労働者の支出労働量を絶対的に増大させることによって、したがって生産される価値量を絶対的に増大させることによって生産される剰余価値のことなのだから、たとえ労働時間の長さが同じでも、単位時間あたりの支出労働量を増やすことによって、この絶対量を増やすことができるだろう。これが、同一時間内における労働密度ないし労働強度を高めること、すなわち労働強化である。

労働の内包的増大

とくに労働時間に対する法的制限が強化されるにつれて、資本家はこのもう一つの価値量増大方法を精力的に追求するようになった。労働は常にある一定のテンポで行なわれている。そのテンポによって単位あたりに支出される労働量も変化する。テンポを一定として労働時間を外延的に延長すれば、支出労働量は増大するが、労働時間を一定としてもこのテンポを増大させれば、労働時間を延長するのと同じ効果を得ることができるだろう。この場合も、支出労働

量が同じように絶対的に増大しており、したがって生産される価値量も絶対的に増大しているのだから、これもまた絶対的剰余価値の一種である。

このように労働密度ないし労働強度を高める方法は、労働の外延量ではなく内包量を増大させるのであるから、これによって生産される絶対的剰余価値を**内包的な絶対的剰余価値**、あるいはより短縮して**内包的剰余価値**と呼ぼう。ちなみにマルクスは、この内包的方法を絶対的剰余価値生産に含めるべきか相対的剰余価値生産に含めるべきかに関して草稿段階でも『資本論』段階でも絶えず動揺しているが、労働量の絶対的支出という点からして絶対的剰余価値の生産に含められるべきものである。

労働強度を高める方法は主に2つある。1つは、何らかの機械による生産が行なわれている場合には、その機械のスピードを速めることである（労働強化の時間的方法）。たとえばベルトコンベアーでの作業が行なわれていると仮定するなら、そのベルトコンベアーのスピードを速めることで単純に労働密度を高めることができる。もう1つの方法は、同一の労働者が担当する機械や工程の数を増やすことである（労働強化の空間的方法）。逆から言うと、同じ機械や工程あたりの労働者の数を減らすことである。資本家はこの2つの方法を通じて、労働の隙間やゆとりを徹底的に奪い取り、労働時間の一秒一秒がすべて実際の労働行為で埋まるようにしようとする。

労働強度制限のための闘争

そして労働者が抵抗しないかぎり、労働密度は労働者がなしうる最大限まで高められ、個々の労働そのものが文字通りの責め苦となり、拷問のようなものになるだろう。そして、勤務時間が終わったら、肉体も精神も疲れ果て、自分の生活時間がはじまっても何もする気力が生まれない状態になるだろう。せっかく労働時間を短縮しても、これではほとんど意味がない。

それゆえ、労働者は単に労働時間を制限して標準的な労働日を獲得するだけでなく、労働強度をも制限するために闘わなければならない。いくら資本家のための労働時間といえども、その1秒1秒がすべて資本家のための労働である必要はないのであり、人間らしく働くためには、一定のゆとりと隙間をもった正常な労働スピードを、そしてぎりぎりの少人数ではなく、一定のゆとりをも

った人数配置を闘い取らなければならない。

　先に述べた労働日制限のための闘争は、労働時間が終わった後の生活時間ないし自由時間を確保するための闘争であった。労働強度制限のための闘争にも、もちろん、そういう側面はある。なぜなら強度の高すぎる労働は、すでに述べたように、労働者をくたくたに疲れ果てさせ、生活時間を享受する体力や気力を労働者から奪い取るからである。しかし、この闘争はそれと同時に、労働時間中の労働の人間的あり方を勝ち取るための闘争でもある（**労働の人間化**）。人間的ゆとりなき労働は非人間的労働である。非人間的労働に生命の生産的支出の大部分を奪い取られている人間は、長時間労働によってすべての自由時間が奪われている状態と何ら変わらない。

　この闘争はまた、労働者と消費者自身の安全と人権を確保するための闘争でもある。過度に詰め込まれた労働は労働災害の最大の温床であるし、また消費者の安全に関わる部門、たとえば交通労働や医療労働の場合には、消費者ないし利用者をも巻き込む惨事を引き起こすだろう。実際、新自由主義化がますます進行しつつあるこの日本では、ＪＲ西日本の列車脱線事故や、長距離バスにおける事故の頻発など、過密労働ゆえに生じた悲惨な事故が多数発生している。資本は、自己の価値増殖のためなら、労働者の生命や安全のみならず、多くの消費者の生命や安全をも顧みないのである。

標準強度

　ところで、外延的な剰余価値生産の場合、標準労働日の成立後は標準労働日を超えて労働時間が延長された場合、追加的な賃金が発生し、したがって労働力の総価値は増大した。では、内包的な剰余価値の場合はどうか？　労働時間と違って、労働強度ないし労働密度の場合、その度合いを誰にでもはっきりとわかる数字で外的に表現するのは困難である。また、生産部門や職務の種類に応じて労働強化の仕方も、労働強度の限界もさまざまである。それゆえ、労働時間のように、一定の基準となる労働強度を明確に規定して、それを超えた労働強化に対して何らかの追加賃金を法的に規定することはきわめて困難である。それゆえ資本家は、しばしば追加賃金を支払うことなく労働強化をすることができるのである。

とはいえ、労働組合の力が強い場合には、経営者側と労働者側との交渉（事業所別、産業別、職種別での）にもとづいて、それぞれの職務あるいは生産部門ごとに、一定の**標準強度**を具体的に設定することは可能であり、したがって、その標準強度を超えた労働強化に対して追加的な賃金増を求めることも可能である。労働時間延長の場合と同じく労働強化においても労働力という商品の追加的消費がなされるのだから、当然にも、追加的な賃金が支払われなければならない。それが支払われない場合には、労働者は**超過搾取**を受けているのであり、その賃金は労働力価値以下になっているのである。

5. 外延的剰余価値と内包的剰余価値との相互関係

本講の最後に、外延的な絶対的剰余価値と内包的な絶対的剰余価値との相互関係について簡単に論じておこう。

相互代替関係と相互制約関係

労働時間の延長も労働の強化も、ともに労働支出量の絶対的増大を伴うのだから、必然的に両者の間には相互代替関係があるとともに、相互制約関係があることがわかる。ある一定の範囲内でなら、労働時間の短縮分を労働強化によって取り返すことは可能である。たとえば、労働時間が20％短縮しても、労働密度を20％増大させれば、結局、労働者は同じだけの労働支出をしていることになる。

しかしながら、このような代替関係は一定の限度内でのみ可能である。たとえば、労働時間を半分にしたからといって、労働密度を単純に倍にできないのは明らかである。労働時間短縮以前の労働密度がよっぽどスカスカでないかぎり、以前の倍の労働密度などとうてい不可能であろう。1日の労働時間に客観的限界があるように、労働強度にも客観的限界が存在する。しかも資本は、最初からかなり高いレベルの労働強度から出発するのであり、すでにある程度高い水準になっている労働強度をさらに高めるのが、内包的な剰余価値生産の方法なのである。

逆に、どちらか一方の過度の増大は、他方の縮小なしには達成できないだろ

う。労働支出量を規定する2つの要因のうちどちらか一方が、労働者にとって可能な労働支出の限界を超える場合には、他方の要因を引き下げなければならない。しかし、この限界地点が具体的にどこにあるのかに関しては、個人差が大きいとともに、社会的・文化的習慣や労働者の抵抗力も大いに影響する。労働者が資本家に従順であればあるほど、この地点はかなり先にあるだろうし、肉体的限界そのものに合致するだろう。逆に反抗的であればあるほど、この限界地点は肉体的限界よりもずっと手前の位置にあるだろう。そして資本家は、すべての労働者をこの限界地点まで働かせようとし、したがって、しばしば多くの労働者をこの地点を超えて働かせるのであり、こうして過労死をつくり出すのである。

両者の対比

すでに述べたように、標準労働日を超えた労働時間延長の場合も標準強度を超えた労働強化の場合も、剰余価値率は一定のままでも、つまり必要労働時間が短縮しなくても、剰余価値量は増大しうることになる。『資本論』においてマルクスは、労働日の長さと労働力価値とを一定として労働強化された場合には、形式的に必要労働時間が短縮されるというかなり強引な論理にもとづいて、内包的剰余価値の生産を、後で見る相対的剰余価値の生産の一つに位置づけているのだが、しかし、生産過程で労働者が生産する価値量が絶対的に増大しさえすれば、別に必要労働時間が短縮しなくても、剰余価値は増大するのである。労働強化による剰余価値の発生において、必要労働時間の短縮が必要条件ではないとすれば、労働強化による剰余価値生産を相対的剰余価値生産の範疇に含めることは不可能であろう。

以上の点を図式化してみよう（次頁の図参照）。労働時間だけを考察する場合と違って、労働強度も考慮する場合には、グラフは線ではなく、一定の幅を持った帯状のものでなければならない。グラフの長さは労働時間の大きさを、グラフの幅は労働強度を示しており、グレーの部分が労働力価値を、白い部分が剰余価値を表わしている。外延的剰余価値の場合は、グラフの幅は同じままでその長さが長くなり、内包的剰余価値の場合には、グラフの長さはそのままでその幅が太くなる。

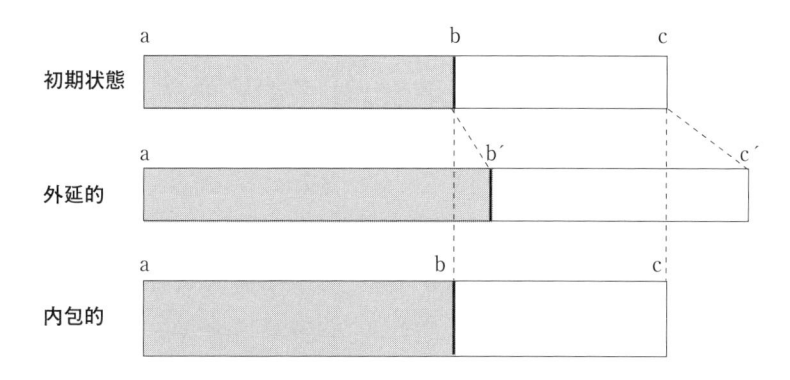

```
初期状態   a                    b         c
          [■■■■■■■■■■■■■■■■■■■■|         ]

外延的     a                    b  b'      c  c'
          [■■■■■■■■■■■■■■■■■■■■■■|          ]

内包的     a                    b         c
          [■■■■■■■■■■■■■■■■■■■■■|        ]
```

　このグラフによって、外延的剰余価値と内包的剰余価値との区別と連関が非常に視覚的にわかりやすくなるだろう。またどちらにおいても、剰余価値率が一定のままで、剰余価値の絶対量が増大していることは明らかであろう。

第9講 剰余価値生産の3つの形態 II
―― 特別剰余価値の生産

　前講で述べたように、剰余価値生産には主として3つの形態が存在する。その最初の形態である絶対的剰余価値の生産は、剰余価値生産全体の基礎であり、その出発点であった。本講では第2の形態である特別剰余価値の生産について説明する。

　特別剰余価値は基本的に、絶対的剰余価値と相対的剰余価値との中間形態であり、あらゆる中間形態につきものの誤解、すなわち両端の形態と（とりわけ相対的剰余価値の生産と）しばしば混同されるという誤解にさらされている。だが、この三者は概念的に区別されなければならない。

1. 水平的特別剰余価値 I ―― 部門内特別剰余価値

　絶対的剰余価値の生産に2つの形態があったように、この特別剰余価値の生産にも2つの形態が存在する。最初に検討する第1の形態は、最も一般に知られているものであり、ある生産部門内においてある特定の資本のもとで技術革新が生じ、その資本が同じ生産部門内の他の諸資本よりも安い価格でより多くの商品を市場に供給することで発生する。

特別剰余価値の発生
　まず、何らかの特定の消費財（生活手段）を生産しているある特定の生産部門を取り上げよう。その消費財は扇風機でもいいし、パソコンでもいいし、自動車でもいい。そしてその生産部門には、その規模も生産性もほぼ等しいA、B、C、Dの4つの主要な製造業資本が存在するとし（競争条件の同一性）、この4社が供給する商品の総量、たとえば扇風機の総量は市場が必要とする量と一致しているとする（需給の一致）。実際には大小もっと多くの資本が存在するはずだが、ここでは計算を簡単にするために4つにしておく。たとえば、パナ

ソニック、日立、東芝、シャープ、などの大企業を思い浮かべてもらってもよいし、それぞれが 10 の中堅企業を代表していると考えてもらってもよい。

さて、それぞれの資本はその規模も生産性もほぼ同等であると仮定されており、またそれぞれの資本が供給する扇風機の量は市場が必要とする量と一致しているのだから、それぞれの資本は市場が必要とする扇風機のそれぞれ 4 分の 1 を供給していることになる。需給が一致しているので、価値と価格は一致しており、したがって、それぞれの資本が供給する商品の価格はその価値と一致している。もちろん、同じ扇風機といっても、その機能や素材や頑丈さやデザイン等々で異なった価値と価格とを有しているはずだが、ここでも問題を単純化するために、いずれの製造企業もほぼ同じタイプの扇風機を供給していると仮定し、その平均価格をたとえば 1 万円としておく。

1 個あたりの不変資本の価値を 6000 円とし、残り 4000 円が最終製造段階でつけ加えられた価値生産物であるとしよう。さらに平均的な剰余価値率を 100 ％とすると、この 4000 円の価値生産物のうち半分の 2000 円が可変資本となり、残り半分の 2000 円が剰余価値となる。各企業は 1 日あたり 1000 台の扇風機を平均的に生産しているとすると（つまり総計で 1 日あたり 4000 台の扇風機を市場に供給している）、各企業が生産する 1 日あたりの生産物価値は 1000 万円であり、そのうちの 600 万円が 1 日あたりの不変資本価値で、残る 400 万円が 1 日あたりの価値生産物、そのうちの半分の 200 万円が 1 日あたりの可変資本価値であり、残り 200 万円が 1 日あたりの剰余価値だということになる。以上をまとめると以下のようになる。

　生産物価値（1000 万円）＝不変資本価値（600 万円）＋価値生産物（400 万円）
　価値生産物（400 万円）＝可変資本価値（200 万円）＋剰余価値（200 万円）

さてここで、ある資本、たとえば A 社が、何らかの画期的な生産方法を採用することで、単位時間あたりに生産できる扇風機の量を大幅に（たとえば 2 倍に）増やすことができたとしよう。すなわち、1 日あたり 1000 台ではなく 2000 台を生産することができたとしよう。1 台あたりの不変資本価値の大きさも、個々の労働者の労働強度や労働時間も同じだとすると、労働者がつくり出す総価値生産物の量（400 万円）は以前と変わらないが、それは今では 1000

台ではなく 2000 台に配分される。したがって、1 台あたりの扇風機の**個別的価値**は 8000 円に下がるだろう（不変資本価値 = 6000 円、価値生産物 = 2000 円）。総生産物価値は 8000 × 2000 = 1600 万円である。このうち 1200 万円は不変資本価値であり、200 万円が可変資本価値、残る 200 万円が剰余価値である。このように生産性が上昇しても、この個別的価値に含まれる剰余価値の量は以前と何ら変わらない。

さて他の諸資本、すなわち B、C、D は引き続き以前と同じ方法を用いているのだから、それぞれが生産する扇風機の個別的価値は引き続き 1 台 1 万円であり、それぞれが引き続き 1 日に 1000 台を供給している。すなわちその価値総額は 3000 万円である。A 社の供給分と合わせると、市場に供給される総価値額は 4600 万円である（3000 万円 + 1600 万円）。ところで、この商品の**社会的価値**は 4 つの資本が供給する総商品生産物の価値の平均値で決まる。資本 A はこれまでの 2 倍の商品を供給し、他の諸資本は以前と同じ量の商品を供給しているのだから、その総供給台数は 5000 台である。したがって、扇風機の 1 台あたりの社会的価値は、4600 万円 ÷ 5000 = 9200 円になる。そして以前よりも 800 円低いこの 9200 円という価格でなら、以前は 4000 台を吸収した市場が、今では 5000 台を吸収するとしよう（ここでも需給の一致が前提される）。

さて、A 社が自己の商品をこの社会的価値 9200 円で売り出すならば、A 社の 1 日あたりの総生産物価値は 1840 万円となる（9200 × 2000）。総不変資本価値は 2 倍の 1200 万円で、可変資本価値は引き続き 200 万円だから、この資本は総計で 440 万円の剰余価値を獲得する（1840 万円 − 1200 万円 − 200 万円）。そのうち、200 万円はこれまでと同じく通常の剰余価値であるから、その差額 240 万円が追加的に獲得された剰余価値、すなわち**特別剰余価値**となる。

この特別剰余価値は結局、ここでは、個別的価値と社会的価値との差額から生じていることがわかる。1 台あたりのこの差額は 1200 円であり（9200 円 − 8000 円）、それが 2000 台販売されるのだから、1200 円 × 2000 = 240 万である。それが「特別」であるのは、第 1 に、特定の資本にのみ特別に生じるからであり、第 2 に、後で見るように、競争条件が不均衡にある特定の時期にのみ生じるからである。

特別剰余価値の源泉

　ところで、資本Aが獲得するこの240万円の特別剰余価値の源泉は何だろうか？　それは直接的には、この特定の資本のもとで生産性の上昇によって一時的にその価値産出能力を高めたA社の労働者によって生産されたものであると言うことができるだろう。しかし、視野をその生産部門全体に広げるならば、そうした見方が一面的であることがわかる。そこで再度、この生産部門の他の諸資本に目を移そう。

　資本Aが市場において新しい社会的価値の水準である9200円の価格で自社の商品を売りに出すならば、他の諸資本B、C、Dもそれに追随して同じく9200円で売りに出さざるをえないだろう。もし引き続き1万円の価格で売りに出せば、特別のブランドに志向があるのでないかぎり誰もがA社製の扇風機を買おうとするからであり、市場から駆逐されてしまうからである。それゆえ、市場で対等に競争するためには、他の諸資本も9200円で売りに出すしかない。

　ところが、他の諸資本の生産する諸商品の個別的価値は1万円であるから、それを9200円で売りに出すとすると、1台あたり800円のマイナスの剰余価値が発生する。B、C、Dはそれぞれ1日あたり1000台の扇風機を生産しているわけだから、これらの諸資本においては合計で240万円（800円×3000）のマイナスの剰余価値が生じていることになる。

　つまり、生産部門全体に視野を広げるなら、資本Aが入手した240万円の特別剰余価値と、同じ生産部門に存在する他の諸資本が失う剰余価値の合計とは同じ金額になることがわかる。つまり両者は社会的に相殺しあっていることになる。したがって、資本Aは直接的には自己の雇用する労働者から特別剰余価値を引き出しているとしても、結果的にはそれは、他の諸資本が失った剰余価値の移転したものなのである。

　このように、資本Aの入手するこの特別剰余価値は、結果として、他の諸資本が失う剰余価値の事実上の移転なのであるから、このような特別剰余価値を**水平的特別剰余価値**と呼ぼう。それが「水平的」なのは、それが第1に同じ生産部門の他の諸資本との関係で、すなわち水平的なヨコとの関係で生じるからであり、第2にその源泉は事実上、他の諸資本で生じるマイナスの剰余価値だからである。

特別剰余価値の消滅

　しかし資本Aの生産する商品の個別的価値は9200円よりもずっと低いのだから、何も9200円で売りに出す必要はない。シェアをもっと拡大するために、たとえば8500円で売ってもいいし、その場合でも1台あたり500円の特別剰余価値が入手できるだろう。他の諸資本は、自分たちのシェアを維持するためには同じく8500円に引き下げざるをえない。つまり、この場合、1500円ものマイナスの剰余価値が発生している。本来得られる剰余価値は2000円であるから、すでにその4分の3が失われている。

　あるいは資本Aがさらに大胆に値下げを断行して、資本Aの個別的価値である8000円まで引き下げたらどうだろうか？　その場合、資本Aの獲得する特別剰余価値はなくなるが、通常の剰余価値は引き続き獲得できる。しかし、他の諸資本はそこまで価格を下げると通常の剰余価値がすべてなくなってしまうだろう。それゆえ、そのような価格まで下げることはとうていできない。

　それゆえ、各資本はこうした事態を手をこまねいて見ているわけにはいかないだろう。資本Aが導入したのと同じイノベーションを導入することを余儀なくされるだろう。あるいは、同じ効果を持つ別の生産方法や技術を開発するかもしれない。いずれにせよ、やがて他の諸企業もその個別的価値を8000円まで引き下げることができるようになるだろう。あるいは、それができない資本はその生産部門から撤退することになるだろうから、結局はその商品の社会的価値は8000円まで下がるだろう。その時点で社会的価値そのものが8000円の水準になるので、資本Aの生産する商品の個別的価値とその商品の社会的価値との格差はなくなり、資本Aが特別に獲得していた臨時の剰余価値、すなわち特別剰余価値は消滅するだろう。

　こうして、最初の均衡状態へと事態は回帰する。しかし、これで終わりではない。今度は別の資本が新しい画期的な生産方法や技術を導入するかもしれない。その場合には再び、その別の資本に特別剰余価値が発生し、その特別剰余価値をめぐって競争が生じ、こうして再び均衡状態が成立するまで不均衡状態が続くだろう。

　このように資本は絶えず、生産方法や生産手段に何らかの技術革新を引き起こして、商品一個あたりの個別的価値を大幅に引き下げることで特別剰余価値

を得ようとする。できるだけ多くの剰余価値を得ることが資本の使命であり、その生命原理なのだから、資本は、労働時間をできるだけ延長させようとするのと同じ情熱でもって、技術革新にまい進することになる。資本主義社会をそれ以前のすべての経済システムから区別している一つの重大な特徴は、この絶えざる技術革新と、それによる諸商品のたえまない価値下落である。このメカニズムの核心にあるのは、この水平的特別剰余価値を獲得しようとする資本の運動なのである。

☼より進んだ考察☼──特別剰余価値論の形成

　この水平的特別剰余価値の存在については、名称は別にすると、すでにアダム・スミスの『国富論』にもその片鱗が見出せるし、マルクスにあってもそのごく初期の経済学著作である『賃労働と資本』にも一定の記述が見出せる。ただ、『賃労働と資本』においては、「特別剰余価値」という名称が存在していないだけでなく、この剰余価値の理論的性格がいかなるもので、その価値実体が何であるのかについては何も説明されていない。

　その後、マルクスは本格的な経済学研究に没頭するようになり、その最初の成果として、いわゆる「経済学批判要綱」を執筆する（1857～58年草稿）。しかし、この「要綱」においては、個別資本と総資本との原理的一致という方法論（いわゆる「資本一般」の前提）が厳格に採用されたために、他の諸資本に対するある特定の資本の優位性を前提とした特別剰余価値を解くことができなかった。それゆえ、「要綱」では事実上、特別剰余価値論が姿を消している。それはちょうど、競争と資本の部門間移動による平均利潤率の形成という論理が「要綱」では明示的に採用されていないのと同じである。

　しかし、このような厳格な方法的限定は叙述の展開を著しく制約し、非常にわかりにくいものにした。たとえばマルクスは、資本主義における機械の導入の動因を資本間競争や特別剰余価値の追求という論理を介在させることなく説明しようとして相当苦労している。それゆえ、この限定は、「要綱」後に取り組まれた1861～63年草稿においてしだいに解除されていくことになった。そのため、この1861～63年草稿においては、はっきりと特別剰余価値論が復活を遂げることになるとともに、その発生の論理も価値論にもとづいて厳格に展開されている。しかし、そこではまだ特別剰余価値は単に相対的剰余価値を生産する第2の方法として提示されており、その独自性は不明確であったし、また「特別剰余価値（Extramehrwert）」という独自のタームも登場していなかった。

その後に執筆された1863〜65年草稿では、肝心の剰余価値論の部分が残されていないので、この段階での「特別剰余価値」論が具体的にどのようなものであったのかは不明である。かろうじて、第3部の「主要草稿」の中に、「超過利潤」と並べる形で、「Surplusprofit/mehr Werth」という表記が登場しているだけである（新メガⅡ/4-2, S.254）。エンゲルス編集の第3巻では、この部分は「Extramehrwert oder Surplusprofit（特別剰余価値ないし超過利潤）」と修正されているが（KⅢ, 225頁, S.188）、少なくとも1863〜65年草稿の段階ではまだ「Extramehrwert」という用語は成立していなかったとみなすことができるだろう。

しかし、その2年後に出版された『資本論』第1巻の「相対的剰余価値の概念」において、ついに「特別剰余価値（Extramehrwert）」というタームが登場するとともに（KⅠ, 417頁, S.336）、その発生メカニズムが詳細に説明されている。

しかし、この『資本論』第1巻においても、「個別資本＝総資本」という前提は維持されており、この前提に反する状況から生じる特別剰余価値についてはあくまでも、労働力価値がどうしてしだいに減価していくのかを説明するのに必要なかぎりでの理論的補足として述べられているにすぎない。それと同じく、この特別剰余価値が必要労働時間の短縮によって生じていると不正確に説明され、したがってそれは相対的剰余価値の一種であると説明されている。

しかし、マルクス自身の以上のような理論的発展を踏まえるならば、特別剰余価値論を単なる理論的補足としてではなく、絶対的剰余価値および相対的剰余価値と並ぶ剰余価値の主要な3つの方法の1つとしてより自立的に扱うべきであろうし、その理論的性格も相対的剰余価値の一種としてではなく、絶対的剰余価値と相対的剰余価値との中間的性格を持った独自の剰余価値であると位置づけるべきだろう。

2. 水平的特別剰余価値Ⅱ──部門間特別剰余価値

この水平的特別剰余価値は同じ生産部門内においてしか発生しないわけではない。『資本論』を含む通常の解説では、特別剰余価値（水平的特別剰余価値）は同じ生産部門内で、同じ種類の商品を生産する諸資本の中でのみ発生することになっている。これを**部門内特別剰余価値**と呼ぶとすれば、ある資本が既存の諸商品とは大きく異なる新商品を開発し発売する場合には、部門間でも特別剰余価値は発生しうる。それを**部門間特別剰余価値**と呼ぼう。

新商品と部門間特別剰余価値の発生

このような新商品は、これまで存在しなかった潜在的な需要に応えるものであ

るか、あるいは資本主義によって新たに創出された欲求を満たすものである。資本主義的商品生産はもともと、既存の商品を資本主義的に生産するか、あるいは商品として供給されてはいない既存の生産物を商品化することで、まずは成立する。しかし、資本主義がしだいに発展していくにつれて、資本はこれまで存在しなかったような新商品を次々に開発し、それへの欲求を掻きたて、新しい市場を開拓していく。たとえば、既存の商品に対する市場に大きな限界があり、その部門ではそれほど事業の拡大が十分に望めない場合に、新商品ないし新部門の開拓が精力的に追求されるだろう。そして、広告などの手段を通じて、それらの新商品をできるだけ労働者にとって必要不可欠なものであるかのように思わせるあらゆる努力をしようとするだろう。しかしそれだけでなく、新商品の発売を通じて部門間特別剰余価値が発生することも、そうした新商品ないし新生産部門開拓の原動力となっている。

　ではどのようにして部門間で特別剰余価値が発生するのか？　新商品を開発して発売し、それが一定の需要を喚起したとしよう。このとき、この新商品の価値は何によって決まるのだろうか？　さしあたりそれは、他のすべての諸商品と同じく、その商品を生産するのに必要だった費用と労働によって、したがって過去労働を含む総労働によって規定される。しかし、この商品を開発するのに要した費用と労働とはこの商品を生産するのに必要だった費用と労働のうちに入らないのだろうか？　当然入るし、入らなければならない。なぜならそのような研究開発なしには新商品を生産することはできなかったからである。だが、それにかかった費用と労働は、実際に生産される新商品のどれだけの分量に配分されるのだろうか？

　複雑労働の場合には、生涯労働年数という客観的基準が存在しており、その年数にはそれほど大きな変動は存在しない。だが、新商品の場合は、それがどれだけの期間、特別の新商品としての地位を維持するのかにかかっている。新商品を開発した企業は、研究開発費用をできるだけ短期間で回収しようとするだろう。この新商品に対してはまだ競争相手がそもそもいないのだから、その商品の価格を本来の価値水準まで下げる競争圧力は存在しない。つまり一種の独占状態にある。それゆえ、この企業は、その商品の直接的な価値に一定の追加額を足して価格を設定するだろう。そしてこの追加額は、市場の状況などを

一定の判断材料にしながらも、かなりの程度、企業の側の主観や思惑に左右される。他の競争相手がまだ登場していないこの黄金期にできるだけたくさん稼ごうとし、できるだけ短期間に研究開発費を回収するだけでなく、それを超えて追加的な剰余価値をも稼ごうとするだろう。そしてそのために特許や知的所有権などの法的制度をも利用して独占的利益をも稼ごうとするだろう。これもまた一種の特別剰余価値であり、水平的な特別剰余価値の一形態である。

部門間特別剰余価値の源泉と消滅

では、この特別剰余価値の源泉は何だろうか？　それは明らかに、この同じ生産部門内の他の諸資本が失う剰余価値ではない。なぜなら、その生産部門にはこの資本しか存在しないからである。だが、何らかの新商品が登場することで、市場のかなりの部分を失う生産部門が他に存在する。それはその新商品と、用途や効用などがかなり重なる旧来の商品を生産している生産部門である。自動車は馬車生産部門を一掃し、エアコンは扇風機生産部門を縮小し、テレビはラジオ生産部門を著しく縮小し、CDはレコードとその再生機の生産部門を一掃し、パソコンはワープロ生産部門を一掃し、DVDはVHSとその再生機の生産部門を、PHSはポケベル生産部門を一掃し、携帯電話はPHS生産部門を、スマートフォンは旧型の携帯電話生産部門を著しく縮小した。

このように新商品は、それが広く市場に受け入れられる場合には、その用途と効用の点で重なる旧来の商品を生産している生産部門の諸資本にマイナスの剰余価値を発生させるのであり、こうして、結局、新商品の直接的な価値部分や研究開発費をも上回って生じる追加的な剰余価値は、他の生産部門におけるマイナスの剰余価値によってある程度相殺されるのである。

しかし、このような独占状態はいつまでも続かない。部門内特別剰余価値の場合と同じく、この新商品が市場で売れるとなれば、他の諸資本もこの部門に参入してくるだろう。後から参加する資本はしかも、先行資本の新商品を参考にすることで、研究開発に費やす費用を大部分節約することができる。他の諸資本もこの新商品を大量に生産し市場に出すことになれば、結局、新商品の価格は、その商品を再生産するのに必要な労働によって規定される本来の価値の大きさへと収斂していく。こうして、新商品の独占的販売によって稼ぎ出され

るこの部門間特別剰余価値もまた消滅するのである。

3. 垂直的特別剰余価値Ⅰ——複雑労働力の価値

　これまで水平的特別剰余価値について説明してきた。『資本論』も通常の解説書のたぐいも、特別剰余価値をこのタイプのものに還元しており、したがって、水平的特別剰余価値（部門内特別剰余価値）が特別剰余価値そのものとして提示されている。しかし、これは特別剰余価値の一つのタイプにすぎない。特別剰余価値にはもう一つのサブカテゴリーが存在する。次にそれについて説明しよう。

複雑労働と複雑労働力
　この第2のタイプの特別剰余価値を理解するためには、実は本書の第3講で説明した複雑労働の還元問題を思い出してもらう必要がある。
　複雑労働とは何だったか？　それは直接的な生産的労働をするためにはあらかじめ長期にわたる訓練と修業を積んで、特定の熟練ないし技能を獲得する必要のあった労働である。それゆえ、複雑労働が直接に何らかの商品を生産した場合、その商品の価値には、訓練と修業のために費やされた労働と費用とが、生涯労働年数に応じて比例配分されて加算されることになる。商品の価値には、その生産に社会的に必要なすべての労働が入るのだから、複雑労働によってはじめて生産しうる商品の場合には、複雑労働形成のための労働と費用もまた、その価値の中に入らなければならない。
　以上の議論は単純商品生産を前提としたものであるが、労働力がそれ自体一個の商品となる資本主義的商品生産の場合はどうなるのだろうか？　その場合、複雑労働を形成する修業と訓練の過程と、実際に複雑労働者として複雑労働を行なって商品を生産する過程とが分離され、独立した商品所有者（資本家と労働者）間の売買関係によって媒介される2つの異なった過程になる。単純商品生産においてはこの両者は連続した一個の経済的過程を構成していた。親方のもとで修業を積み、一人前の職人になったら、その複雑労働でもって自己の裁量と責任のもとで商品生産を行なうのである。しかし、資本主義において

は、何らかの特殊な熟練ないし技能を身につけた労働者は、何らかの商品の生産に従事する前に、資本家のもとに行って、資本家に自己の**複雑労働力**を商品として購入してもらわなければならない。

そして、この複雑労働力の価値には、特定の熟練ないし技能を獲得するのに要した費用と労働とが反映していなければならない。そうでなければ、誰もそのような熟練や技能を身につけようとしないだろうし、資本家は労働市場でそれを見出すことはできないだろう。いわば、技能習得に必要だった労働と費用（過去労働）とは、複雑労働者の労働力のうちに価値として対象化され、（その技能が維持されているかぎり）価値として保存される。そして、この複雑労働者は、資本家のもとで商品生産を行なう際に、自己の技能のうちに対象化されている価値、すなわち**技能価値**を、その商品生産物のうちに少しずつ移転させるのである。

技能価値の移転

このメカニズムは生産手段ないし不変資本の価値移転のメカニズムと本質的に同じである。生産手段なしには生産物を生産することができないとすれば、その生産物を生産するのに必要な労働という概念のうちには、当然ながら、生産手段を生産するための労働も含まれることになる。しかし、生産手段の生産と、それを用いた生産物の生産とは、資本主義のもとでは普通は連続した同一の過程ではなく、独立した商品所有者間（資本家と資本家）の売買関係によって媒介された2つの過程である。それゆえ、生産物の価値に、生産手段の価値が反映するには、その生産手段を生産的に用いることで生産手段価値が生産物価値に移転するというメカニズムが必要になる。この移転を行なうのが、労働者の具体的有用労働だった。労働者の労働は、その具体的有用労働としての性質において不変資本の価値を生産物に（流動資本の場合は一度に、固定資本の場合は少しずつ）移転させ、その抽象的人間労働としての性質において新たな価値を生産物につけ加えるのだった。

同じメカニズムは複雑労働力のうちに含まれている技能価値に関しても言える。どんな複雑労働力といえども、もともとは**単純労働力**だったのであり、その単純労働力としての一般的能力に特殊な技能を加えてはじめてそれは複雑労

働力となるのである。この技能は一種の内在的生産手段であって、その生産には種々の労働（修業労働と養成労働）と費用とがかかっている。それは一個の労働生産物であって、したがって潜在的に価値を持つ。この技能を用いて何らかの商品を生産しない場合には、この潜在的価値は価値として顕在化することはないが、この複雑労働者が一人前になってから資本のもとで複雑商品を生産してそれが市場で販売される場合には、この技能価値は労働力価値に明示的に反映することになる。

　たとえば、技能を獲得するのに費やされた費用と労働が総計で1750万円だとすると、この1750万円は、複雑労働者の生涯賃金によって補塡されなければならず、したがって、この1750万円をこの労働者の生涯労働年数で割った値が年々の労働力価値に入らなければならない。この生涯労働年数をたとえば35年とすると、年々の労働力価値には50万円ずつが入ることになる。そして、この労働力価値に含まれている技能価値が商品の価値に反映するためには、通常の生産手段の場合と同じく、そこに含まれている価値が少しずつ生産物に移転しなければならない。

　このように、複雑労働者の労働は、その特殊な具体的有用労働としての性質において、通常の生産手段のみならず技能という内在的生産手段の価値をも生産物に移転させ、その普遍的な抽象的人間労働としての性質において、生産物に新たな価値をつけ加えるのである。

　こうして見ると、実は単純労働も複雑労働も、抽象的人間労働としては同一であり、したがって強度などの諸条件が同じであれば、同じ時間内に同じだけの価値を生産していることがわかる。しかし、両者は自己のうちに体現されている技能の価値に大きな差があり、単純労働者の場合はその技能価値はかぎりなくわずかであるのに対し、複雑労働者の場合はその技能価値が有意に大きい。それゆえ、価値創造量において両者は同一であっても、価値移転量において大きな違いがあるので、結果的に複雑労働者の方が単位時間あたりにより多くの価値を対象化していることになるのである。

　たとえば、1日あたりの複雑労働力の価値を1万2000円とし、この労働力価値のうち技能価値に相当する部分が2000円だとしよう。さらにこの労働によって本源的に創造される価値の大きさが1時間あたり2500円だとし、この

労働者は1日8時間労働するとしよう。すると、この複雑労働者は、単純労働者と同じく1日あたり2万円の価値を生み出しつつ、自己の労働力のうちに合体されている技能の価値2000円を生産物に移転させる。したがって、この複雑労働者が対象化する価値の大きさは、不変資本価値を別とすれば、2万2000円だということになる。単純労働者の場合は、その価値生産物は2万円のみである。複雑労働の価値形成力が単純労働よりも大きいのは、その本源的な価値創造量がより大きいからではなく、単純労働と同じだけの価値を創造しながら、技能の価値を移転させているからなのである。

4. 垂直的特別剰余価値II——熟練解体による特別剰余価値

熟練解体の結果

さて、このような複雑労働力は、資本主義が最初に既存の労働過程を包摂した時点では、かなり普遍的に存在していたが、資本主義の発展とともに、そして生産過程の機械化によって、この熟練はしだいに解体されていく。その具体的な様相については第11講で見るとして、ここで重要なのは、この熟練解体によって複雑労働の価値形成力と複雑労働力の価値にどのような変化が生じるのかである。

言うまでもなく、熟練の解体を通じて複雑労働が単純労働化するならば、もはや、ある生産物を生産するのにあらかじめ複雑労働力を形成しておく必要がなくなるのであり、したがって複雑労働力に追加される技能価値はしだいに消失し、したがって生産物価値に移転される価値も消失していく。この両者は同じ大きさなので、複雑労働が単純労働化することによって、その価値形成力と労働力価値とは同じだけ減少することになる。

先の例で言うと、複雑労働が単純労働化することによって、その労働力価値は1万2000円から1万円に減少し、かつその価値形成力も2万2000円から2万円に減少する。どちらも2000円分下落している。

では剰余価値はどうなっているのか? 複雑労働の場合、その1日あたりの労働力価値が1万2000円で、1日あたり2万2000円の価値を形成するのだから、剰余価値は1万円である。剰余価値率は、1万÷1万2000円であるから、

約83％であった。しかし、熟練が解体されて複雑労働が単純労働化すると、労働力価値も価値形成力もともに2000円ずつ下がるのだから、1日あたりの労働力価値は1万円で、1日あたりに形成される価値は2万円であるから、剰余価値はさっきと同じ1万円である。ただし、剰余価値率は、1万円÷1万円であるから、100％に上がっている。すなわち、ここでは剰余価値率が上昇しても剰余価値量は同一なのである。

このように、熟練を解体して労働力価値を引き下げても、それ自体としては剰余価値を増大させないことがわかる。マルクスは『資本論』において、熟練が解体すれば労働力価値が下がるので、その分、剰余価値が増大すると述べているのだが（KⅠ, 460頁, S.371）、それは間違いであることがわかる。増大するのは剰余価値率であって剰余価値量ではない。

熟練解体による特別剰余価値の発生

いま見たように、熟練の解体が一般に生じる場合には、労働力価値も価値形成力も同じだけ下落するので剰余価値は増大しない。しかし、水平的な特別剰余価値の場合のように、このような熟練の解体が、ある特定の資本においてのみ先駆的に生じた場合はどうなるだろうか？ この場合、やはり一種の特別剰余価値が発生する。これが特別剰余価値の第2形態である。

たとえば、何らかの複雑労働を用いて商品を生産しているある生産部門において、他の諸資本がすべて旧来通り熟練労働者を雇用して生産物を生産しているのに、ある特定の資本は先駆的に新しい生産方法や機械を導入することによって、旧来の熟練を用いなくても同じ商品を生産することができるようになったとしよう。ここではとりあえず、問題を簡単にするために、単位時間あたりの商品生産量は同じだとしよう。しかし、たとえ単位時間あたりの生産量が同じでも、この特定の資本においては、熟練が解体し価値形成力が減った分だけ商品の個別的価値は下がっている。しかし、その商品の社会的価値はこの資本が生産する商品の個別的価値だけで決定されるのではなく、いまだに旧来通り複雑労働を用いて商品を生産している他の諸資本の個別的価値との加重平均によって決定される。したがって、その社会的価値はこの特定の資本の個別的価値よりもずっと高いであろう。したがって、この特定の資本は自己の商品を社

会的価値で販売することができるのであり、その差額は特別剰余価値となる。

しかし、ここで気をつけてほしいのは、この場合に特別剰余価値が発生しているのは、労働力価値が単純労働力の価値水準まで引き下げられているのに、商品の価値がその個別的価値まで引き下げられていないからである。したがって、ここでの特別剰余価値の源泉は他の諸資本がこうむるマイナスの剰余価値ではなく、自らの支配下にある労働者のこうむる労働力価値の引き下げである。それゆえこの特別剰余価値は、基本的には資本・賃労働関係という垂直的な関係、すなわちタテとの関係で生じているのであり、それゆえそれを**垂直的特別剰余価値**と呼ぶことができるだろう。商品の価値をその個別的価値まで引き下げなくてよいのは、水平的特別剰余価値の場合と同じく他の諸資本との水平的なヨコの関係のおかげなのだが、この特別剰余価値の源泉そのものは垂直的な、タテの関係によるのであり、労働力価値そのものの減価なのである。

この特別剰余価値も、他の諸資本が同じように熟練を解体していけば、やがて商品の社会的価値はその個別的価値まで下がるので消失する。この点は水平的特別剰余価値と同じである。

最初に水平的特別剰余価値を検討した際には熟練の解体の可能性は捨象されて生産力の増大だけが前提され、逆に垂直的特別剰余価値を検討した際には生産力の増大の可能性が捨象されて、熟練の解体だけが前提された。しかし現実の技術革新においては、しばしば生産力の上昇と熟練の解体とが同時に起こるだろうし、その場合、それを先駆的に行なった資本にあっては、水平的特別剰余価値と垂直的特別剰余価値とが同時的に発生するだろう。資本は、このように、水平的ないし垂直的な特別剰余価値の獲得をめざして、絶えず技術革新を生産過程に導入して、ますます生産力を増大させ、熟練を解体していくのである。

第10講　剰余価値生産の3つの形態III
―― 相対的剰余価値の生産

　本講では、剰余価値生産の3つの形態のうち最後のものである相対的剰余価値の生産について説明しよう。

1. 絶対的剰余価値と相対的剰余価値の概念

　相対的剰余価値の生産は、その「相対的」という修飾語から明らかなように、絶対的剰余価値の生産と対になった剰余価値生産の形態である。剰余価値の生産をあえて2つに分けるとすれば、それは絶対的剰余価値の生産と相対的剰余価値の生産の2つに分かれるのであって、特別剰余価値の生産は両者を媒介する中間形態であるにすぎない。したがって、相対的剰余価値を概念的に理解するためには、何よりも絶対的剰余価値との対比を通じてそうしなければならない。

定義に対する第1次接近
　そもそも剰余価値とは何であったか？　それは、労働力価値を上回って労働者によって生産された新たな価値が資本家によって領有されたものである。つまりここでは、2つの異なった量が剰余価値の大きさを規定している。すなわち、労働者が生産過程において生み出す価値の絶対量と、労働者の労働力価値の大きさである。前者は「価値生産物」のことを指しているので、より簡潔に表現すれば、剰余価値の大きさは、価値生産物の大きさと労働力価値の大きさによって規定されている。したがって、さしあたって、剰余価値を増大させる方法は、労働力価値の大きさを一定として価値生産物の絶対量を増やすことと、価値生産物の絶対量を一定として労働力価値の大きさを減らすことの2つが想定しうる。きわめて大雑把に言えば、前者が絶対的剰余価値の生産であり、後者が相対的剰余価値の生産である。これが、絶対的剰余価値と相対的剰余価値の定義に対する第1次接近である。

『資本論』やその解説書では、労働力価値も価値生産物も労働時間タームに還元した上で（この場合、当然にも労働強化による剰余価値生産の位置づけがあいまいになる）、この第1次接近による定義を絶対的剰余価値と相対的剰余価値の定義そのものとして採用している。すなわち、絶対的剰余価値とは、必要労働時間を一定として労働日を延長することによって生産される剰余価値であり、相対的剰余価値とは逆に労働日を一定として必要労働時間を短縮することによって生産される剰余価値のことである。『資本論』の言葉によればこうだ——「労働日の延長によって生産される剰余価値を私は絶対的剰余価値と呼ぶ。これに対して、必要労働時間の短縮とそれに対応する労働日の両成分の大きさの割合の変化とから生じる剰余価値を私は相対的剰余価値と呼ぶ」（K I, 415頁, S.334）。以上を図式化すると以下のようになる。

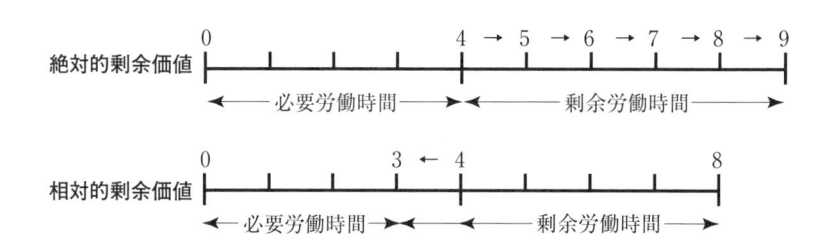

```
              0                    4 → 5 → 6 → 7 → 8 → 9
絶対的剰余価値 ├──┼──┼──┼──┼──┼──┼──┼──┼──┤
              ←── 必要労働時間 ──→←────── 剰余労働時間 ──────→

              0           3 ← 4                    8
相対的剰余価値 ├──┼──┼──┼──┼──┼──┼──┼──┤
              ←─ 必要労働時間 ─→←────── 剰余労働時間 ──────→
```

上の図の最初のものは、必要労働時間を4時間という一定の大きさにした上で、労働日全体が4時間から5時間へ、さらに6時間、7時間、8時間、9時間へと延長されるさまを表現している。この延長に応じて剰余労働時間もまた、1時間、2時間、3時間、4時間、5時間と増大していく。それに対して第2の図は、総労働日の長さを8時間という一定の大きさにした上で、必要労働時間の長さを4時間から3時間へと短縮させている。これによって、剰余労働時間もまた4時間から5時間へと増大している。

定義に対する第2次接近

だが、標準労働日の成立を前提とするならば、このような規定は維持しえないものとなる。なぜなら、標準労働日が成立するならば、それを超えて労働時間を延長させると、少なくともそれに比例して追加賃金が発生し、したがって

労働力価値の大きさも増大するからである。さらに労使交渉などを通じて個別に、あるいは産業別に確立される標準強度を前提するならば、労働強度の増大によっても労働力価値の増大が想定しうるからである（実際には資本家はたいていその分を支払わずに済ますのだが）。

したがって、労働力価値の大きさないし必要労働時間の長さを一定として、労働日を延長させることという絶対的剰余価値の定義は修正される必要がある。他方で、労働者が生産過程の中で生産する価値量が絶対的に増大するならば、それと比例して労働力価値が増大しても、剰余価値は増大しうるのである。したがって、労働力価値の一定という条件は何ら絶対的剰余価値が生産される条件ではないことがわかる。

以上の点を踏まえて、標準労働日の成立を前提とした上で絶対的剰余価値と相対的剰余価値とを再定義する必要がある。標準労働日ないし標準強度を超えて労働者の支出する労働量の絶対的増大に比例して労働力価値が追加的に増大すると想定するならば、絶対的剰余価値とは、剰余価値率を一定として、労働者の支出労働量を絶対的に増大させることによって、したがって労働者によって創出される価値量を絶対的に増大させることによって生産される剰余価値であると規定することができる。

それに対して、相対的剰余価値は、労働者の支出労働量ないし労働者によって創出される絶対的価値量を一定として、労働力価値を（個別的にではなく）全般的に低下させることによって生産される剰余価値であると再定義することができるだろう。「個別的にではなく」と強調するのはもちろんのこと、垂直的特別剰余価値においては個別的に労働力価値の減価が起きているからである。それが相対的剰余価値であるためには、労働力価値の減価は全般的なものでなければならない。以上が、絶対的剰余価値と相対的剰余価値との定義に対する第2次接近である。

このように再定義することによってはじめて、一方を「絶対的」と規定し、他方を「相対的」と規定する意味もはっきりする。労働力価値と剰余価値との相対的関係（すなわち剰余価値率）が一定のままでも、労働者の支出労働量ないし生産価値量が絶対的に増大することで生じるのが絶対的剰余価値であり、労働者の支出労働量ないし生産価値の絶対量が一定のままでも、労働力価値と

剰余価値との相対的関係が変わることによって生じるのが相対的剰余価値なのである。

以上を図式化すると以下のようになる。直線という表現では労働時間を表現できるが労働強度を表現できないので、以下の図では円グラフを用いている。以下の円グラフにおいて、白い部分が労働力価値であり、グレーの部分が剰余価値を現わしている。

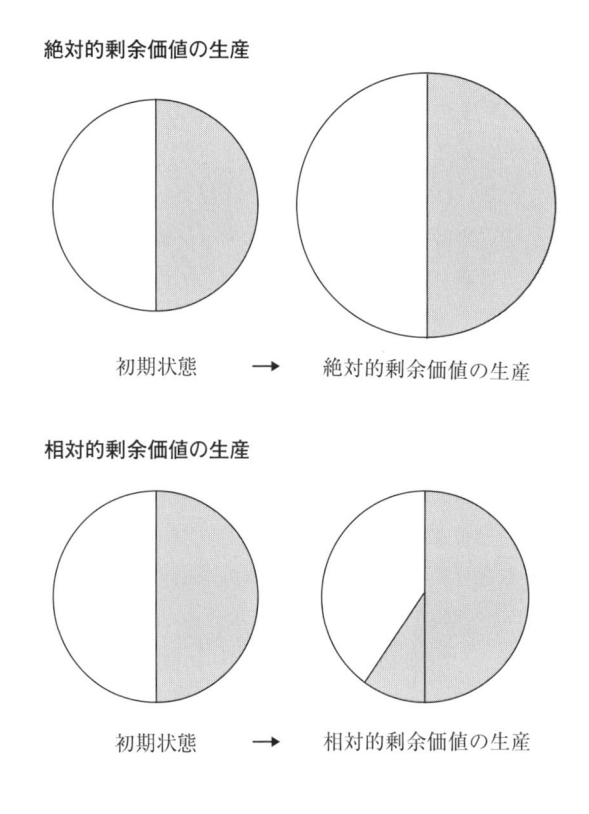

絶対的剰余価値の生産

初期状態　→　絶対的剰余価値の生産

相対的剰余価値の生産

初期状態　→　相対的剰余価値の生産

以上の図においては、前者は、労働者によって生み出された価値生産物が労働力価値と剰余価値とに分割される相対的な割合（白とグレーとの割合）が一定のままでも、円の大きさ（労働者が生み出す価値量＝価値生産物）そのものが絶対的に増大すれば、剰余価値（グレー）もまた増大することを示している。後者は、労働者が生み出した価値生産物の絶対的大きさが一定のままでも、こ

の価値生産物が労働力価値と剰余価値とに分割される割合が変われば、やはり剰余価値（グレー）が増大することを示している。

標準労働日と標準強度を前提にするならば、この第2次接近がより厳密な絶対的剰余価値と相対的剰余価値の定義である。

2. 間接的な相対的剰余価値の生産

では次に、より具体的に相対剰余価値の生産について見ていこう。相対的剰余価値生産にも、他の2つの剰余価値生産と同じく、2つの異なったタイプが存在する。すなわち、**間接的な相対的剰余価値**（あるいはより簡潔に**間接的剰余価値**）と**直接的な相対的剰余価値**（あるいはより簡潔に**直接的剰余価値**）がそれである。そして、この相対的剰余価値の2つのタイプはどちらも特別剰余価値の生産と密接不可分に結びついている。まずは、一般に相対的剰余価値そのものとみなされている間接的な相対的剰余価値の方から見ていこう。

間接的剰余価値の発生条件

水平的な特別剰余価値の生産で見たように、資本はたえまなく生産力を上昇させ、単位時間あたりに生産される商品量をできるだけ増大させ、こうして諸商品の価値をたえまなく引き下げようとする。

資本主義以前においても、長期的に見れば少しずつでも生産力の上昇は生じていたが、それはごくわずかなものであった。基本的に、資本主義以前の社会においては、人々は、先祖伝来の方法でもって手工業や農業を営んでいたのであって、同じやり方が厳格に親から子へと、あるいは親方から弟子へと伝えられていったのである。しかし、資本主義においては、絶えず価値増殖していく無限の運動体としての資本が生産を包摂することで、特別剰余価値の獲得をめぐって絶えず技術革新を起こし、単位時間あたりに生産される商品量を絶え間なく増大させ、商品の価値を持続的に引き下げる運動を展開することになる。価値増殖の無限の運動はこうして、技術革新と商品の大量生産と商品価値引き下げの無限の運動へと転化するのである。

このような運動の結果、あらゆる商品の価値はしだいに下がっていくだろう。

このことの結果として、労働力という商品の価値もしだいに下がっていくことになる。なぜなら、労働力の価値は、労働力を形成する直接的な労働だけでなく、労働力の生産と再生産に必要なさまざまな商品の価値によっても規定されているからである。たとえば、労働力の価値を構成する第1の要素である必要生活手段について見てみよう。この必要生活手段の総価値量は、それを構成する種々の消費財の全般的な価値水準に、したがってその物価水準によって規定されている。特別剰余価値を目指す諸資本の絶えざる競争を通じて生産財の価値も消費財の価値も全般的に継続的に下がるだろうし、生産財の価値低下は、それが消費財の生産過程に入るかぎりでは、結局、消費財の価値低下に結びつくだろう。

　したがって、このような必要生活手段の全般的な価値低下という回り道を通じて、労働力価値も全般的に低下しうる。しかし、気をつけよ！　必要生活手段の全般的価値低下はただちに労働力の現実的な価値低下をもたらすわけではない。というのも、第7講で労働力価値について説明したときに述べたように、必要生活手段の範囲と水準とは労働者および社会全体の意識水準や文化水準などにも依存しているからである。したがって、必要生活手段の価値が全般的に低下したとしても、それがただちに労働力価値の現実的低下に結びつくのではなく、それは、労働者がより多くの、あるいはより高価な必要生活手段を享受することを可能とするものになるかもしれない。また資本は、前講で部門間特別剰余価値について論じたときに指摘したように、既存の商品の価値低下を絶えず追求するだけでなく、絶えず新商品をも生み出そうとし、それを労働者の必要生活手段の範囲に入れようと努力する。このこともまた、労働者の必要生活手段の範囲や種類を広げることに寄与する。

　労働者の実質賃金は絶対的に固定されているというドグマにもとづくのでもないかぎり、必要生活手段の全般的価値低下という事実からただちに労働力の全般的価値低下という結論を因果的に引き出すことはできないはずである。生産力の上昇による必要生活手段の全般的価値低下は、ただ労働力価値の全般的低下を可能とする必要条件を形成するだけである。それが現実化するには、別の条件が必要になる。

間接的剰余価値の発生メカニズム

　したがって、必要生活手段の全般的価値低下と労働力の全般的価値低下との関係は、労働者階級という生きた自己意識ある主体的存在を前提するならば、大雑把に言って次のような経過をたどるだろう。

　まず最初に、諸資本による絶え間ない生産力上昇運動を通じて必要生活手段を含む諸商品の全般的な価値低下が起こる。しかし、この時点では、これはむしろ労働者がその賃金によって購入しうる商品の量と多様性とが拡大することとして現象するだろう。また、この価値低下の波が奢侈品にまで及ぶのなら、以前は労働者の手に入らないと思われていた諸商品がその価値低下を通じて労働者の一般的な欲望の対象になり、最終的に必需品の範疇に入るかもしれない。かつてテレビは一部の比較的裕福な者だけが入手しうる贅沢品であり、近所に１台というレベルであったが、テレビの価値低下によって、急速に一家に１台というぐらい必需品になっていった。このように、商品の全般的な価値低下は、労働力価値の低下をただちに生むのではなく、むしろ逆に、労働者の平均的な生活欲求や文化水準を引き上げることにつながりうるし、労働者がその生活を豊かにすることをも可能にする。ここでは、現実にはまだ下がっていない労働力の価格（賃金）と、潜在的に下がっている労働力価値とのあいだに構造的ズレが生じている。

　また、この段階は同時に、資本家にとっては、自分たちが以前よりも大量に生産し販売するようになった諸商品、および新たに生産するようになった諸商品の市場が確保されることをも意味しており、資本家にとっても——彼が商品の売り手であるかぎりは——けっしてマイナスではない。それどころか、資本はあらゆる手段を通じて労働者にできるだけ多くの商品を必要と思わせ、それらを買わせようと努力する。

　しかし、他方では資本家は、労働力という特殊な商品の買い手でもある。一般的商品の売り手としては、資本家は労働者が財布により多くの貨幣を持っていて、しかも財布のヒモがゆるいことを心から望む。しかし、労働力商品の買い手としての資本家は、労働力商品の価格ができるだけ低いことを望み、したがって労働力が社会的にできるだけ大量に、できるだけ安いコストで生産されることを望む。このように資本はまったく矛盾した衝動を抱えている。だが、

労働者の側も黙ってはいない。すでに獲得された生活水準、すでに獲得されたさまざまな文化水準をおめおめと手放すことはできないし、それこそが労働者の本来の生活水準、文化水準であると主張するだろう。
　こうして、相対的に高く維持されている労働力価格と潜在的に下がっている労働力価値とのギャップを埋めようとする階級的攻防が生じる。このギャップを埋める方向は主として2つある。前者を後者にまで引き下げるか、後者を前者にまで高めるか、である。
　資本家は、まだ相対的に高く維持されている労働力の価格を引き下げて、すでに潜在的に下がっている労働力価値に接近させることでこのギャップを埋めようとする。賃金の名目額を直接引き下げたり、とくに日本の場合には低賃金の非正規雇用に切り替えたり、労働強化をしながらそれに見合って賃金を上げない、などである。他方、労働者は、相対的に高く維持されている労働力の価格をそのまま維持し続け、あるいはいっそう高い労働力価格をさえ実現しようとし、そうすることで、その労働力価格で実現される生活水準・文化水準こそが労働者の本来の生活水準であることを社会全体に承認させようとする。それに成功するならば、労働力の価値そのものが、相対的に高く維持されている労働力の価格にまで引き上げられることになるだろう。
　労働力の価格と価値とのあいだのこのギャップをめぐる階級的攻防は、社会的承認の契機を媒介として、どちらか一方にいたるか、あるいはその中間のどこかの地点に落ち着くだろう。基本的に労働者の側が勝利した場合には、相対的剰余価値は発生しないかわずかしか発生しないだろう。これは、労働者の生活水準の恒常的な上昇期として現象する。こういう時期は歴史的に実際に存在したが（たとえば戦後の高度経済成長期）、しかし、資本と賃労働とのあいだの根本的な権力的・経済的不平等ゆえに、このような時期はいつまでも続かない。やがて資本は一致団結して反転攻勢に出て、名目的に高く維持されている労働力価格を、潜在的に下がっている労働力価値の水準へと集中的に引き下げようとする時期がやってくる。典型的には今日の新自由主義の時代がそうであり、ここにおいて相対的剰余価値は全社会的規模で集中的に発生することになる。
　このように、相対的剰余価値の発生は、しばしば、このような集中的形態をとるのであって、したがってそれを実現するには、個々の資本家の努力だけで

なくて、資本家階級全体の努力が、そしてしばしば国家権力をも動員した策動（労働法の改悪や争議に対する弾圧、等々）が必要になるのである。これを相対的剰余価値生産のための**階級戦略**と言う。

そして、もちろんのこと、両者の中間状態も存在する。すなわち、名目的に高く維持されている労働力価格と、潜在的に引き下げられている労働力価値とのあいだのどこかの地点で妥協が成立することである。この場合、労働者の生活水準の上昇と相対的剰余価値の発生とが同時に起こるだろう。

ブレイクタイム　下がる賃金と増え続ける企業の儲け

　日本ではこの 20 年近く、賃金はほとんど上がらないかむしろ下がり続けている。とくに 1997 年以降、賃金はほぼ一貫して下がり続けた。資本金 10 億円以上の大企業を対象とする統計では、労働者の年平均賃金（非正規労働者を含む）は 1997 年度の 446 万円をピークにしてその後 15 年間下がり続け、2012 年度には 377 万円と、70 万円も下がっている。その最大の要因は正規労働者の賃金低下と非正規労働者の急増である。2013 年 7 月に総務省が発表した数字によると、非正規社員は全体で約 2043 万人となり、はじめて 2000 万人を突破するとともに、雇用者に占める割合も 38.2% と過去最悪を更新した。非正規の割合はこの 20 年で 16.5 ポイントも増大している（『日本経済新聞』2013 年 7 月 13 日付）。その一方で大企業の利益剰余金（内部留保）は 1990 年度の約 60 兆円から 2012 年度の約 130 兆円へと倍増している（『しんぶん赤旗』2013 年 9 月 29 日付）。これを見れば明らかなように、社会的なレベルで大規模に相対的剰余価値が発生し、富が労働者から大企業へと移転したのである。

相対的剰余価値の地理的形態

　本書の第 3 講で商品の価値規定に関する補足的説明をしたときに、価値の時間的・地理的差異についても説明した。時間的差異とは生産力水準の変化による価値水準の変化のことであった。これは、すでに見たように、それが必要生活手段を含む諸商品の全般的な価値低下となる場合には、間接的な相対的剰余

価値の源泉でもあった。では、空間的・地理的差異についてはどうか？　これも、時間的差異の場合と同じく、間接的な相対的剰余価値の源泉になりうる。

　今日のグローバリゼーションの時代においては、この形態での相対的剰余価値はきわめて普遍的であるとさえ言える。いわゆる100円ショップに行くと、野菜や加工食品などの食べものやさまざまな日用雑貨などは一通り何でもそろうし、時には、こんなものまで100円なのかと驚くようなものまでが売られている。これらの商品のほとんどは中国か東南アジアから輸入されたものであり、そこでの低い物価水準と極端に低い賃金にもとづいて生産されたものが、日本に大量に輸入されているわけである。これらのもので日々の必要生活手段を調達するならば、ひと月にかかる生活費はかなり低く抑えられるだろう。現在、日本の企業が非正規労働者に押しつけている低賃金は、このような安い輸入品を前提としているのであり、このようにして日本の資本家たちは間接的な相対的剰余価値を稼ぎ出しているのである。同じく、日本で物を生産する場合でも、その部品や機械を中国や東南アジアから格安で輸入することができれば、同じくそれは結果的に消費財の価格減につながるのであり、したがって相対的剰余価値の生産に寄与するだろう。

　このように、資本は、時間的のみならず地理的な価値差をも利用して、間接的な相対的剰余価値を稼ぎ出す。労働者からの抵抗が弱ければ弱いほど、また国家による規制が弱ければ弱いほど（そして日本はそのどちらも極端に弱い）、資本はそれこそあらゆる手段を駆使して賃金を低水準にとどめて、相対的剰余価値を産出しようとするだろう。これは無制限の長時間労働を強いるのと同じく、資本の内在的本質であり、労働者は組織的な抵抗をしないかぎり、どこまでも低賃金を押しつけられるのである。

3. 直接的な相対的剰余価値の生産

　必要生活手段の価値引き下げによる相対的剰余価値の産出は、相対的剰余価値生産の最も基本的な方法である。しかし、相対的剰余価値を生産する方法にはもう一つある。それは、生活手段価値の全般の低下という回り道を経ることなく、直接的に労働力価値を引き下げることによって相対的剰余価値を生み出

す方法、すなわち直接的な相対的剰余価値の生産である。

熟練解体による相対的剰余価値の生産

　まず熟練の解体によってこの直接的な相対的剰余価値が生じるかどうか検討しよう。すでに述べたように、熟練が解体することによって、たしかに労働力価値は減価する。マルクスはそれゆえ『資本論』において、熟練の解体によって直接的に相対的剰余価値が発生するとみなしていた。しかし、特定の資本においてだけでなく、熟練の解体が他の諸資本にも一般化すれば、労働力価値が下がったのと同じだけ労働の価値形成力も下がってしまうので、結局、熟練の解体によっては直接的には相対的剰余価値は発生しないことがわかる（ただしそれによって生産される商品の価値は下がるので、すでに見た間接的な相対的剰余価値は発生しうる）。では、熟練の解体によってはけっして直接的剰余価値は発生しないのか？

　実を言うと、ある特定の技能を身につけるのに必要だったさまざまな修業や訓練は、それだけで成り立っているわけではない。職人たちが長い訓練を経てある一定の技能を身につけるためには、彼らはそうした技能を支えるより広い知的・文化的教養を必要としたのであり、そうした知的・文化的教養を身につけるのに必要だった費用と労働は、労働力価値の中の精神的・文化的要素を構成している。一般的に高い素養と文化水準の上にはじめて特殊的で専門的な知識や技能も習得できるのであり、実際、かつての熟練工たちはそうした広い知識や文化的教養を積極的に身につけていた。この点については、イギリス労働者階級の形成に関する大著を書いたE・P・トムソン（トンプソン）や独占資本における労働過程の変容に関する著作を書いたハリー・ブレイヴァマンの研究に明らかである。この種の費用は特定の技能に特殊に必要であるわけではないので、技能そのものの価値には入らないのだが、それでも労働力価値一般の中には入っている。

　しかし、熟練が解体されて、複雑労働が単純労働化され、労働者が機械の付属物の地位に落ちていくにしたがって、そうした広い知的・精神的・文化的教養も無用のものとされていく。技能の価値分が減るだけでなく、それに加えて、労働力価値一般の中に入っていた広い知的・文化的教養を身につけるための費

用も消失し、その分の価値も引き下げられていく。こうして、必要生活手段の価値低下（あるいは安い生活手段の輸入）という回り道を経ることなく、労働力価値が直接的に引き下げられることによっても相対的剰余価値は発生するのである。

ところで、この剰余価値生産にあっては、先に見たように、剰余価値率が上昇するだけでは、また単に労働力価値が下がるだけでは、相対的剰余価値は発生しえない。ここでは、労働力価値のどの部分が下がるのかが問題になる。労働力価値のうち技能価値部分が減っても、その分、価値形成力も下がることになるので、相対的剰余価値が発生するためには、それ以外の労働力価値部分が低下しなければならない。技能価値部分以外の労働力価値は、基本的にはすべての労働者の労働力価値に共通する部分であるとも言えるから、それを**本源的労働力価値**と呼ぶことにしよう。相対的剰余価値が発生するのは、あくまでもこの本源的労働力価値が全般的に低下した場合のみである。

それゆえ、相対的剰余価値の生産に関する定義はさらに限定される必要がある。すなわち、相対的剰余価値とは、労働者の支出労働量ないし生み出される絶対的価値量を一定として、本源的労働力価値が全般的に低下して、それによって剰余価値率が上昇することで生産される剰余価値であると。これを相対的剰余価値の定義に対する第3次接近であるとみなすことができるだろう。第2次接近との違いは、全般的に低下する労働力価値が本源的労働力価値としてより厳密に規定されたことだけであり、したがって、この点を忘れさえしなければ、われわれは今後とも、基本的に第2次接近における絶対的剰余価値と相対的剰余価値の定義を用いることができるだろう。

その他の諸方法

直接的な相対的剰余価値を産出する方法はこれだけではない。必要生活手段の価値低下という回り道を経ることなく、労働力価値を直接に引き下げうる方法はすべて直接的な相対的剰余価値を生み出すことができる。たとえば、典型的なのが**児童労働**を用いることである。

児童労働は現在ではおおむね法律で禁止されているが、世界的には、国連やユニセフが毎年警告しているように、今日でも膨大に存在しているし、歴史的

に見れば、先進資本主義諸国でさえかなり最近まで児童労働が大量に用いられていた。成人労働を児童労働に置きかえることは、労働力価値を直接的に引き下げることができるので、直接的剰余価値を生産する重要な手段となる。

さらに、熟練が解体すると、かつては成人男性労働者に限定されていた賃労働者の中に大量に未熟練の女性労働者が参入するようになる。かつて家事労働者として家庭内にとどまっていた女性労働者が賃労働時間を捻出するには、家庭内での男女同権や社会福祉が充実していないかぎり、家事労働時間を合理化し圧縮しなければならなくなるだろう。これもまた労働力価値の直接的な引き下げに寄与する。なぜなら、家事労働も労働力価値を構成しているからである。

地理的な価値体系の差を利用するパターンも存在する。たとえば、資本がより賃金の安い外国に進出して、現地の低賃金労働者を雇って生産する場合は、本国で労働者を雇う場合によりも低い労働力価値を支払うだけでよいのであり、そこで安く生産したものを、相対的に賃金の高い国に輸出すれば、進出企業は相対的剰余価値を直接に獲得することができるだろう。

あるいは、資本が外国に行くのではなく、外国の低賃金労働者を国内に「輸入」したり、あるいは逆に自国の労働者を外国に「輸出」する方法もある。前者についてはよく知られているので（とくに、昨今では、外国人研修制度を悪用して、「研修」の名の下に労働者を最低賃金以下で働かせている事例が存在する）、後者について紹介しておこう。たとえば、必ずしも日本で生産活動をする必要のない職種の場合（ソフト開発やアプリ開発など）、パソコンとインターネット環境さえあれば世界のどこででも仕事をさせることができる。そこで、たとえば、ソフト開発の能力をもった日本人労働者を東南アジアに派遣し、そこでの安い物価体系（とりわけ安い家賃）とそこでの低い賃金水準を前提にした相対的に低い賃金を支払い、日本にいたときと同じ仕事をさせるのである。この場合、まさに労働者をモノ扱いして相対的剰余価値を直接に抽出しているわけである。

直接的剰余価値をめぐる攻防

間接的な相対的剰余価値をめぐって資本と労働との間に階級的攻防があったように、この直接的な相対的剰余価値の生産においても資本と労働との間で攻

防が存在しうる。たとえば、熟練の解体と単純労働化による労働者の知的・文化的教養の引き下げについてだが、労働者はこのような事態をただ手をこまねいて見ていたわけではない。大規模な機械化の中で、当初、労働者は熟練が解体する中で一方的に労働力価値の引き下げに甘んじていたが、やがて、不熟練労働者をも巻き込んで賃金水準を守る闘争が起こっただけでなく、労働者に一定水準の教養を身につけさせるための国民教育の運動も起こった。

これはとくに、児童労働との関係で切実なものになった。労働者がまだ8歳や10歳という若年から1日中、資本のもとで重労働に従事させられることは、労働者の知的・精神的水準を著しく引き下げて、大規模な精神的・肉体的荒廃を生み出すことになった。このような事態を防ぐことは、労働者階級そのものの自己保存、自己防衛のためにも必要だった。こうして、この攻防は、単に成人労働者の賃金水準を守るだけでなく、児童労働を制限ないし禁止して、学校に行って教育を受ける子どもの権利を認めさせ、学校に行くためのさまざまな環境を整えさせるという運動にも結びついていった。

あまりに長すぎる労働時間が社会的に非難を浴びたように、過酷な児童労働の実態は、労働者階級の範囲を大きく超えて、社会的非難の対象となり、また人権問題にもなっていった。こうして、ここでも労働者の階級闘争と社会的承認を媒介として、児童労働の法的禁止、あるいは少なくとも児童労働に対するより厳しい労働時間規制、学校に通う権利、などが法的に認められていったのである。これは、直接的剰余価値を生産する最も確実な手段の一つを制限することになった。

したがって、この直接的剰余価値生産においても、間接的な場合と同じく、資本主義の発展とともに剰余価値は機械的に増大していくのではない。労使間の階級的攻防を通じて、また一般的な人権水準や社会的な意識水準を媒介としてはじめて、相対的剰余価値が現実に発生し、あるいは制限されるのである。

4. 剰余価値の総量

以上、剰余価値生産の3つの形態についてそれぞれ詳しく説明してきた。最後に、以上を踏まえて、個々の資本によって獲得される剰余価値の大きさにつ

いて量的側面から総括しておこう。ただし、特定の資本だけが一時的に獲得する特別剰余価値については捨象する。

　個々の資本が獲得する剰余価値の総量は、各労働者から引き出すことのできる剰余価値量に充用労働者数を掛けた値である。これを数式で簡単に表現しておこう。まず個々の労働者から引き出すことのできる剰余価値量を式で表そう。その際、通常の剰余価値率（m´）を用いると数式が複雑になるので、ここでは、剰余価値率そのものではなく、労働者によって新たに生産された価値量（価値生産物）のうち剰余価値の占める割合を**価値分割率**と呼び、それを「α´」という記号で表わすとしよう。m´は「$\frac{m}{v}$」だが、α´は「$\frac{m}{v+m}$」である。また1日あたりに個々の労働者が生産する価値量を l としよう。そうすると、個々の労働者から抽出される個別的剰余価値量（m）は次のような式で表現することができる。

　　m = l × α´

　この式は、剰余価値の量をたった2つの変数の積で表現しており、したがって、どちらか一方の変数の変化によるものとしてそれぞれの剰余価値を規定することができる。すなわち、絶対的剰余価値とは、α´を一定として l を増大させることで産出されるものと定義することができ、相対的剰余価値は、l を一定としてα´を増大させることで産出されるものと定義することができる。

　次に、一個別資本が入手できる剰余価値の総量を「M」で表現すると、このMは個別的剰余価値量（m）に充用労働者数（n）を掛けることで得られる。この場合、労働日は、個々人の「一日あたりの労働時間」という「線」的な存在を超えて、空間的に同時に相並んで存在するものとして把握することができる。これを**同時的労働日**と呼ぶ。したがって、次のような総剰余価値量の式が成立するだろう。

　　M = m × n

　この式に先の式を代入すれば、以下の式が得られる。

　　M = l × α´ × n

『資本論』では、総剰余価値量を規定するのは剰余価値率と充用労働者数という「2つの要因」とされているのだが、以上の式から明らかなように、実際には、総剰余価値量（M）を規定するのは、個別的剰余価値量（m）と充用労働者数（n）という2つの要因なのであり、前者は、剰余価値率（m´）に還元されるのではなく、支出労働量（l）と価値分割率（α´）という2つの要因によって規定されるのである。

さらに、労働者の支出労働量（l）は、第3講で見たように、労働時間（t）と労働強度（i）との積で規定されるので（l = t × i）、先に見た総剰余価値量式は以下のようになるだろう。

$$M = t \times i \times α´ \times n$$

したがって、結局、個別資本が獲得する総剰余価値量は上の4つの要因によって規定されていることになる。

第11講　生産様式と労働者統合

　前講で見たように、資本が獲得する剰余価値の総量（M）は、労働者1人あたりから抽出される個別的剰余価値量（m）に充用労働者数（n）を掛けることで算出できる。しかしながら、このような抽象的レベルでの計算式にあっては、あたかも、nにどのような任意の数を入れてもこの式が成立するように見えるし、また単純にnを増大させていけば、Mも機械的に増えるかのような外観を帯びる。しかし実際には、これまで述べてきたことから明らかなように、資本主義的生産が成立するのに必要な最低限の労働者数というものが存在するし、また生産の具体的な方法、生産の技術水準、労働者の熟練の水準、その具体的な配置や編成、こうしたものが明らかにならないかぎり、nを機械的に増やしたからといって実際に剰余価値の量を増やすことができるとは言えない。

　そして、このような具体的な生産方法や技術や労働編成をさしあたり**生産様式**と呼ぶとすれば、資本の運動原理にふさわしい生産様式がどのように形成されるのか、そしてそれに伴って賃労働者の地位がどのように変化していくのかが、本講での議論の中心となる。

1. 労働の形式的包摂と実質的包摂

　資本主義システムのもとでの生産様式の発展について説明する前に、一般に「生産様式」という概念についてごく簡単にでも説明しておく必要があるだろう。

2つの生産様式

　マルクスは、資本主義という経済社会体制を指すのに、「資本主義」という言葉そのものはほとんど使わなかった。彼はほとんどもっぱら「資本主義的生産様式」と表現するか、単に「資本主義的生産」と表現した。そこには、生産

の特殊歴史的なあり方こそが特定の歴史時代における支配的な経済社会システムの編成原理を形成するのだという考えが見出せる。しかし、マルクス自身は「生産様式（独 Produktionsweise, 英 mode of production）」という言葉を生産の特殊歴史的なあり方という以上には明確に定義しなかったし、ましてや総論的な解説をしなかった。

しかし、生産の特殊歴史的なあり方と言っても、2つの異なった意味で理解することができるし、マルクス自身もそういう使い方をしている。まずもって、「生産様式」は、古代奴隷制的な生産様式、封建的な生産様式、資本主義的な生産様式、というように、歴史的に成立した全体としての社会経済システムを区別しうるような生産の根本的あり方を意味する。このような意味での生産様式を**歴史的生産様式**と呼ぶことにしよう。

しかし、同じ歴史的生産様式であっても、その具体的な生産方法、労働の具体的な編成、具体的な技術水準、労働手段、動力、素材、等々が常に同じというわけではない。最初は過去の歴史的生産様式のもとで発展した既存の生産方法や技術的手段等々が受け継がれるが、やがてそれは、新たに支配的になった歴史的生産様式の編成原理にふさわしいものへとつくり変えられていく。とくに資本主義は、第9講と第10講で見たように、絶え間なく生産方法や技術的手段を変革していくことで生産力を恒常的に上昇させていくシステムである。だとすれば、資本主義という同じ歴史的生産様式のもとでも、生産の具体的あり方はしだいに変容していくことがわかる。そしてその変容の方向はけっしてでたらめでも偶然でもなく、資本主義的生産関係にとってより適合的なものへとつくり変えられていくのである。

何らかの歴史的生産様式のもとで存在するより具体的な生産のあり方、その編成様式や技術的手段等々を総括して、**物質的生産様式**と呼ぶことにしよう。新たに成立した歴史的生産様式は、過去の歴史的生産様式から引き継いだ既存の物質的生産様式に働きかけ、それを自己自身の内的原理により適合的なものへとつくり変えていくことで、安定した存在になることができるのであり、またそれによってつくり出された生産力は歴史的生産様式を支える物質的基盤にもなるのである。

形式的包摂から実質的包摂へ

　歴史的に新たに成立した資本主義的生産関係はさしあたり、それ以前の歴史的生産様式のもとで存在していた旧来の物質的生産様式を自己のうちにほぼそのままのかたちで包摂する。生産の仕方も、技術水準も、用いられる道具や原料も、すべてさしあたりは過去のものを受け継ぐ。ただ違うのは、それが資本主義的生産関係のもとに置かれていること、したがって、その道具も原料も生産者のものではなく資本家のものであり、生産者は今では二重に自由な労働者として賃金と引き換えに資本家のために労働を行ない、生産された生産物は労働者のものとはならずに、資本家のものになるということだけである。このような段階の包摂を、資本による労働過程の**形式的包摂**という。

　たとえば、職人が道具と原料とを資本家から貸し与えられて、賃金と引き換えに、以前と同じく自宅か自分の作業場で引き続き仕事を行なうような場合、これは、生産関係だけが資本主義的であるだけで、物質的生産様式の方は以前とほとんど変わらず、したがって生産力も以前と同じままだろう。このような労働の仕方は、資本主義のごく初期の段階で見られたし、今日においてもかなり廃れたとはいえ内職という形態に見られる。しかし、このような形式的包摂によって可能となる剰余価値の生産は外延的な絶対的剰余価値の生産だけだろう。生産物1個あたりの作業単価を恐ろしく安くすれば、生活費を稼ごうと思えば相当長い時間労働しなければならなくなり、そのようにして確実に剰余価値を稼ぐことができるわけである。だが、この場合、作業量も作業テンポも労働者の裁量にかなり委ねられている。

　実際に剰余価値の種々の形態を発展させることで、剰余価値を本格的に獲得しようと思えば、労働者を資本の直接の指揮下に置いた上で、労働過程そのものを資本主義的なものへとつくり変えなければならない。このような段階の包摂を、資本による労働過程の**実質的包摂**と呼ぶ（ただし労働者を資本の直接指揮下に置くだけではまだ実質的包摂ではない。直接指揮下に置くことは実質的包摂のための単なる前提条件にすぎない）。これは、いわば資本主義的生産関係の物質化であり、その空間化である。

　ここで気をつけるべきなのは、形式的包摂から実質的包摂への資本の運動は単線的なものではないということである。むしろ資本の包摂運動は二重である。

資本は一方では、その包摂空間を絶えず外的に拡張していきながら、つまりこれまで非資本主義的な形で営まれていた領域をしだいに資本主義的なメカニズムの支配の下に取り込んでいきながら、他方では、すでに包摂した領域をしだいに資本主義的な原理により合致したものへと絶えず作り変えていくのである。そして、両過程は相互に促進しあう関係にある。たとえば、資本主義的生産過程に包摂される領域が広がれば広がるほど、資本主義的生産に必要なさまざまな生産手段や労働力を調達しやすいだろう。また、逆に実質的包摂の水準が高ければ高いほど、よりいっそう容易に外的領域を資本のもとに包摂することができるだろう。

2. 資本主義的協業

次に、資本が労働を実質的に包摂していく具体的な過程について、生産様式の諸変遷を明らかにすることを通じて見ていこう。

実質的包摂の出発点としての協業

資本家は労働者から剰余価値を確実に搾取するためには、つまりその剰余労働時間を確実に領有するためには、労働者を空間的に包摂しなければならない。その第一歩は、多数の労働者を同一の空間（工場、オフィス、農場、工事現場など）に集合させ、同一の資本家（ないしその代理人）の指揮ないし監督のもとで集団的労働を行なわせることである。これを**協業**と呼ぶ。協業それ自身は古代奴隷制の社会でもあったし、自営農においても家族による協業は存在した。しかしここで検討するのはそのような協業一般ではなく、できるだけ多くの剰余価値を抽出し賃労働を支配するための手段としての資本主義的協業である。

この形態の最初の段階においては、物質的生産様式の変化という点で言えば、形式的包摂の段階からほんのわずか異なるだけであり、とくにその最初の段階では、ただ量的規模が変化するだけであるように見える。しかしこのごく初期の段階においても次のような重大な変化が生じる。

まず第1に、多くの労働者が資本家ないしその代理人による直接の監督下に置かれることによって、剰余労働時間を含む労働時間の厳格な押しつけ、労働

の一定の強度と連続性の維持、資本家にとっての効率性、等々を確保することができる。剰余価値は何よりも、労働者の労働日の一部が資本家によって領有されることで生産されるが(労働過程の**時間的包摂**)、このような時間的包摂は、資本主義的協業を通じた労働過程の**空間的包摂**によってはじめて物質的に現実化するのである（したがって、絶対的剰余価値を形式的包摂に、相対的剰余価値を実質的包摂に機械的に対応させる見方が一面的であることがわかる。どちらの剰余価値も、資本による労働過程の実質的包摂によって初めて真に実現されるのである）。

そもそも、資本主義によって包摂される以前は、都市の職人たちの労働時間と生活時間とはそれほど厳密に分離してはいなかったし、労働そのものも労働者自身の裁量にかなり左右されていた。労働時間と生活時間とが厳密に分離し、その労働時間において、資本によって許可された休憩時間（後にこれは法律でも保障されるようになるが）以外は常に一定の（しかもかなり高い）テンポで働くというような労働スタイルは、協業という資本主義的生産様式によって初めて可能になったのであり、それも最初のうちはけっして簡単ではなかった。このような労働様式を押しつける過程はしばしば激しい抵抗を伴ったのであり、それは独立職人を資本主義的賃労働者へとつくり変える**階級的規律化**の過程でもあった。

第2に、生産手段を共同で使用することによる生産手段の節約という効果が得られる。わかりやすいように、現代のオフィスから一例を取ると、ある労働部門において高性能コピー機が不可欠であるとすれば、個々人が自分の家ないし作業場に高価なコピー機を設置するよりも、共同の事務所の中に1台だけコピー機を買い入れて集団で共同使用したほうがはるかに出費を節約することができるだろう。これは商品生産物の価値を相対的に引き下げることに役立つ。

第3に、同じ空間内で労働をすることによって、労働者たちは相互のスキルやよりよい方法を学びあうことによって、効率性を高めることができるだろう。これもまた商品生産物の価値を相対的に引き下げることに寄与する。

第4に、資本家は多数の労働者を同じ空間内に集合させて労働させることで、単に労働の平均的な質と量とを確保することができるだけでなく、労働者同士を比較し、労働者の中で競争を組織し、作業効率や作業スピードなどに関して

高位平準化を実現することができる。たとえば、その集団の中の最も効率性が高い労働者の作業スピードにあわせるよう他の労働者たちに圧力をかけるのである。しかしいったん全体がこの水準に達してもそれで終わりではない。資本家はそこからさらにより高い基準を労働者集団に課するだろう。この絶えず高まっていく基準についていけない労働者は排除され、解雇されるだろう。こうして、この労働集団の平均的な作業量と作業効率とを意識的かつ系統的に高めることができるようになり、ますます多くの剰余価値を労働者から抽出することができるようになるのである。

したがって、資本主義における「平均」という概念は階級中立的な数学的概念などではない。それは、一方では単位時間あたりの作業量を絶え間なく引き上げることと、他方ではその引き上げについていけない労働者を絶えず排除することによって成り立つ、優れて階級的な概念なのである。

消極的協業と積極的協業

同じ資本家（ないしその代理人）の監督下で基本的に同じ作業を行なう労働者集団という形態は資本主義的協業の最もプリミティブな形態であり、これを**消極的協業**と呼ぼう。協業のこの消極的段階でもすでに述べたようにさまざまな「効果」を発揮しうるのだが、しかし協業という形態は、集団でないとできないタイプの労働を行なう場合には不可欠の形態となる。重いものを数人で協力して運ぶ場合や、季節的ないし時期的に集中して行なわなければならない作業を一斉に行なう場合である。これを**積極的協業**と呼ぶとすれば、これは「協業」という言葉によりふさわしい、本来の協業であるといえる。

また、この積極的協業は、生産様式の次の段階への、すなわち**分業**と**マニュファクチュア**への架け橋にもなる。なぜなら、労働者集団が一個の有機的な全体として労働を行なう場合には、通常、その内部で何らかの機能的分離もまたただちに生じるからである。たとえば、大きな重いものを集団でいっせいに持ち上げるとき、そのどの部分を担うかという点においてすでに一定の「分業」が潜在的に起こっている（**水平均的分業**）。またその重いものを持って運ぶ際には、持ち手の位置の違いから、前を向いて歩くもの、後ろを向いて歩くもの、横歩きするものなどの相違が当然に生じるだろう。しかし、このような「分業」

は一時的ないし瞬過的であり、また他の人の作業形態との違いはごくわずかである。

指揮管理機能の二重性

　この積極的協業においては、実際に作業を行なう者たちと、それを指揮する者との分業も生じている（**垂直的分業**）。重い荷物を運ぶときに、「せーの」とかけ声をあげて全体を指揮する者がある程度自然発生的に必要になる。集団が大規模になればなるほど、また作業内容が複雑であればあるほど、それを全体として統合し指揮し監督し調整する等々の労働（これを**指揮管理労働**と総称しておく）が必要になり、この指揮管理労働を専一的に担う指揮管理者が機能的に一定必要になってくる。そして資本主義的生産過程においては、このような指揮管理者は必然的に資本家ないしその代理人が担うことになる（ただし初期の段階では、次の第12講で見るように中間搾取者がしばしばその役割を担っていた）。こうして、資本主義的な指揮管理機能はそれ自体独自の二重性を帯びることになる。すなわち、一定規模以上の協業において必ず必要になる指揮管理の生産的機能と、労働者を統制し支配しできるだけ多くの剰余労働時間を確保するための階級的機能である。

　それでは、このような資本主義的指揮管理者が行なう「労働」は価値を生むのだろうか？　資本主義的指揮管理者は、一方では共同作業において必然的に必要とされる指揮管理労働を担っているかぎりでは、生産的労働者の一員でもあり、したがってその労働は価値を生む。しかし他方で、それが労働者に対する搾取と労働強化を確実にするために階級的に機能するかぎりでは、その労働は何ら価値を生まない。両者は現実には不可分一体となっているので、客観的には測りがたいが、理論的にはこのように考えることができる。

集団的労働者と集合的空間

　協業の発達は単に、生産手段を節約したり、競争を組織したりすることをもたらすだけではない。それは、この生産様式にふさわしい労働者のあり方と労働空間のあり方をも規定する。

　労働が協業的なものになることによって、労働者は**個別的**労働者から**集団的**

労働者（あるいは**全体労働者**）の一員となる。協業が消極的な段階である場合には、この集団的労働者はただ個別的労働者の集合体であるにすぎない。しかし、協業が消極的なものから積極的なものになるにつれて、集団的労働者は単に寄せ集め的で集合的なものから有機的で相互依存的なものへと発展していく。たとえば集団で物を持ち上げるとき、もはや労働者は単独では労働者として意味をなさないのであり、物を持ち上げる集団全体の一分子としてのみ労働者としての役割を果たしうる。このような労働のあり方を**結合労働**と呼ぶ。

このような結合労働は、後で見る分業とマニュファクチュアにおいていっそう高度な発展を遂げるが、その最初の段階はこの積極的協業において見られるのである。そして、この労働者集団が独自につくり出す生産力はこの集団的力によるものであるが（**集団的生産力**）、資本家はあくまでも個々の労働力に対価を支払うのであって、この労働力が結合することで生じる集団的生産力に対して支払うのではない。両者の差額は資本家によって獲得される無償の贈り物となる。

また、多くの労働者が一つの空間に集められて共同の作業を行なうかぎりで、独自の集合的な労働空間である**作業場**（workshop）が必要となるのであり、これは資本による空間的包摂にとっての物的な器となる。この作業場はそこで行なわれる生産規模が大きくなるにつれて、**工場**（factory）としてより自立した形態を持つようになり、後で考察する機械制大工業においては大工場へと物的により自立した形態を持つようになる。

この空間は指揮管理機能が二重であるのと同じく二重である。すなわちそれは、どのような生産関係のもとであっても一定規模の生産が生じれば必要になる機能的空間であると同時に、資本による排他的な支配権が行使され、他者からの干渉なしに労働者を搾取する階級的空間でもある。そこではしばしば、法的ルールを含む市民社会の諸ルールや人権的規範が蹂躙され無視される（「民主主義は工場の門前で立ちつくす」）。

3. 分業とマニュファクチュア

具体的な生産様式のあり方として2番目に検討するのが、分業であり、歴史

的にマニュファクチュアと呼ばれるものである。資本主義的生産様式としての「分業とマニュファクチュア」が発達していなくとも、つくられる生産物が複雑なものである場合には（たとえば、時計や武具や家屋など）、技術的な必要性から一定の分業がなされるのは必然であり、中世や近世においてもそうした分業は都市部でかなりの発達を遂げていた。しかし、ここで問題となるのは、できるだけ短時間に大量の商品をできるだけ安価に生産するための分業であり、したがってできるだけ多くの剰余価値を生産するための資本主義的分業である。

協業の一形態としての分業

すでに述べたように、積極的協業のうちには水平的分業の萌芽が見られるが、それはあくまでも一時的なものにすぎず、それをどの労働者が担うかは偶然的であった。しかし、生産様式としての「分業とマニュファクチュア」にあっては、このような機能的分離は固定化され、特定の労働者がそれぞれの機能に排他的に配置され、それがその労働者の終身の機能となる。これが独自の生産様式としての「分業とマニュファクチュア」である。これは、各部品がそれぞれ独立の工程で生産されて最後に一個の完成品へと組み立てられる**異種的マニュファクチュア**と、連続した一連の工程を順次通って最終的に完成品になる**有機的マニュファクチュア**とに分かれる。これはちょうど協業における消極的協業と積極的協業との区分に相当する分業の区分である。

スミスは『国富論』でいきなりこの「分業とマニュファクチュア」から議論をはじめているのだが、マルクスは『資本論』ではあえて「分業とマニュファクチュア」の前に「協業」という項目を置いて、それについて詳しく論じている。というのも、分業は実際には「協業にもとづく分業」なのであって、協業の一形態に他ならないからである。分業が協業の一形態として規定されるかぎりで、分業を伴わない協業は**単純協業**として再規定される。協業は資本主義的生産様式の基礎であり、その普遍的共通性であるとともに、特殊な協業である分業との対比においては単純協業として特殊化されるのである。

たとえば、労働者が集団でお互いに協力しあって労働をするというのが積極的協業であるが、この「お互いに協力しあって」という側面が最もはっきりと

したものになるのは、それぞれが全体労働の一側面のみを担っている場合であろう。たとえば、ある生産物を生産するのに５つの工程が必要であるとして、その５つをそれぞれ別の労働者が担っている場合、それぞれの労働者は自分が担当している工程だけでは何ら生産物を完成させることができないのだから、彼らは単純協業の場合よりもはるかに相互に密接に協力しあっていることになる。分業は協業の一形態であるというだけでなく、協業の協業性そのものをいっそう発展させるのである。

このような**工場内分業**は協業を質的に高度化させるだけではなく、量的にも協業の規模を飛躍的に拡大する。たとえばある工程が５つの工程に分割されてそれぞれ別の労働者に担われるとすると、それだけですでに少なくとも５人が必要最小限の労働者数になるだろう。だが、各工程はその難易度の違いなどによって、必要な労働人数に大いに差があるだろう。たとえば、工程Ａに１人、工程Ｂに２人、工程Ｃに３人、工程Ｄに４人、工程Ｅには５人が必要だとすると、合計で15人が最低でも必要になり、これが労働者数の基本単位になる。そして生産規模を拡大するには、この基本単位に比例させて労働者を増やすことが必要である。ここからもわかるように、分業においては、任意に充用労働者の数を増やすことで剰余価値量を増やすことはできないのである。

次にこの各工程をより詳しく見てみると、それぞれの工程において単純協業が再現していることがわかる。たとえば、工程Ｂに配置された２人の労働者は同じ作業を同じ資本家の下で同じ空間で行なうのだから、まさに単純協業が、しかもその消極的形態がここでは再現されていることになる。単純協業はむしろこのような分業の一分肢として存在するのである。

独自に資本主義的な生産様式

アダム・スミスが『国富論』の中で驚嘆しているように、分業とマニュファクチュアは強力な生産力上昇をもたらした生産様式上の一大革命だった。それは本来の意味で資本主義が生みだした生産様式であり、マルクスはこれを「**独自に資本主義的な生産様式**」と呼んでいる。資本主義的協業もそうした独自に資本主義的な生産様式の一種ではあるが、それ以前の生産様式との違いは微妙であるし、単純協業がそれ自体として生産様式の歴史的一段階を形成するとい

うよりも、社会の中で部分的に現われるか、あるいはむしろマニュファクチュアの中で再現されるのである。しかし、マニュファクチュアは異なる。それは資本主義の独自の産物としてはっきりと時代を画したのであり、それゆえスミスは何よりもこの生産様式に注目したのである。

マニュファクチュアが生産力を上昇させることができたのは、一方では、全体としての生産工程をいくつもの部分的工程に分割し、その諸工程に特定の労働者を固定することで、その特定の作業に習熟することを容易にし、またその技能に特化させることでその水準そのものをも引き上げることができたからである。他方では、そのそれぞれの工程に特化した専門的な工具が開発され、それがさらに労働生産性を引き上げるのに寄与したからでもある。

かつて労働者は、諸工程全体に習熟しないかぎり一人前の労働者とみなされなかったが、今では特定の工程に習熟するだけで一人前の労働者とみなされるようになる。たとえば、ある商品生産物を生産するのにAからEまでの5つの工程が存在し、Aの工程に習熟するのに平均で半年、Bの工程に習熟するのに1年、Cの工程に習熟するのに1年半、Dの工程に習熟するのに2年、Eの工程に習熟するのに同じく2年かかるとしよう。これらすべての工程に習熟しなければならないとすれば、労働者は合計で7年の修業を積んではじめて一人前の労働者になることができるだろう。しかし、それぞれの工程に労働者が特化するならば、Aの工程に特化した労働者はわずか半年で一人前の労働者となり、最も長い時間を要するDとEの工程に特化した労働者でも2年で一人前の労働者となることができる。かつては7年かけてしか労働者を再生産することができなかったのに、今では半年から多くて2年以内で労働者を再生産することができる。このような熟練の解体を**熟練の水平的解体**という。これは一方では、労働者の労働力価値を引き下げるとともに、労働可能人口を相対的に増大させることができるだろう。

労働者の階層化と指揮監督者の階層化

このように難易度の異なるさまざまな工程に労働者が特化されることで、まず第1に、労働者は特定の工程しか行ないえない**部分労働者**となり、資本主義的マニュファクチュアの機構の歯車とならざるをえない。したがって、その機

構の外部ではもはや一人前の労働者として自立化することができず、資本への従属が形式的のみならず実質的にも進展する。第2に、労働者間に階層が生じることになる。半年で習熟できる工程に特化している労働者は事実上、単純労働者となり、2年で習熟できる工程に特化している労働者は引き続き技能労働者、複雑労働者とみなされるだろう。これは労働者を分断し、労働者間の団結をはばむだろう。そして実際、その後の労働組合の多くはこのような細かく分割された職能ごとに組織されることになった。

　このような階層化は、実は指揮監督者の内部でも生じる。工場内分業が発達すればするほど、全体としての協業の規模もまた大きくなるだけでなく、各工程を指揮監督するそれぞれの指揮監督者が必要になるので、これらの異なった諸部門の指揮監督者を統制するより上位の指揮監督者も必要になるだろう。こうして、指揮監督者の内部でも垂直的分業が発生し、より複雑な上下関係、指揮命令系統が生まれる。そうなると、もはや資本家が指揮監督者を兼ねることはしだいに不可能になり、しだいに、指揮監督者自身が雇われ管理労働者によって代替されるようになる。

4. 機械制大工業

　すでに述べたように、マニュファクチュアは資本主義的生産様式の発展における独自の歴史的段階である。しかし、このようなマニュファクチュア段階がすべての国において普遍的に出現するとはかぎらない。後から資本主義的システムに参入した後発資本主義国は、しばしば、このマニュファクチュア段階を飛び超してより発達した生産様式を採用することができ、最初から高いレベルで資本主義的生産を開始することができる。では、マニュファクチュア段階を超えた独自に資本主義的な生産様式とは何か？　それこそマルクスが『資本論』で大部の頁を費やして論じた**機械制大工業**である。資本主義の歴史的使命の一つは、まさにこのような機械制大工業を世界的に普及させることで生産力を飛躍的に高めることにある。

機械の性格とその発達

　マニュファクチュアは、一方では、複雑で有機的な全体をなしている生産過程を複数のより単純な諸工程に分割し、他方では、それぞれの工程に特化した専門的工具を開発することによって、機械化に向けた道を切り開く。機械は、分割された諸工程のうち相対的により単純な工程を最初にとらえるのであり、そこでの単純労働を初期段階の機械によって置き換えるのである（**初期機械化**）。

　初期の単純な機械は、**原動機**、**伝導機**、**作業機**の3つの部分によって構成されているが（今日ではICチップなどの情報統合部分や電気系統やモニターなどによってより複雑なものになっている）、初期機械化において決定的だったのは、相対的に単純化された作業を機械的な動きに置き換える作業機の発達だった。しかし、この作業機の発達は、それを動かす原動機によって制約されている。人力や水力や風力などによって動かせる作業機の大きさと数、その動かすスピード、その動きの均一性はたかが知れている。石炭を燃やすことで生まれる蒸気の力を制御して強力で均一なエネルギーを作り出した蒸気機関の発達は、機械の飛躍的な巨大化と加速化とを可能とした。

　それはまた、工場の立地を特定の自然環境の制約から解放することをも意味した。たとえば水車によって水力を利用する場合には、大きな川か滝がすぐ近くにあるところに工場を建てなければならない。しかし、石炭は持ち運び可能な物質であり、したがってどこででもそこからエネルギーを取り出すことができる。こうして資本家は環境的制約を脱して、生産に最も都合のよい立地（都市近郊で、かつ土地の安い未開発地域など）に工場を展開することが可能となったのであり、これこそが一大産業化を生み出す空間的条件となった。

　しかし、ある工程が機械化されても、その他の諸工程が機械化されていなければ、結局、全体としての大量生産には重大な制約が生じるだろう。それゆえ、ある工程における機械化はそれと直接的に連動した他の工程の機械化へと結びつき、全体としての機械化を進展させる。このような波及効果は、同じ工場内の複数の工程間に見られるだけでなく、**社会的分業**を構成する個々の生産部門間にも見出すことができる。ある生産部門で大規模な機械化が生じた場合、そこに原材料を供給している部門が依然として伝統的な熟練労働に依存した生産

を行なっていたならば、機械化した部門が求める大量の原材料を供給することができないだろう。十分な原材料が確保できなければ、結局、機械化した生産部門も大量生産することはできない。これは、**部門間不均衡**という重大な問題を引き起こす。原材料は高騰し、機械化した生産部門の資本家は、そこで得た特別剰余価値のほとんどを高騰した原材料への支出に費やさざるをえなくなるだろう。したがって、ある生産部門で生じた機械化は、それと関連の深い他の生産諸部門における機械化をも必然的に要請するのである。

固定資本としての機械

第7講で生産の3要素について説明した際、生産手段として労働対象と労働手段とを挙げ、前者はおおむね原材料のことであり、後者は道具や工場やオフィスビルなどを指すと説明した。しかし、この機械制大工業とそれによる大工場の発達が起こるまでは、生産手段の主要部分は圧倒的に原材料であって、労働者が用いる道具は、その価値の大きさからしても、その物質的存在感からしても、全体としての生産における重みはごくわずかなものであった。

生産の最初の段階では、生産そのものは圧倒的に手の熟練に依存し、マニュファクチュアが発達すると、手の熟練とともに、大量に用いるようになる原材料も重要になった。しかし、労働手段は、マニュファクチュアの中で専門化して高度化しているとはいえ、その物質的重みは相対的にまだ小さいままだった。だが機械制大工業の発達は、この労働手段の物質的重みを圧倒的なものにする。質的に均一なものを大量に生産する能力は、手の熟練にも原材料そのものにも依存しているのではなく、圧倒的に機械の性能とその規模に依存している。それは大工場の中にその巨体でもって配置され、労働者は今ではその巨大な機械に奉仕するちっぽけな**補助者**のような役割に引き下げられている。この新しい労働手段は生産を左右する決定的な物質的手段となる。

また機械は、それが生産において物質的に巨大な役割を果たすだけでなく、それ自体が大きな価値を持つ固定資本である。第7講で不変資本について説明した際、不変資本は、その価値が1回ごとにまるごと生産物の中に入る流動資本と、一定期間生産過程にとどまって、その間に生産される諸商品の価値の中に少しずつ自己の価値を移転させる固定資本とに分かれると説明した。しかし、

労働手段が小さな道具にすぎないマニュファクチュア時代においては、このような区分にはほとんど独自の意義はなかった。不変資本である生産手段の価値の圧倒的部分は原材料、すなわち流動資本が占めていたからである。流動資本と異なる固定資本の特徴は、その価値のすべてが生産物の価値に入るのではなく、その平均的な耐用期間に応じて、その一部だけが生産物の価値に入る点にある。しかし、使用されている固定資本が小さくて安価な道具である場合には、その一部が生産物の価値に入るといっても、それをほとんど捨象しても困らないぐらいわずかだった。それゆえ、マニュファクチュア時代の経済学者であるアダム・スミスは、しばしば労働手段の存在を忘れて、生産過程を、原材料に労働者が価値を付加する過程として描き出しているのである。しかし、機械が発達し、大工場が作られるようになれば、その機械と工場設備とは巨大な価値物として重きをなすようになり、その一部が生産物の価値に入っていく事実はとうてい捨象できないものとなる。

固定資本価値の生産物への移転

ところで、1回の生産ごとに生産物価値に物的にも価値的にもまるごと入る流動資本の場合、生産物価値に占めるその価値の大きさは非常にはっきりしている。10万円の原材料を使って何らかの商品生産物を作ったとしたら、その生産物価値には原材料の10万円が入っているのは自明である。しかし、長期にわたって生産過程にとどまり、その価値がその平均耐用年数に応じて少しずつ商品生産物に移転される固定資本の場合、その平均耐用年数がどれぐらいであると想定するかによって、生産物の中に入る価値量の計算も変わる。

繰り返し述べてきたように、価値は自然物ではなく、社会的なものである。固定資本の価値が生産物価値に移転するのは自然現象ではなく、社会現象である。したがって、その移転価値の大きさはある機械の平均耐用期間がどれぐらいであると想定されるかで大きく変わってくる。たしかに、機械の**物質的耐用期間**は、その機械の具体的な自然的性質とその**物質的摩耗**に応じてある程度客観的に定まっている。だが、いくら物質的に使用可能だからといって、完全にぼろぼろになって壊れるまでの全期間を耐用期間として設定するのは非現実的であるし、さまざまな事故の元にもなる。それゆえ、耐用期間は固定資本が十

分に安全かつ効果的に機能する期間に限定されなければならない。

しかし、それでもまだ不十分である。というのも、激しい競争と技術革新の中で固定資本が絶えざる**経済的陳腐化（社会的磨耗）**をこうむる資本主義社会においては、このような限定された耐用期間の設定でもまだ非現実的だからである。それゆえ、結局は、物質的耐用期間をある程度参考にしながらも、種々の固定資本の耐用期間は社会的に設定されることになる。これを**社会的耐用期間**と呼ぶとすれば、この社会的耐用期間の標準年数は、ちょうど標準労働日が、ある程度自然的な性質を持っている標準最大労働日の範囲内で社会的に決定されるのと同じく、物質的耐用期間の範囲内で社会的に、しばしば法的に決定されるのである。

さらに、この巨大固定資本の登場は、それを日常的に維持したり保全したり修理したりする労働をきわめて重要なものにする。すでに第2講で述べたように、多人数で共同使用される巨大な使用価値や土地に埋め込まれた施設は絶えざる維持や保全や修繕や再生のための労働を必要とするのであり、この労働の存在が生産過程論で本格的にクローズアップされるのがこの機械制大工業においてなのである。したがって、固定資本の価値移転に関しては、固定資本の本体価値がその償却期間に応じて生産物価値の中に少しずつ入るだけでなく、この固定資本を維持し保全し修理するための種々の労働と費用もまた、生産物価値の中にその平均的な額が入るのである。

資本への実質的従属

機械の発達は熟練の解体を決定的なものとする。分業とマニュファクチュアにおいては、各工程に分割されることで熟練が水平的に解体されたが、個々の労働そのものは昔からの熟練労働とほぼ同じままであった。しかし、この水平的に解体された諸熟練のうち比較的単純なものが機械化されれば、その機械を取り扱うのに必要な労働はそれ自体としてきわめて単純なものとなり、労働そのものが低度化（degradation）する。これを**熟練の垂直的解体**という。分業とマニュファクチュアの場合には、相対的に単純な労働でもその習得に半年とか1年がかかっていたが、今では数週間、場合によっては数日間で習得可能となり、労働力価値は技能価値部分がほとんどゼロになることによって大きく引

き下げられる（ただし、この段階の機械化においてはなお広範に、機械を扱う上で必要な熟練が多く残されている）。

　機械はさらに、生産過程におけるイニシアチブを決定的に資本の側に移行させる。生産のテンポやあり方を規定しているのは今では労働者の側の腕前や意思ではなく、機械を支配する資本である。労働者を資本の直接的な指揮下に置くことは、生産過程におけるこのような自律性剥奪の最初の一歩だったが、この剥奪は機械の導入によって飛躍的に増大する。また、巨大な価値物としての固定資本は、労働者がもはやそのような巨大な固定資本を自前で購入することを不可能にするので、マニュファクチュア時代よりもずっと確実に労働者の自立や小規模な個人経営の存立を妨げ、資本への労働者の従属をいっそう深化させる。

　こうして、機械制大工業の成立によって、単に資本による労働過程の実質的包摂が成立するだけでなく、**資本への労働者の実質的従属**も成立するのである。

長時間労働と労働強化

　機械が労働者の地位や状態に与える影響はこれだけにとどまらない。すでに述べたように、固定資本の標準耐用期間は社会的に決定されている。そして、この期間はそれはそれで、1日に何時間その機械を使用するのかという一定の想定にもとづいている。とすれば、資本家は、この想定を超えて機械を使用すればするほど、より短期間に機械の本体価値を回収することができ、それ以降の費用は一種の特別利潤になるだろう。

　また、機械などの大規模固定資本にかかる費用は莫大であり、その費用はできるだけ速やかに回収されなければならない。そうしないと、その間に機械がより高度化して、せっかく莫大な費用をかけて購入した機械が陳腐化してしまい、それにかけた費用の一部を回収できなくなるかもしれないからである。

　まさにそれゆえ、資本家は機械や工場という大規模な固定資本を支出するたびに、その価値額をできるだけ短期間で回収しようと、長時間労働や労働強化を積極的に追求するのである。しかも、単に労働時間を延長させるだけでなく、機械を24時間稼動させようとして、2交代制ないし3交代制などを通じて**夜**

間労働を大規模に導入する。本来寝ている時間に労働をさせられることによって、労働者はその労働時間の長さ以上に疲弊し、精神的ストレスを受け、生活リズムと生理機能が乱され、身体的・精神的健康を害しやすくなる。

そして、自動化された機械は資本家にとって、そのような長時間労働や労働強化を可能とする手段にもなりうる。生産のイニシアチブが労働者から、機械を統制する資本家に移ることによって、労働者により多くの労働を押しつける資本家の権力もまた増大するからである。

☼より進んだ考察☼――その後の生産様式の発展

マルクスの『資本論』では、物質的生産様式の発展過程は基本的にこの機械制大工業で終わっている。当時の歴史的水準からすればそれも当然である。しかし、『資本論』は150年近くも前の著作であり、実際にはその後も生産様式は発展を続けた。

たとえば19世紀末から20世紀初頭にかけてアメリカで普及しはじめた**テーラー主義**は、比較的単純な作業部門や機械化があまり進んでいない工程においてさえ、労働者の個人的ないし伝統的な作業方法を細かく分解し、厳密に分析し、個々の手順や個々の動作にいたるまで徹底的に合理化し、上から標準化と数値化とマニュアル化を進めることで、高い生産効率を達成しただけでなく、労働に対する労働者の裁量や決定権や自律性を決定的に奪い取った。

さらにその後に成立した**フォード主義**は、このテーラー主義による作業方法・手順の単純化・合理化にもとづいて、それらのマニュアル化された作業をベルトコンベアーで結合して、規格化された生産物の大量生産を可能とし、労働生産性の飛躍的発展を実現するとともに、労働強化を追求することをきわめて容易にした。作業内容が複雑で有機的な全体をなしている場合には、単純に機械の速度を上げても人間はそれについていけないが、テーラー主義を通じて作業の動き一つ一つが単純化され標準化され、その単純化された動きがベルトコンベアーを通じて結合されたならば、そのラインのスピードを上げることは比較的容易だからである。

自動車会社のフォード社はこの手法を大々的に取り入れて、自動車の大量生産に成功し、従来は庶民のまったく手に届かなかった自家用車を相対的に高給な労働者にも普及させることに寄与した。そのことによって、第1次世界大戦後におけるアメリカの覇権国家化と1920年代におけるアメリカ資本主義の黄金の10年間の礎を築いた。この新しい生産様式の威力は何よりも第2次世界大戦中に発揮され、戦争がはじまるまでは相対的に軍備の弱かったアメリカをごく短期間で最大級の軍事大国に押し上げる上で決定的な役割を果たした。日本軍国主義もドイツのナチズムも、軍艦や戦車や

戦闘機をごく短期間に大量生産するアメリカの生産能力にまったく太刀打ちすることができなかった。

　第2次世界大戦以降になっても、このような生産様式の変革はまったく停止していない。大戦中の労働力不足の中で萌芽的に生まれた**オートメーション**は戦後、高度な工作機械の開発・普及と結びついて、製造業の諸部門を制覇していった。さらに、オートメーションはその後**コンピュータ制御**されるようになるとともに、コンピュータ自身が製造業の範囲をはるかに超えて、あらゆる分野で普及し、労働生産性を飛躍的に高めた。それと結びついて情報の記録・伝達・閲覧が紙や印刷物から**電子媒体**へと根本的に変化し、パソコンとインターネットの普及と結びついて生産と生活様式のIT化をもたらした。

　さらに、純粋に生産の仕方という意味での生産様式の変革だけでなく、すなわち労働手段や労働様式の変革だけでなく、第2次世界大戦後に画期的になったのは、労働対象、エネルギー源、動力などにおける大規模な変革である。まず化学産業の発展を通じて、労働対象、あるいは素材そのものが自然物から人工物へと大きく転換した（**素材革命**）。その発端も第2次世界大戦であり、深刻な物資不足を補うためであった。これは、農業に対する工業の依存度を著しく軽減し（もちろんそのような依存をなくしたわけではない）、工業が農業から相対的に自立して発展することを可能とした。それ以前の工業の発展が繰り返し農業の狭い生産力的限界や土地の制限に頭をぶつけていたのとは対照的に、そうした農業的制約を超えた工業の持続的発展が可能となった。

　またそれとも深く関連しているが、エネルギー源が石炭から石油へと移行したことである（**石油革命**）。石油は単にエネルギー源としてきわめて効率的であっただけでなく、それが液体であることで、いっそう容易に移動させたり加工することができるようになった。そして、石油はそれ自身が石油化学産業を通じて無数の人工的素材をつくり出す原料となり、これまでまったく存在しなかった有用な素材を次々と生み出すことを可能にした。しかし、石油の大量消費は、一方では天然資源の枯渇の危険性を生むとともに、**地球温暖化**という深刻なグローバル危機をもたらしている。その影響は、あいつぐ異常気象として私たちが日々実感しているところである。その後、石油不足や環境問題に対処するという口実で、原子力発電がエネルギー生産においてかなりのシェアを占めるようになったが（**原子力革命**）、これが環境問題を解決するどころか、より深刻な環境的・人権的問題を有していたことは、今ではまったく明らかである。それゆえ今日では、原子力や石油に代わる**自然エネルギー**や、あるいは昨今話題のシェールガスのような新しい天然資源の開発が進んでいる。

　エネルギー源が大きく変化し多様化しただけでなく、それによって機械を動かす動力が、蒸気などの物理的なものから電気へと大きく変貌した（**電気革命**）。電気はきわめて制御しやすく、均一に力を伝え、ごく微量なものにも応用できた。これは機械

そのものを精巧にし、これまでは機械化が不可能であった領域にも機械を普及させる上で決定的な役割を果たした。これが日常生活をも大規模に変革したのは言うまでもない。またこの電気は力の伝達とは別に情報を伝達することを著しく容易にし、ごく微量の電気のオン・オフを通じて複雑な情報を伝えることを可能にした。このことの延長上に、コンピュータも存在するのである。

　これらすべての変化を、かつて機械制大工業を前にしてマルクスが『資本論』で行なったように、資本による労働過程の実質的包摂という視角から、あるいは資本・労働関係の変革という視角から理論的に把握しなおす作業は、今後の課題である。

5. 労働者統合

　独自に資本主義的な生産様式の発展と資本による労働過程の実質的包摂の進展は、労働者に対する資本の支配を貫徹する前提条件であるが、それで話は終わりではない。生産様式のこうした客観的な発展とそれによる資本の権力の増大が、自動的に労働者による抵抗をすっかり打ち砕いて、資本への労働者の従属を完成させたわけではない。マルクス自身も詳しく述べている「標準労働日のための闘争」はむしろ、機械化が大規模に進展している真っ只中で展開されたのである。したがって、生産様式の発展による資本の実質的包摂の進展と労働者の自立性の剥奪とは、必ずしも労働者の戦闘性や闘争能力そのものを自動的に無効化するものではなかったことは明らかであり、マルクス後の階級闘争の歴史を見るとならなおさらそう言えるだろう。

　それゆえ労働者による抵抗とそれに対する資本の応答とは、物質的生産様式の発展の記述だけで解決する問題ではなく、それ自体として独自に考察するべきテーマだということになる。資本による労働過程の実質的包摂と労働者の実質的従属の過程が、労働者自身による抵抗と反発、闘争の過程を踏まえて、労働者の主体性や労働者の一定の地位向上、およびそれにもとづく労働者の同意の調達などさまざまな**階級妥協**を有機的に組み込んだ上で労働の再包摂にいたった場合、それを**労働者統合**と呼ぼう。この労働者統合は、物質的生産様式の発展と深く連関しながらも、それからは相対的に自立した過程であり、資本は、一定の安定した労働者統合を確立してはじめて、その安定した支配を確立することができるのである。

労働者による抵抗の基盤

　労働者による抵抗の最初の主たる形態は必然的に、その高度な熟練と、同じ熟練を持つ労働者者同士の団結をよりどころとしたものにならざるをえない（熟練依存型の抵抗）。熟練労働者の労働組合はこの基盤を制度化したものだった。生産が基本的に手の熟練に依存しているかぎり、資本家はそのような労働者をおいそれと他の労働者に置き換えることはできないし、労働が基本的に労働者の伝統的な熟練や技能にもとづいているかぎり、生産そのものの統制も労働者に依存せざるをえない。しかしこのような労働者の抵抗力の伝統的な基盤は、すでに述べたように物質的生産様式の発展とともにしだいに掘り崩され、解体されていく。しかし、他方ではそうした流れは抵抗のまったく別の可能性をも切り開くものでもあった。

　まず第1に、労働者が個人経営者や職人として自立化する可能性が完全に絶たれたことで、労働者が資本のもとで生活の向上や労働者としての尊厳などを勝ち取ろうと志向するようになったことである。自立した職人や小経営者という逃げ道がなくなった分、それだけ労働者は資本の支配と正面から対峙し、その真っ只中で自分たちの地位向上のために闘わなければならなくなった。

　第2に、機械化によって熟練の垂直的解体が進み、労働者を細かく分断していた労働者間の等級差別とヒエラルキーのかなりの部分が廃棄され、多くの労働者が同様の境遇になったことである（**階級的平準化**）。このことはけっして自動的に労働者の団結をもたらしたわけではないが（それどころか、すでに実質的になくなっていた熟練間ないし労働者間の等級や階層制に労働者は長期間にわたって固執した）、労働の全般的な単純化は職能の種類や技能の高低を超えて階級として、あるいは何らかの産業部門ないし職種全体として団結する物質的基盤を形成するものだった。

　第3に、単純協業やマニュファクチュアの時代には、1人の資本家ないし1つの資本のもとで働く労働者の数はたかが知れていたが、機械制大工業以降、1人の資本家ないし1つの資本のもとで働く労働者の数は数百、数千、時には数万の規模になった。それは同時に、第15講でも述べるように都市の建設を伴っており、生産空間においてだけでなく、生活空間においても、労働者集団の日常的接触や協力関係が生じるようになった。このような膨大な労働者が特

定の空間や地域に集中され相互に交流しあうような事態は、資本主義に特徴的なものであって、労働者の大規模な横の連帯を可能にするものであった。

第4に、大規模な機械化やそれにもとづく大量生産のシステムは、その固定資本の償却に長期間を有することもあって、長期雇用をある程度必然化させた。このこともまた労働者の地位の安定化、労働者間の持続的交流、階級的連帯の促進などに寄与した。

第5に、資本による包摂空間の外延的拡張に伴なって労働者そのものが大量に創出され、彼らはそれ自体として大きな経済勢力となり、したがって潜在的に巨大な政治勢力となった。選挙権の拡大はそうした潜在力が顕現するための制度的な回路を与えた。

もちろんこれらの諸要素は、それ自体として自動的に労働者の階級的団結をもたらすものではない。それはちょうど、物質的生産様式の発展が自動的に労働者の資本への従属を完成させるものではないのと同じである。ここでも、労働者の集団的抵抗力を自覚的に構築しようとする側と、資本への労働者の従属をいっそう推し進めようとする側とが相互にせめぎあうことになる。しかし、いずれにせよ、労働者はおおむね、初期の「熟練依存型の抵抗」から、このような「集団依存型の抵抗」へと進んでいったのであって、そのおかげで、独自に資本主義的な生産様式の発達にもかかわらず、労働者の資本への従属を完成させるのを妨げたのである。

労働者統合の実現とその再編

資本家は最初はこの労働者の新たな抵抗を弾圧や解雇や上からの統制を通じて一方的に取り除こうとするし、その抵抗能力をできるだけ奪い取ろうとする（**労働者統制**）。しかし、このような一方的な統制だけでは、反抗的労働者を、高いインセンティブをもって熱心に働く労働者にすることはできないのであって、そうしたハードな手段とともに、一定の譲歩や階級妥協をも通じて労働者を有機的に生産機構の中に再包摂しなければならない。これが労働者統合である。したがって、そこには、労働者の一定の利益が反映しているという側面と、最終的には資本のシステムに労働者が有機的に組み込まれているという側面の、二重の性格がある。このような有機的な労働者統合は基本的に、生産に直

接かかわる要素だけでなく、種々の制度的・文化的・社会的諸要素と結合して成り立つのであり、そのあり方は国によっても大きく異なる。

　しかしこれは常にある一定の限界の中にあるのであって、すでに成立した労働者統合が資本の蓄積運動にとって重大な障害物になるときには、そして労働者の抵抗の基盤が物質的生産様式の新たな発展によって掘りくずされるにしたがって、既存の労働者統合の中に組み込まれていた労働者の既得権や制度は破壊の対象とされるようになる。このとき、資本の側は**階級戦争**を発動し、階級妥協をかなぐり捨て、古い労働者統合における進歩的側面、あるいは労働者の既得権を制度化した側面を破壊しようとする。それによって、古い労働者統合と新しい労働者統合とのあいだに挟まれた長く苦しい再編期ないし過渡期が現われることになる。現在もまたそのような再編期にある。

第12講　賃金と雇用

　これまで資本主義的生産の深部のメカニズムを明らかにしてきた。ここでは再び流通表面に戻ってくる。生産過程が考察される以前は、資本家と労働者はそれぞれ単なる貨幣所持者と商品所持者として現われた。だが、今では資本家は単なる貨幣所持者でも単なる潜在的な資本家としてでもなく、すでに生成した現実の資本家として、すなわち**生産資本家**として労働者に対峙している。労働者もまた、今や単なる商品所持者としてではなく、生産資本家の指揮管理のもとで生産資本に統合されながら剰余価値を生み出す賃労働者として資本家に対峙している。両者の関係はこうして、再び戻ってきた流通表面において、最初のときとはまったく異なった規定性を帯びているのであり、したがって両者の交換の内実も新たな規定性を帯びることになる。

1. 労働力価値の労賃への転化

「賃金」という形態の物神性

　これまで見てきたように、資本家と賃労働者のあいだで売買される商品は労働力という独特の商品であり、したがって賃金とはこの労働力商品の価格のことに他ならない。だが、この賃金は、流通表面においては、労働力商品の価格として現われるのではなく、「**労働の価格**」として、すなわち、労働者が実際に行なう具体的有用労働の価格として現われる。

　この表現においては、搾取関係が覆い隠されてしまう。資本家が獲得する剰余価値は、労働者が生産過程で実際に作り出す新たな価値量と、労働力商品自身が持っている価値の大きさとの差額であった。ところが、もし賃金が、労働者が行なった労働そのものに対する価格であるとすれば、資本家は労働者が生産過程においてなした生産的労働としての貢献分をすべて支払っていることになり、労働者からの搾取は消えてなくなり、剰余価値の源泉が見えなくなって

しまうであろう。

　封建社会においては、生産者たる農民が生産した総生産物のうち、自分（と家族）が生きていくのに必要な分（および来年の種まき用の分）を除いてそれ以外が「年貢」などとして領主に取り上げられる。この関係においては、労働者が自分の生産したもののうち自己の生活を再生産する分を超えた分が非生産者によって搾取されていることは明白である。しかし、資本主義的生産関係においては、このような明瞭さは消えてなくなる。生産物という目に見える使用価値が、自分の分とそれ以外の分とに分割されるのではなく、この関係は商品・貨幣関係によって覆い隠されている。労働者が直接的に受け取るのは、自分の作った生産物の一部ではなく、資本家によって前貸しされる貨幣という抽象的なものである。それが体現している価値量が、自分の生産した生産物の価値のうち自分が新たにつくり出した価値部分（価値生産物）よりも小さいかどうかは、見た目ではまったくわからない。価値は、使用価値ないし商品という物的外皮に覆われており、この生産物の価値のどこからどこまでが自分が新たに作り出した部分であって、どこからどこまでが賃金を補填する部分で、どこからどこまでが生産手段価値がただ再現しているだけの部分なのかは、高度な抽象力をもってしか分析不可能である。そして、この物神性は、賃金が労働力価値の貨幣表現ではなく、労働者がなした労働の価格であるとされることで貫徹される。生産過程において労働者がどれほど使用価値的に、あるいは価値的に貢献しようと、それはすべてあらかじめ賃金によって評価され、実現されている、というわけである。

転倒の主要な要因 I ── 商品一般に共通する転倒

　古典派経済学者たちもその後の俗流経済学者たちも、賃金を「労働の価格」として把握していたし、今日においても社会通念として、賃金は「労働の価格」とみなされている。そして、その場合の「労働」とはもちろんのこと、価値を生産する労働のことではなく、何らかの具体的な使用価値をつくり出す具体的有用労働のことである。では、「労働力の価値」が「具体的有用労働の価格」として転倒的に現象する理由はいったい何であろうか？

　まず第 1 に、これは、あらゆる商品において生じている転倒が労働力商品に

関しても生じているとみなすことができる。すでに第2講で効用価値説を批判したときに指摘したように、われわれは商品を買うとき、その使用価値ないし効用に対してお金を払っていると思っている。たとえば、われわれがパソコンを買うとき、その値段はパソコンの具体的な使用価値、すなわち文章を打って表示することができる、表やグラフをつくることができる、インターネットや電子メールをすることができる、ゲームをしたりDVDを観ることができる、等々の諸機能に対する対価だと思っている。たしかに、われわれは商品のそうした使用価値＝効用を目的として商品を買うのだが、その価格はその具体的使用価値の代金なのではなく、そうした使用価値を消費過程で生み出すことのできるその現物本体の価格なのであり、したがってその価格の大きさは、それが生み出す使用価値ないし効用の大きさによってではなく、その本体を生産するのに要した社会的必要労働量によって規定されるのである。

しかし、買い手は、自分が商品を買う目的とその商品の価格とを直接に結びつける。自分がその商品を買うのはその商品を消費したときに自分が得る効用のためなのだから、自分が懐から出すお金の大小は、その効用の大きさの大小によって決まると考えるのである。ここには、「価値」と「使用価値」との取り違えに加えて、後者に関しても「現物形態としての使用価値」と「効用としての使用価値」との取り違えが見られるのであり、この二重の取り違えが効用価値説の根拠となっている。

それと同じように、労働力の場合も、その価格は、その労働力本体ではなく、その具体的な効用、すなわちそれを消費したときに発揮される具体的有用労働の対価として現われる。資本家が労働者を雇うのは、ある特定の生産過程において特定の労働を行なわせるためである。部品の組み立てであったり、塗装であったり、皿洗いであったり、旋盤であったり、荷物運びであったり、そうした具体的な有用労働を行なわせるために労働者を雇うのであり、したがって、その価格はその具体的な有用労働の対価として現われる。

そのかぎりでは、労働力の価値ないし価格が「労働の価格」として現われるのは、労働力商品にのみ特有なことなのではなく、商品一般に生じるこの「二重の取り違え」のせいなのであり、それがこの労働力商品にも生じているのである。

転倒の主要な要因 II——労働力商品の特殊性

　しかし、労働力商品の種々の特殊性はこの転倒と関係しないのだろうか？もちろん関係する。まず何よりも、労働力という商品は生きた人間の精神および身体のうちに不可分に統合され、それと一体になっている。他の通常の物的商品のように、それ自体を人間の外部に分離して存在する「物」として取り扱うことはできない。それゆえ、一般の商品よりもいっそうこの取り違えは生まれやすい。一般の商品の場合には、その商品の消費過程で生じる「効用としての使用価値」とは別に、その「現物形態としての使用価値」を想定することはより容易であったし、したがって、古典派経済学者におけるように、その商品の価格を、効用の価格としてではなく、それとは区別される、現物形態としての使用価値に対する価格として、したがってそれを生産するのに要した労働時間として把握することは比較的容易だった。

　しかしながら、労働力商品は、主体としての人間から分離可能な物的客体としては存在しておらず、それゆえそれを直接的には見ることも触ることもできない。そのような「現物形態としての使用価値」を、「効用としての使用価値」から区別して「労働力」という独自の範疇で理解することははるかに困難であり、ましてや、それの価値を、この直接目に見ることも触ることもできないものを生産するのに必要な社会的労働時間で規定することはなおさら困難である。

　それに対して、労働者が行なう具体的な労働は目に見える。それはある一定の動作として、動きとして、運動として、行為として、はっきりと目に見え、特定可能なものである。それゆえ、労働者に支払われるものは、この「目に見える」ものの価格として観念されるのはある程度必然的である。さらに、この労働力が人間の精神および身体と一体であることから、この労働力を現実に買い手に譲渡するためには、買い手のもとで実際に労働するしかない。すなわち、労働を与えることによってしか労働力を譲渡することができない。それゆえ、労働者が資本家に売っているものは労働力ではなく労働であるという観念はいっそう強化されるだろう。

　それゆえ、商品価値の本質を見抜いた古典派経済学者たちも、賃金を引き続き「労働の価格」として記述しつづけたのである。

基本的には、労働力の価値が「労働の価格」として現象する要因の主要なものは以上の2つである。すなわち、商品一般に見られる二重の取り違えに加えて、人間の精神および身体と一体になっているという労働力商品のもつ、現物形態としての特殊性がそうした取り違えをいっそう容易にすること、である。この2つの力学が合成されて、賃金＝「労働の価格」という外観が普遍的に成立するのである。さらに賃金が後払いされることや、後で説明する特殊な賃金・雇用形態など、他のいくつかの事情もまたこうした外観を強化する。

資本主義の発展と転倒の強化

以上は、資本主義の成立そのものから、したがって「賃金」という形態が成立することそのものから生じる転倒の必然性であるが、このような転倒の程度は、資本主義の初期段階とその後の発展段階において異なっている。まず第1に、標準労働日の成立後は、労働時間の延長に比例して実際に労働力価値が増大するのであり、賃金が「労働の価格」であるという外観がいっそう強化される。第2に、生産様式の発展と生産過程の大規模化の結果として、生産物に対する個々の労働者の寄与がますます小さく、ますます不明瞭になっていく。

とくに、生産の伝来の方法が廃棄され、労働者が自己のうちに保持している熟練が解体され、個別的労働者ではとうてい入手できないような高価で大規模な労働手段が用いられ、それによって、以前とは比較にならないほど大量の生産物が生産できるようになれば、前講で見たように、この大量に生産された生産物は主として労働者による生産物とは見えずに、そのような大量生産を可能とした機械やその他の生産手段のおかげに見え（ある程度までは実際にそうだ）、したがってそれを提供した資本家のおかげに見えるのである。

このように、賃金という形態そのものが搾取を覆い隠すだけでなく、物質的生産様式の発展がそうした覆い隠しをますますもって強化していくのである。

剰余価値の生産利潤への転化

しかし、労賃が労働の価格として現象し、労働者の労働全体に対して支払いがなされているとしたら、いったい資本家の利得はどこから生じると表象されるのだろうか？　労働者のなす剰余労働がその源泉でないとされている以上、

当然、それ以外のものを源泉として利得が発生しないわけにはいかないだろうし、その新たな源泉は、資本家がそれを排他的にわがものとするのを正当化するものでなければならないだろう。剰余価値が生産的労働者の剰余労働から切り離されて資本家にとって正当とされている何か他の源泉から発生するものとして規定されるとき、それは言葉の本来の意味での「利潤」となる。この場合の利潤は剰余価値の単なる言いかえではなく、剰余価値の特殊な転化形態としての利潤である。

そしてこの利潤は、この生産過程においては、その過程に存在する何らかのものを発生源として表象されており、したがってそのようなものとしての利潤を**生産利潤**と呼ぶことにしよう。この生産利潤の源泉として資本家およびその理論的代弁者によって認識されているものには、主に以下の2つが存在する。

まず第1に、第11講の協業論の際に考察した、生産過程の指導者、監督者としての指揮管理労働という高度な労働に対する報酬としてである（機能的正当化）。実際に、協業ないし分業が全体を統合して指揮監督する労働を必要とするかぎり、そのような指揮管理労働はたしかに価値を生むし、したがってその管理労働者の労働には相応の賃金が支払われなければならないだろう。しかし、そのような指揮管理労働がいかに一定の熟練を要する労働だとしても、それは単純労働よりもやや高いだけであるのは明らかである。アダム・スミスが『国富論』ですでに指摘しているように、資本家が上げている莫大な儲けをこのような指揮管理労働に対する報酬で説明するのは明らかに無理がある。とくに、この指揮管理労働そのものが下級の管理労働者に委ねられ、資本家が生産過程から遊離していくにつれて、ますますもってこのような正当化論は説得力を失っていくだろう（とはいえ、下級の管理労働者を雇用し監督する最上位の管理者としての機能的正当性は残り続ける）。

それゆえ機械が発達するにつれて、そして生産力の主要な要因が個々の労働者の補助労働ではなく機械による大量生産に移っていくにつれて、生産利潤は、このような大工場や機械を所有している者としての資本家に対する正当な分け前として規定される（所有的正当化）。この正当化論は、生産の主要要因が実際に大規模な機械に移っていくにつれてそれなりの説得力を帯びる。それはちょうど、生産の大小が土地の自然的豊かさによって左右されていた時代には、

土地を所有する地主による地代取得が正当化されたのと同じである。

　マルクスは利潤概念を登場させるのを『資本論』第３部の「資本の総過程論」まで先延ばししたが（それはそれでもっともな理由がある）、しかし、労働力価値の「労働の価格」への転化と裏腹の関係として「剰余価値の利潤への転化」の最初の一歩が起こるのであり、それゆえこの労賃論の場面で最初の利潤概念について論じることには意味がある。とはいえ、ここでの利潤は量的に剰余価値とまったく同じであり、ただそれが資本家およびその代弁者によって「利潤」として観念されているにすぎない。それゆえ、われわれは以下の記述においても、引き続き剰余価値概念を用いることにしよう。

2. 賃金の諸形態Ⅰ──標準賃金

　次に賃金そのものについてより具体的に見ていこう。賃金はさまざま形態をとる。しかしながら、歴史的にも地理的にもきわめて多種多様な賃金形態について多少なりとも詳細に論じることは、ここではとうていできないので、その主要な３つの形態のみを挙げておく。

労働力の再生産単位

　賃金の最も主要な形態は**標準賃金**である。本書で労働時間について論じた際、「標準労働日」は歴史的に後から獲得されたものとして提示され、最初は労働日の不定性が前提されていた。しかし、われわれはすでに標準労働日概念に到達しているのだから、今ではそれを最初から前提にして賃金の形態について論じることができるだろう。標準賃金は標準労働日を前提にした上で成り立つ概念であり、むしろこの両者は同じ歴史的事象の二つの側面であると言っていいだろう。

　標準賃金とは、労働力が再生産される基本単位にもとづいて支払われ、かつ、標準労働日だけ働けば社会的に標準的な生活を送ることのできる範囲内の賃金である（この範囲はもちろんかなりの伸縮性があり、また直接的な賃金だけでなく、種々の**付加給付**も含められる）。

　だが、労働力が再生産される基本単位とは何か？　それは最も短いものから

最も長いものまでさまざまである。労働力が再生産される最も短い基本単位は言うまでもなく「1日」、つまり「日」という単位である。労働者は労働力を正常に再生産するためには、1日の労働時間（標準労働日を前提とする）が終わった後には、休憩、食事、風呂かシャワー、それらに伴う家事労働、交流や娯楽、そして十分な長さの連続した睡眠時間を必要とするのであり、それらなしには正常な労働力を回復させることはできず、翌日も前日の開始時点と同じ状態で労働を再開することはできない。したがって、労働力はどんなに短くても1日という単位でしか再生産されないのであり、賃金は少なくともこの基本単位を前提としたものでなければならない。これは具体的には「日給」ということになる。

しかし、毎日労働を続けていれば、しだいに肉体的にも精神的にも疲れがたまってくるのであり、1日の労働後の休憩や睡眠や娯楽だけでは十分に回復することはできない。また、家事労働の中には、洗濯のようにまとめて行なった方が効率のいいものも存在するし、家族がいる場合には、労働が終わった後のほんの数時間ではなく、まとめて団欒や交流の時間をとる必要があるだろう。したがって、ある一定の日数、たとえば5日か6日ほど労働日が続けば、週末の1日ないし2日をまるまる休息や娯楽や交流や家事労働にあてる必要が出てくるのであり、それなしには労働力も正常に再生産されないことがわかる。すなわち、この場合、労働力は1週間を単位として再生産されていると言える。つまり、1週間でもらえる賃金（週給）は、このような1日ないし2日の休日を前提としたものでなければならない。

しかし、われわれの日常生活において支払いが月単位であるものは多い。家賃がそうだし、光熱費や水道料金、日刊紙を購読していればその新聞代、今日ではさまざまな通信費（固定電話代、携帯電話代、インターネットのプロバイダー料金、等々）、などである。ほとんどの労働者にとっては、このような毎月決まって支出されるものが支出の大部分を占めている。またかつてつけ払いが普通であったときには、このつけの支払いも月末に集中する。賃金によってこのような支出をまかなうことができなければ、労働力を再生産することはできない。それゆえ、労働力というのは、本来、日単位でも週単位でもなく、少なくとも月単位で再生産されていると言えるだろう。それゆえ、労働者の賃金

は、最初は日給、週給という形態が多かったが、やがて（少なくともこの日本では）「月給」という形態に移っていったのであり、それには十分な理由があるのである。

労働力が再生産される最も重要な基本単位は、したがって「月」である。しかし、日本のように四季がある国ないし地域においては、月ごとの出費はけっして同じではない。夏の時期と冬の時期には光熱費が飛びぬけて高くなる。言うまでもなく冷房と暖房をする必要があるからである。また冬の方が衣服代は高くつくだろう。したがって、賃金はこのような季節的な支出額の違いを考慮したものでなければならない。日本では伝統的に、夏と冬にボーナスを出すことによって、このような季節的差異をまかなってきた。したがって、月給＋ボーナスという組み合わせは、事実上、1年という期間を単位として支払われる賃金だと言うことができる。また、1年のうちある程度まとめて休暇をとらなければ、労働力が正常な形で再生産されないと主張することも可能だろう。その場合は、日曜や土曜以外に、一定の年休分が給与計算の中に入らなければならない。

しかし、労働力の再生産費用は、季節ごとに違うだけでなく、年齢によっても、ライフサイクルのどの時点にいるかによっても変わってくるだろう。日本ではこの相違は伝統的に年功賃金や扶養手当の加算などとして対処されてきた。しかし、この面での大きな支出差は賃金額の変化だけでは対処しきれないし、また個人差もきわめて大きいので、国家や自治体による福祉支出を通じて対処する必要性が出てくる。このような点も考慮に入れれば、標準賃金の最も長い単位は結局、「生涯労働年数」ということになるだろう。

このように標準賃金は労働力が再生産される基本単位にもとづいて支払われるのであり、その最も短い単位は「日」であり、その最も長い単位は「生涯」であり、最も一般的な単位は「月」であることがわかる。そして、賃金支払いの基本単位が短ければ短いほど、それはますます標準賃金としては非本来的なものに近づくのであり、後で見る派生的な形態に近づくのである。

> **ブレイクタイム　　生涯労働年数**
>
> 　ところで標準的な生涯労働年数とは具体的にいったい何年なのか？　この問題は標準労働日と同じように考えることができる。それはまず、身体的な平均寿命の範囲内にあるのは明らかだろう。しかし、身体的にぎりぎり可能な年数を賃労働者として働かなければ生きていけないとすれば、それは1日のうち労働可能な時間をすべて賃労働に費やすことが反人間的なのと同じく反人間的である。いったい生涯のうち何年働けば、「生涯労働年数」とみなされるのかは、1日に何時間働けば「1日分の労働時間」とみなされるのかと同じく、階級闘争と社会的承認の対象となる。賃金そのものが低ければ低いほど、福祉が貧困であればあるほど、この労働年数は長くなるし、その逆は逆である。いずれにせよ退職後の生活費もまた原理的には労働力価値の中に入るのであり、それはちょうど、1日のうち直接賃労働をしていない時間帯の生活費も、「1日分の労働力価値」の中に入るのと同じである。

法定最低賃金のための闘争

　実際にどのような単位が基準として用いられるかは、時代や国によって大きく異なるし、また雇用がどれほど安定していて、どれほど長期にわたるのかによっても左右される。そして、標準労働日を獲得するのに大変な努力と時間とが必要だったように、この標準賃金を獲得するためにも労働者は多大な努力を必要とした。労働者は賃金支払いの基準ができるだけ長期になるように、そしてその水準ができるだけ「標準」と呼べるものにするために、文字通り死に物狂いの努力を必要とした。

　しかし、法律で規定できる標準労働日と違って、標準賃金を法律で決めることはできないので、この「標準」は標準労働日の場合よりもはるかに不安定であって、力関係が資本家にいっそう有利になれば、ただちにこの標準は切り下げられる傾向にある。そして、後で蓄積論を考察するときに見るように、資本主義のうちにはますます資本家に有利で労働者に不利になる傾向が存在する。それゆえ、標準賃金を法律で決めることができない代わりに、賃金の最低水準を法律で定めさせるための闘争、すなわち**法定最低賃金**のための闘争は、標準

賃金を維持する上で決定的な役割を果たした。すなわち、それより下がれば労働者が健康で文化的な最低水準のもとで生きていけないような賃金の最低水準を法律で定めさせるための闘争は、法定標準労働日のための闘争と並んで労働者にとってきわめて切実なものになったのである。

> **ブレイクタイム**　最低賃金を2倍に！
>
> 　2013年7月29日、ニューヨーク市、シカゴ、セントルイス、デトロイトなどアメリカの7つの都市で、マクドナルドをはじめとするファストフード店で働く低賃金労働者と労働組合、市民団体が数千人規模でデモ行進を行なった。そのデモが掲げたのが、先進国の中で最低水準にあるアメリカの連邦法定最低賃金（7.25ドル）を2倍に増やせという大胆なスローガンだった。そして、アメリカの一部の自治体では、最低賃金の2倍化、あるいはそこまで行かなくとも大幅増が実現している。ちなみに日本の最低賃金はアメリカとほぼ同じ水準であり（都道府県によって異なるが平均では750〜800円程度）、ヨーロッパ水準の1000円前後よりもはるかに低く、先進国の中で最低ランクである。現在の日本では、景気回復を掲げて空前の金融緩和がなされているが、日本の賃金水準はこの15年間下がり続けており、その一方で法定最低賃金はほとんど上がっていない。他の先進諸国はその間にかなりの賃金増が実現している。景気回復のためには労働者の購買力を引き上げることは重要であるが、日本政府はそのための努力を何もしていない。法定最低賃金水準をせめてヨーロッパ水準にまで引き上げ、さらにはアメリカのストが掲げたように、最低賃金の2倍化を実現しなければならない。

3. 賃金の諸形態 II──時間賃金と出来高賃金

　この標準賃金は2つの主要な派生形態を有している。マルクスは『資本論』において、一方では標準賃金と時間賃金とを部分的に混同しつつ、この派生形態についてのみ記述しているが、それは当時の時代的制約にもとづくものであ

る。マルクスの生きていた時代にあっては、標準労働日さえ獲得されはじめたばかりであり、それに照応した賃金形態である標準賃金はなおまだまだ獲得途上にあった。当時の賃金支払い形態はせいぜい日給か週給であり、標準賃金の形態として不十分なものであった。それゆえ派生形態を主要な形態と混同したのである。

時間賃金

標準賃金の2つの主要な派生形態の1つは**時間賃金**（時間給）である。『資本論』においては、何らかの時間単位で支払われる賃金はすべて時間賃金であるとされているが、しかし、労働力が再生産される基本単位を一応クリアしている時間を基準にするのと、それ以下の時間を基準にするのとでは、その意味はまったく異なる。

ここでいう時間賃金（時給）とは、文字通り、1時間を基準にして支払われる賃金のことである。この額は形式的には1日あたりの標準賃金を標準労働日で割ることで得られる。

$$時間賃金 = \frac{1日あたりの標準賃金}{標準労働日}$$

したがって、この計算式で求められるかぎりでの時間賃金は、標準賃金の単なる形式的な転化形態にすぎず、ただ時間あたりの額を割り算で算出したにすぎないように見える。しかし、この時間賃金はもはや労働力再生産の基本単位にもとづいておらず、そこから切り離されている。たとえば時給1000円だとすると、はたしてその時給額で本当に労働力の再生産ができるかどうかは、その時給額だけからはわからない。われわれはそれをもとにひと月の賃金額を計算しなければならない。たとえば、時給1000円で週40時間働くとしてひと月あたりに計算しなおすと、それは月額16万円になる。ここから各種税金（所得税と地方税）、年金保険料、健康保険料などが差し引かれるなら、手取りで12〜13万円ほどになるだろう。ここまで計算してようやくそれが標準賃金の範囲内に納まるのかどうかが計算できるのである。同じことはある程度まで、日給や週給にもあてはまるが、たとえば標準賃金の最も短いものである「日給

でさえ、その「1日」とは文字通りの24時間のことではなく、労働力再生産に必要な非労働時間込みでの「1日」であった。しかし、時給で言うところの「1時間」とは基本的に文字通りの労働時間だけを指している。労働した時間だけに賃金を支払うというこの形態は、日給や週給などとは質的に異なるのである。

そして、このことから、賃金は「労働の価格」であるとする外観が、この賃金形態においてはいっそう強められていることがわかる。標準賃金においては、非労働時間を含む労働力再生産の単位にもとづいて支払われているのだから、それが「労働の価格」ではなく、むしろ労働力を再生産するのに必要な額を表現したものであるという観念ははるかに成立しやすい。しかし、労働力再生産の基本単位が時間で割られて個々の断片に分解されることによって、このような観念も打ち砕かれる。「労働の価格」という外観はまさに、時間賃金でこそ真に成立するのである。

この外観は、時間賃金の水準そのものが標準賃金から量的にずれることによっていっそうはなはだしくなる。最初は単に標準賃金を標準労働日で割ることによって時間給の基本額が成立するのだから、それは部分と全体との違いにすぎなかった。しかし、いったん、標準賃金と時間給とが別個のカテゴリーとして成立し、それらが異なった生産部門や雇用形態に付着するようになれば、それぞれの賃金水準はさまざまな諸事情に規定されて別個に運動するようになる。標準賃金を獲得しうるのは、相対的に雇用形態が安定していて、労働者の組織性も相対的に進んでいるような部門が多いであろうから、そこでの賃金水準は相対的に上がりやすいと言えるだろう。それに対して、時間単位で賃金が支払われるような労働者は最も組織性が弱く、資本との間の相対的力関係が最も不利である場合が多いだろうから、その賃金水準はなかなか上がらないだろう。こうして、両者は量的にしだいに分離するようになる。

質的な区別が量的な差異をもたらすことによって、質的な区別はいっそう強化される。時間賃金の本来の起源（労働力の再生産単位にもとづく賃金を労働時間で割ったもの）が忘却され、文字通り、1時間の労働に対する対価として現れるようになるのである。

出来高賃金

　第2の派生形態は**出来高賃金**（出来高給）である。最も単純な形態の出来高賃金は次のような式によって算出することができる。

$$出来高賃金 = \frac{時間賃金}{1時間あたりの生産個数}$$

　たとえば、時間賃金が1000円だとして、1時間あたりに生産される生産物（たとえば何かの部品）の個数が10個である場合には、出来高賃金は1個あたり100円だということになるだろう。

　実際に生産された生産物の個数単位で賃金が支払われることで、賃金が「労働の価格」であるという外観がより決定的なものになるのは明らかであろう。しかもここでの「労働」はもはや時間で測られる抽象的労働ではなく、具体的な使用価値を生産する具体的な労働なのであるから、賃金が「特定の具体的有用労働に対する価格」であるという外観が決定的なものになるだろう。賃金という形態そのものに潜在していた「転倒」がここにおいて完成された形態をとるのである。

　だが、この式においてただちに問題になるのは、分母にある「1時間あたりの生産個数」というものをどのように測るのかである。一般的な答えはある資本家の指揮下にいる各労働者が生産する個数の単純平均であろう。だが、前講の資本主義的協業のところで説明したように、「平均」という概念は資本主義のもとではけっして階級中立的な算術的概念ではない。資本家は絶え間なくこの平均の水準を高めようと努力し、その引き上げについていけない労働者を排除することによって、1時間あたりに生産される平均個数を引き上げようとするだろう。あるいは逆に、この1個あたりの出来高賃金を絶え間なく引き下げることによって、平均的な時間賃金を得るだけでもより集中してより高い強度で、あるいはより長時間、労働せざるをえなくするだろう。そして資本家はたいていこの両方を同時に追求する。

　そして、労働者の側からの組織的抵抗がなければ、1個あたりの賃金水準は際限なく切り下げられ、事実上、最低賃金さえ下回る事態になるだろう。しかも最低賃金は基本的に時間賃金として表示されるので、出来高賃金という形態

をとっているかぎり、資本家にとってこの最低賃金以下の賃金を支払ってすますことは実に容易である。資本家にはいつでも立派な言い訳が用意されている。ある労働者が事実上最低賃金以下しか平均的に得ていなくても、それはその労働者が無能で、要領が悪いせいなのであって、出来高賃金の水準が低いせいではないと主張することができるのである。

この意味で、出来高賃金は、資本家にとって、賃金を容易に切り下げ、容易に労働強化や長時間労働を押しつけることができる形態として理想的である。だが他方では、この形態が集団的労働にもとづく現代的な生産様式にはまったく不向きであるのも明らかである。機械化された工場で1時間あたりの生産個数を決定づけるのは、高い出来高賃金を求めて労働する労働者の意欲ではなく、基本的に労働者のコントロール下にはない大規模生産手段としての機械の性能やスピードやその配置である。出来高賃金は、集団的労働や機械化が向かない特殊な産業部門ないし労働分野でのみ、資本家にとって理想的な賃金形態なのであって、一般的には必ずしも理想的な賃金形態とは言えないのである。

4. 雇用とその諸形態

資本と労働との交換関係を、生産過程を踏まえて再検討する上での最初の課題は、このように「賃金」という特殊な商品価格形態を考察することであった。だが、資本と労働との交換関係においては、労働力商品の価格が「賃金」という特殊な形態をとるだけではない。労働力の売買契約そのものも特殊な形態をとる。そこで次にこれを検討しよう。

労働力売買の「雇用」への転化

労働力価値が「労働の価格」としての賃金に転化するのとまったく同じく、労働力の売買もまた「労務提供契約」としての**雇用**に転化する。労賃ないし賃金が「労働の価格」として現われるように、労働者が賃金と引き換えに資本家に譲り渡すものはもはや「労働力」ではなく、労働そのもの、あるいはより非経済学的な用語を用いれば、「労務」である。「労務」という概念は、労働という概念以上に労働力から切り離されている。

マルクスは『資本論』において労働力の価値ないし価格の労賃への転化については展開しているが、それと裏腹の関係にある「労働力売買の雇用への転化」については展開していない。ここにも当時の時代的制約が見られる。「雇用」が単なる商品売買契約と異なるものとして現われるのは、それがその時々の1回限りの契約ではなく、長期にわたる相対的に安定した雇用契約となる場合である。そのような雇用契約はまた標準賃金と相互補完関係にもある。契約が単発的で短期的であればあるほど、それは「雇用」としてではなく単なる労働売買関係として現われるだろうし、またそこでの賃金は、長期雇用を前提にした標準賃金ではなく、直接の労働時間や直接の生産個数を基準にした賃金形態であろう。

　したがって、「雇用」という形態は、一方では、そこにおいて実際に取引されているのは労務ではなく労働力であるという「本質」を隠蔽する役割を果たすのだが、他方では、そこでなされているのが単なる単発的な商品売買ではなく、労働者の生活に一定の責任を負うべき長期反復的な独特の契約関係であるという観念をも発展させることによって、労働者の生活を安定させる役割も果たすのである。

　また、労働力売買が「雇用」という独特の形態をとり、そのように概念化されることによって、もう一つ別の奇妙な転化、転倒が生じる。それはすなわち、資本家が、労働力商品の買い手として現われるのではなく、その逆に、「雇用」ないし「仕事」を労働者に与える者として登場することである（実際、ドイツ語では、「雇用主」のことを「仕事を与える者（Arbeitsgeber）」と表現する）。本来の商品売買においては、買い手は単に商品と引き換えに、その価値に相当する貨幣を支払うだけであった。そこにおいては、両者はお互いに等価交換を通じて相互に利益を得るのであり、買い手は貨幣と引き換えに商品を受け取る側であった。しかし、労働力商品の売買が「雇用」という形態をとると、資本家は貨幣と引き換えに労働力商品を得ているにもかかわらず、すなわち「商品の受け取り手」であるにもかかわらず、資本家が「雇用」ないし「仕事」を労働者に与えているという外観が生じるのである。

　それゆえ資本家は、労働者から労働力商品を価値どおりに受け取っているだけでなく、それ以上に無償の剰余労働をも搾取しているというのに、労働者に

「雇用」ないし「仕事」を与えてくれる者として感謝するよう労働者に求めるのである。「奪いとった相手」に対する感謝をよりにもよって「奪われた側」に求めるというこの驚くべき転倒は、後で見るように、資本の蓄積を通じていっそう深化する。

雇用の諸形態Ⅰ——直接雇用と間接雇用

紙幅の関係上、雇用の諸形態についてはごく簡単にのみ説明する。雇用はいくつかの基準にもとづいて区分することができる。その第1の基準は、労働者と資本家とが直接に雇用関係を結ぶのか、それとも中間業者ないし親方的存在を介在させて間接的に雇用関係を結ぶのかである。前者を**直接雇用**と呼び、後者を**間接雇用**と呼ぶ。

独自に資本主義的な生産様式が未発達な時期においては、雇用形態の主流は間接雇用であった。労働過程がまだ資本主義以前の伝統的手法でなされている場合、その労働過程に精通した親方的存在が末端の作業労働者を募集し、労働者を選別し、生産過程を指揮監督し、個々の労働者への賃金の支払いを管理していた。資本家はこの親方的存在と契約を結んで、賃金もまとめて支払い、労働者の選抜や管理を委ねていた。これを**内部請負制**という。労働過程そのものが旧来のやり方でなされていたので、その労働に精通していない資本家は、自ら労働者の質や量を確定することができなかったし、その労働を指揮監督することもできなかった。それゆえ、伝統的な労働様式に精通している親方的存在に、労働者の募集や選別や指揮監督を委ねたのである。この親方的存在は、その報酬として、直接作業を行なう労働者よりもはるかに多額の賃金を獲得していたが、それはしばしば、本来は末端の作業労働者に支払われるべき賃金からの控除（**中間搾取**）であった。

この形態は一方では、総賃金額を低く抑えたり、労働者の募集・選別や労働管理にかかるコストを節約したり、また搾取に対する労働者の怒りを直接資本に向けさせないといったメリットが資本の側にあったのだが、他方では、旧来の生産様式がそのまま維持されることを前提としており、生産様式の変革を通じてより資本の運動原理に沿った大規模な生産過程を実現するにはふさわしくなかったし、また労働者を直接管理することができないがゆえに、労働そのも

のをより効率的なものにする上でも大きな制約があった。そして、親方的存在による中間搾取はしばしば残酷な形態をとり、また時に暴力団がそうした役割を担ったことで、労働者の強い反発と抵抗を受け、また社会的な非難を浴びることになった。こうした中で内部請負制はやがて崩壊し、しだいに雇用の形態は間接雇用から直接雇用へと移行し、それを通じて生産様式の変革やより緻密な労務管理なども実現することができるようになったのである。

　この内部請負制を筆頭とする間接雇用はその後、労働者の地位向上の中で法的に禁止されるか、大きな制限のもとに置かれるようになるが、昨今の新自由主義化の中で再び解禁され、今度はより洗練された大規模な近代的ビジネスとして発展するようになった。それが**派遣労働**という業務形態であり、それを仲介する人材派遣業者である。あるいは内部請負ではなく、さまざまな形態の**外部請負**である。

　これらの新たな間接雇用の普及は、労働者の地位を低め、雇用を不安定化させるとともに、労働者の雇用と労働者への指揮との分離（雇用と指揮との分離）をもたらした。

雇用の諸形態Ⅱ──長期雇用と短期雇用

　雇用の形態を区分するもう一つの基準は雇用期間の相対的な長さ、ないしその相対的な安定性の程度である。相対的にかなり長い期間にわたって持続的に雇用契約が結ばれ、ある程度までその雇用契約が反復継続される**長期雇用**の形態と、たとえば日雇い労働者や臨時アルバイトのように、その日、その日に、あるいはごく短期間、必要なだけの数の労働者が資本によって雇用されるような**短期雇用**の形態とが存在する。雇用が短期的であればあるほど、その賃金支払い形態は時間賃金か出来高賃金になり、あるいはせいぜい日給か週給である。毎日、自己の労働力を新たに資本家に売らなければならないという形態は、労働者にとってはきわめて過酷であり、また数日雇われなければたちまち生命の危機をもたらすことになるだろう。

　労働者は、直接雇用のためだけでなく、できるだけ長期間に及ぶ安定した雇用のための闘争を持続的に継続し、それを勝ち取ってきた。長期雇用こそが労働者に安定した収入とその生命の持続的再生産を可能とするのであり、一定の

人生設計をも可能とする。それらなしには労働者は、まるごと誰かの所有物とされている奴隷とほとんど変わらぬ惨めな境遇に落とされるだろう。生涯まるごと奴隷主に所有される奴隷の地位と、日々資本家に労働力を売らなければならない不安定な賃金労働者の地位とは、一見すると正反対のようであり、前者はまったき不自由で、後者はまったき自由であるように見えるが（フリーター！）、しかしその現実的結果はいずれも残酷な不自由と奴隷状態に他ならないのである。賃労働者は多少なりとも文明的な人間の地位に成り上がるためには、ある程度持続的かつ長期的な雇用を絶対に必要とするのである。

　もちろん、資本の側にも長期雇用を一定必要とする事情がある。毎回毎回、必要な数の労働者を集めたり雇用契約を結んだりすることはきわめてコストのかかることであるし（それゆえ短期雇用は先に述べた間接雇用と結びつきやすい）、またそれは労働者側のスキルの蓄積を妨げ、その会社や工場における労働の仕方や手順や慣行などをいちいち教えなければならず、そのためのコストも莫大になるだろう。また、生産の大規模化や固定資本の償却期間の長期化もまた、雇用の持続的継続を一定必要とした。長期雇用はある程度、労働者および資本の双方にとって必要なものであり、したがって、資本主義が発展するにつれてしだいに長期雇用の慣行は広がっていた。

　しかし、いかに雇用形態が形式的には長期雇用であっても、資本家によって随時自由に解雇されうるとしたら、それは形式的にのみ長期的な雇用にすぎない。労働者は資本家によって解雇されないために、常に資本家のご機嫌をうかがい、資本家の意のままになるよう努力しようとするだろう。これではやはり労働者は惨めな奴隷の地位のままである。形式的長期雇用が実質的長期雇用なものになるためには、何らかの形で法的ないし制度的な解雇規制が必要であって、資本家の恣意的な判断で解雇されない権利が労働者に保障されなければならない。

雇用の諸形態Ⅲ──正規雇用と非正規雇用

　雇用形態を区別する第3の基準はより制度的なものである。これまで述べてきた直接雇用であることと長期雇用であることに加えて、さらに、賃金水準が標準賃金である、さまざまな付加給付の権利を持っている、内部昇進や昇給の

権利を持っている、退職金がある、等々の制度的諸権利・諸特典を伴う**正規雇用**と、そのような諸権利をほとんどないしまったく伴わない**非正規雇用**とに分かれる。正規、非正規という区分は、国や地域によって、あるいは時代によって複雑に異なる諸制度に依存しているので、なかなか判然と定義のできない区分であるが、日本のように、この区分が非常に明瞭で、その制度的・賃金的格差がきわめて大きい場合には（そしてたいてい労働組合は正規雇用にしかない）、それはすぐれて身分的なものに近づくだろう。

　かつての熟練の度合いや複雑さに応じた労働者の等級化、階層化に代わるこのような新たな等級化、階層化は、労働者の階級的団結を阻害し、労働者の規律化と統合をより容易にする。しかしながら、気をつけなければならないのは、正規と非正規との格差の是正という一見まともなスローガンのもとに現在押し進められているのは、非正規労働者の地位向上ではなくて、正規労働者の既得権の剥奪と賃金切り下げ、不安定雇用化であって、要するに正規労働者の地位をできるだけ非正規労働者の地位へと近づけることなのである。それは資本家による搾取と労働者支配を全体としていっそう強める結果にしかならない。

　このような労働者分断を通じた労働者全体の地位低下の企てを許さないためにも、正規労働者の側は、とりわけ彼らを組織している労働組合は、非正規労働者の地位向上の闘いに精力的に取り組まなければならない。下位を引き上げることこそが結局は、すべての労働者の地位を向上させ、すべての労働者の利益になるのである。

第13講 資本の蓄積過程 I
——単純再生産と拡大再生産

　資本は生産過程で剰余価値を生産するだけでは、まだその本来の運動を果たしたことにはならない。剰余価値を含んだ諸商品はまず何よりも流通過程において価値として実現され、再び出発点としての貨幣資本に再転化されなければならない。そうしなければ、それは単に在庫商品として資本家の懐を圧迫するだけであって、何ら自己増殖したことにはならないだろう。だが、流通過程を無事経過して、商品資本を再び貨幣資本に転化することができたとしても、まだ不十分である。すでに述べたように、資本は無限の価値増殖を追求する運動体であるから、1回限りの生産過程で剰余価値を生産するだけでは、1回限りの資本であるにすぎない。それは絶えず拡大する規模で次の生産に再投資され、ますます大きな規模の資本へと増殖していかなければならない。このような過程を資本の**蓄積過程**という。

　この蓄積過程は、資本と剰余価値の絶えざる再生産過程として見るならば、拡張された生産過程に他ならない。その場合、これまで剰余価値論として、あるいは生産様式論として論じてきた生産過程はより狭い意味での生産過程であるということになろう。これを**直接的生産過程**と呼ぶ。ここで論じられる蓄積過程は、あくまでもこの直接的生産過程の拡張版としての蓄積過程である。それゆえ、その範囲を超えるさまざまな諸契機は捨象される。

　たとえば、商品資本から貨幣資本に再転化する具体的な過程に関する分析は本書の範囲外にある「資本の流通過程」という独自の項目でなされる。ここでは、あくまでも直接的生産過程に即した蓄積過程が分析されるので、この流通過程は捨象され、商品資本は順調に貨幣資本に再転化されるものと仮定される。実際には「順調」どころではない有為転変を商品資本は経るのだが、それは流通過程論で分析される。したがって、ここでは流通費の問題や価値の実現問題は捨像される。同じく外国貿易も捨像される。

1. 単純再生産Ⅰ——単純再生産の概念

拡大再生産の前提としての単純再生産

　この資本の蓄積過程は、資本の生産過程という観点から見れば、資本の生産過程がますます大きな規模で繰り返されることである。資本による生産が繰り返される過程を再生産というのだが、この再生産がますます大きな規模で繰り返されることを**拡大再生産**と呼ぶ。しかし、この拡大再生産を分析するためには、まずもって、再生産そのものを分析しておく必要がある。そのためには、とりあえず剰余価値が次期生産に投資される側面を捨象し、剰余価値がすべて資本家によって個人的に消費され、同じ規模で再生産が繰り返される事態を分析しておく必要がある。これを**単純再生産**と呼ぶのだが、資本の本来の運動形態である拡大再生産を分析するためには、まずもってこの単純再生産を分析しておく必要があるわけである。

　単純再生産というのは、同じ規模での再生産の繰り返しであるから、無限に自己増殖していく価値の運動体としての資本の本質的あり方から逸脱している。とはいえ、現実の資本の運動においてはこのような単純再生産の局面はいくらでもある。ここでは捨象されている商品資本の実現過程におけるさまざまな諸困難や諸費用を別にしても、生産様式のところで分析したように、生産規模を実際に拡大するためには、一定の比例的割合で労働者を集団的に雇用したり新たな固定資本を購入しなければならないのだが、そのためにはそれを可能とするような資金を蓄積しておかなければならない。それゆえ、全体として拡大再生産が進行するという想定にあってさえ、単純再生産の局面が生じることは必然的なのである。

　また、どんな事情で単純再生産が生じるのであれ、少なくとも同じ規模で再生産ができているかぎり、資本はその運動を持続させることができるのだから、この単純再生産は資本の運動そのものの前提条件であると言うことができる。したがって、単純再生産は拡大再生産を分析するための理論的前提であるだけでなく、拡大再生産が実際に生じうるための現実的前提でもある。

単純再生産の分析

　資本家が、生産過程で生産される剰余価値をすべて個人消費用として消費した場合には、必然的に単純再生産が生じることになる。もちろん、資本の再生産の流れの連続性を維持するためには、実際には単純再生産のためだけであっても、資本家はすべての剰余価値を個人的に消費することはできない。なぜなら、不測の事態が生じたときの予備資金が必要であり、それなしには単純再生産さえも維持しえないことになるからである。しかし、ここでは問題を単純化するために、流通が順調に進むと仮定し、この予備資金の存在を捨象することにする。

　たとえば、前貸資本を 1000 G とし、それが不変資本と可変資本とに分かれる割合を 3：2 とし、剰余価値率を 100% とすると、前貸資本の流れは以下のようになるだろう。

$$1000\,G \ - \ 1000\,W \ \cdots \ P \ \cdots \ 1400\,W' \ - \ 1400\,G'$$

（$1000\,W$ の内訳：$600\,c$ と $400\,v + 400\,m$）

　この資本循環においては、**原資本** 1000 G が 1400 G に転化しており、400 G だけ価値が増殖している。しかし、生産過程において抽出されたこの剰余価値 400 G は結局すべて資本家によって個人的消費に使われるので、2期目の生産も最初と同じく 1000 G の前貸資本から出発することになる。したがって、再生産は常に同じ規模で繰り返されることになるわけである。

　しかし、不変資本 600 c のうち固定資本に相当する部分（機械や工場など）は 1 回の生産ごとに更新されるのではなく、その耐用期間全体にわたって生産過程にとどまって、その価値が少しずつ生産物に移行する。したがって、600 c のうち固定資本の価値を体現する部分はそのまま次の生産に回るわけではない。それは資本家のもとで蓄えられて、固定資本が更新されるときに（たとえば 5 年後か 10 年後に）まとめて生産過程に投下される。しかも、固定資本はその物的性質に応じて、その耐用年数には大きな差がある。日々技術進歩が行なわれる最新鋭の機械やパソコンなどであれば、その更新期間は 3～5 年であろう。しかし、工場やオフィスビルのようなものは、その耐用年数は数十年であろう。したがって、固定資本について考察する際には、これらすべての固定

資本の耐用年数の平均値を用いる必要がある。たとえば、総固定資本が平均して5年ごとに更新されると仮定し、その総額が1000Gだとすると、毎年200Gずつ生産過程に価値として入り込むことになる（**均等償却**の場合）。この200Gは、生産された商品がすべて実現されれば資本家の手元に帰ってくるのだが、それは次の生産過程には投下されず、資本家の手元で、あるいは銀行のもとで、固定資本更新用の準備金を形成する。そして5年かけて1000Gになった時点で、この1000Gが生産過程に投下されるのである。しかし、このような複雑な関係はここでの単純な再生産モデルにとっては外的な事情であるので、ここでは、計算を簡単にするために、このような固定資本更新のための蓄積を捨象し、不変資本600cがまるごと次期生産にも投下されると仮定しよう。

2. 単純再生産Ⅱ——単純再生産による種々の変化

さて、このような単純再生産は、量的に見るならば、何度繰り返されても——その他の諸事情が同一であるかぎり——事態をいささかも変えるものではない。1000Gは毎回、1400Gの貨幣となり、そのうち400Gが個人的に消費されて、再び次の生産では1000Gが出発点となる。しかし質的に見れば、このような単純な再生産の繰り返しであっても、さまざまな重要な変化が生じる。以下それを順に見ていこう。

資本主義的生産関係の再生産

まず第1に、単純再生産の繰り返しは、単に絶えず剰余価値を生産するだけでなく、資本・賃労働関係そのものを、資本主義的生産関係そのものを再生産する。というのも、労働者が得る賃金は自己の労働力を再生産することしかできない額に限定されているのであり、労働力が持っている価値増殖力を資本に奪われてしまっているからである。それゆえ、労働者は、自分（および家族）が生きていくのに必要な支出に賃金を使い果たしてしまった後は、再び無一文になるのであり（もちろん、耐久消費財の購入のためや子どもの教育費のため、あるいは自分の老後のために一定の貯金はするのだが、この貯金も結局は未来のある時点で消費されることがあらかじめ決まっている）、それゆえ再び資本

家のもとで賃労働者として働くことを余儀なくされる。

今日、いわゆる脱サラ（脱賃労働者）を試みる人も少なからずいるが、ごく一部の成功者を除いては、圧倒的多数は失敗することが運命づけられている。したがって、労働者は常に絶えず資本のもとに返ってこざるをえず、資本のために剰余価値を生産することを条件に賃金を獲得することしかできない。他方で、資本家の極では、賃金と引き換えに労働者のこの価値増殖力を絶えずわがものとすることによって、絶えず自己を資本家として再生産し、したがってまた労働者の労働力を購入する権力を持った者として自己を再生産する。こうして、資本主義的生産関係そのものが、この階級的関係そのものが絶えず再生産されていくのである。

こうして、前提ないし出発点であったものがその運動自身の結果となることによって、関係を永続させることができる。個々の資本に即せば、倒産したり売却されたりすることがあるだろうが、全体としての資本関係ないし資本主義的生産関係は、このような再生産の繰り返しを通じて自己を永続化させるのである。このような自己再生産過程は、資本が、流通表面を徘徊する寄生的な存在であったときにはありえなかったことである。資本は生産過程を包摂することによってはじめて、自己をシステム的に永続させることができたのである。

剰余価値の収入への転化

第2に、資本家は、単純再生産を繰り返すことで周期的にある一定額の自由に処分可能な貨幣（すなわち剰余価値）を獲得することになるのだが、このように周期的に繰り返される何らかの行為ないし「物」の所有の結果として、自由に処分可能な一定額の貨幣が周期的に懐に入ってくる場合、それは**収入**という外面的形態をとる。

このように、周期的に得られる自由に処分可能な貨幣が、現実の起源を無視して「収入」という分配概念で総括されることによって、あるいはそのようなものとして社会的に承認されることによって、生産過程における剰余価値の生産と搾取という現実的連関はますますもって覆い隠され、神秘化され、目に見えないものになる。ここでの連関は、ただ一定の「物」ないし「行為」と、周期的に得られる貨幣というまったく外面的な連関でしかない。そのような周期

的な貨幣獲得を可能とする現実的連関は完全に消失してしまっている。

賃金の起源

第3に、資本家が労働力商品と引き換えに労働者に支払う賃金は、生産過程の出発点にあっては、資本家自身が所有している財産ないし貨幣資本の一部であった。資本家はその手持ちの資金から労働力商品に対する代金を支払ったのであり、したがって、賃金は資本家自身の前貸しに他ならなかった。

しかし、生産過程が繰り返されるならば、実際には、資本家は、労働者に支払った貨幣を、生産過程において、資本家が入手した労働力が生み出す新たな価値（価値生産物）によってそっくり補填するのであり、しかもそれ以上の価値（剰余価値）をも入手するのである。したがって、資本家自身の財産からの前貸しとして現われた賃金は、この再生産過程を通じて、実際にはそれが労働者自身によって生み出される価値の一部に他ならないことが明らかとなる。

労働者は、自分が受け取る賃金の代わりに、それと等価の労働力商品を資本家に譲り渡すだけでなく、それを繰り返し購入するための価値を絶えず資本家のために生産してやっているのである。通常、私がある商品を購入すれば、その貨幣は永遠に私のもとから去り、私の手元にはそれと等価の価値を持った商品が残るだけである。私がその商品を繰り返し購入するためには、それに必要な貨幣を絶えず別のところから調達しなければならない。しかし、労働力という商品は、それを繰り返し購入するための貨幣を絶えず自らその所有者に生み出してやるのであり、こうしてこの購入を永続的なものにすることができるのである。逆に労働者はそのような力能を賃金と引き換えに手放し、資本家に譲り渡してしまうのである。

原資本の剰余価値への置き換え

第4に、再生産の繰り返しは、単に賃金を労働者自身がつくり出した価値からの分与に転化させるだけでなく、本来は資本家の最初からの所有物であったはずの原資本をも事実上、労働者自身がつくり出した剰余価値の塊に転化させるのである。

いったいこれはどういうことだろうか？　資本家は何らかの手段を用いて蓄

積した資本を元手に生産過程を開始する。彼が最初に持っていた資本は、もしかしたら他人から盗んだり騙したりして手に入れた貨幣かもしれないが、しかし、少なくとも彼がその所有者として交換過程に登場するかぎりでは、その来歴は問われず、彼が所有しているものは合法的で正当なものであると想定される。そして、実際にはそれは合法的に入手したものかもしれない。彼がこつこつと働いて貯めたお金かもしれないし、親から受け継いだ遺産かもしれない。あるいは宝くじに当たって得たお金かもしれない。いずれにせよ、彼はその原資本を自己の正当な所有物として手にしているわけである。

　しかし、資本家が最初に有しているこの原資本の起源が何であれ、単純再生産を繰り返すうちにこの原資本は事実上、剰余価値の塊となってしまう。なぜなら、彼は対価なしに労働者から搾取した剰余価値を個人的に消費してしまい、使い果たしてしまうからである。もし彼が剰余価値を搾取していなければ、彼が消費したお金は彼自身の財産から支出しなければならなかったはずである。さもなければ、他人からお金を借りなければならなかったはずである。たとえば、原資本を1000Ｇとし、そこから獲得される剰余価値を200Ｇだとする。彼はこの獲得された200Ｇを個人的に消費してしまう。もし彼が剰余価値を労働者から搾取していなければ、この消費された200Ｇは彼自身の財産から補填されるか、あるいは他人からお金を借りて補填されなければならない。あるいは、購入先の売り手への債務として残ることになるだろう。いずれにせよ、その分は最終的に彼の財産でもって清算されなければならないだろう。

　こうして、生産のこの1期目において、彼の原資本1000Ｇのうち200Ｇは事実上、剰余価値の体化物と化す。次に生産の2期目が起こる。この2期目も1期目と同じ規模で生産が行なわれるわけであるから、他の諸事情が同じだとすれば、やはり剰余価値200Ｇが最終的に獲得される。資本家はこの200Ｇも個人的に消費してしまう。こうして、彼の原資本1000Ｇのうち400Ｇは剰余価値の塊となる。こうして生産が3期目、4期目と繰り返され、5期目になると、彼の原資本1000Ｇはすっかり剰余価値の体化物と化すだろう。なぜなら、もし剰余価値を労働者から奪い取っていなければ、彼は借金しなければならず、したがって5期目の終わりには、彼は自分が持っている1000Ｇすべてでもってその借金を清算しなければならないからである。実際には借金の場合は利子

が発生するので、1000 G でも足りないのだが、少なくとも 1000 G はもはや彼の手元に残らないだろう。

このように考えるならば、資本家は単純再生産を繰り返すだけで、事実上、彼の原資本を剰余価値の塊に変えてしまっているのである。生産の 6 期目以降になると、彼にはもはや補填することのできる原資本がないので、6 期目以降になされる個人的消費分の価値は純粋に、労働者から奪い取った剰余価値の個人的な浪費である。資本家はその分の借金を事実上、労働者に負うことになるだろう。

しかし、理論的にはそうだとはいえ、商品交換の形式的メカニズムの上では、資本家は何期生産を繰り返そうとも、どれほど個人的消費を繰り返そうとも、自己の原資本を自己の正当な所有物として保持し続けるし、彼らはけっしてそれが事実上労働者の所有物になっているとか、ましてや労働者に借金を負っているなどとは思わない。だが、もし労働者階級が全体としてこの内的連関に気がついて、資本家たちの所有している工場や機械や商品資本、資本家たちが個人的に享受している高級車や邸宅や宝石などの一切合財が、本当は労働者から奪い取った剰余価値の塊にすぎないことを知り、その返還を要求したらどうなるだろうか？

3. 剰余価値の資本への転化

資本の運動原理は絶えざる価値増殖であり、無限にその資本を蓄積していくことである。したがって、獲得された剰余価値がすべて個人消費されるという想定は、この原理と矛盾する。したがって、その一部ないし全部が次期生産のための**追加資本**となって原資本に合体されることで、はじめて資本はその本来の運動形態を獲得するのである。この場合、剰余価値は個人的に消費するための**消費元本**と次期生産に投資するための**蓄積元本**とに分割される。

剰余価値の追加資本への転化

獲得された剰余価値が消費元本と蓄積元本とに分割される割合を**剰余価値分割率**と呼ぶことにすれば（剰余価値分割率 = $\dfrac{\text{蓄積元本}}{\text{剰余価値}}$）、この剰余価値分割率

の大きさしだいで、次期生産の出発点となる前貸資本の大きさが変わることは明らかである（すでに述べたように、固定資本更新のための準備金は捨象され、蓄積元本がすべて次期生産のための追加資本になると仮定されている）。そこで、たとえば、獲得された剰余価値の半分が個人消費され、残り半分が次期生産のための蓄積元本になるとしよう（つまり剰余価値分割率は 50％）。

たとえば、先の事例におけるように、1000 G が 600 c と 400 v に分かれ、剰余価値率が 100％で 400 m の剰余価値が獲得されるとすると、その 400 m の半分 200 G が消費元本となり、残る半分 200 G が蓄積元本となって追加資本として次期生産に回る。この追加資本 200 G がそのまま原資本 1000 G に合体されて、第 2 期の生産が開始される。他の諸事情が同じであれば、この 1200 G は同じ割合（3：2）で不変資本（c）と可変資本（v）とに分かれるだろう。剰余価値率も同じだとすると、第 1 期と第 2 期の蓄積運動はそれぞれ以下のような資本循環を形成する。

第 1 期の蓄積

$$1000\,G \longrightarrow 1000\,W \cdots P \cdots 1400\,W \longrightarrow 1400\,G \begin{cases} 600\,c \\ 400\,v + 400\,m \end{cases} \begin{cases} 1000\,G（原\ 資\ 本）\\ 200\,G（蓄積元本）\\ 200\,G（消費元本）\end{cases}$$

第 2 期の蓄積

$$1200\,G \longrightarrow 1200\,W \cdots P \cdots 1680\,W \longrightarrow 1680\,G \begin{cases} 720\,c \\ 480\,v + 480\,m \end{cases}$$

このように第 2 期の生産においては、出発点としての貨幣資本が 1000 G から 1200 G に増大したことによって、獲得される剰余価値の量も増えて、400 m から 480 m になっている。したがって、最終的な貨幣資本の大きさも、第 1 期の 1400 G ではなく、1680 G に増大している。この第 2 期の資本の運動は、より分析的に見れば、原資本の運動と追加資本の運動とに分かれるだろう。これらは実際には一体のものとして資本の運動を遂行するのだが、便宜的に原資本の運動と追加資本の運動とに分けることができる。すると、それは以下の 2 つの運動になるだろう。

原資本の運動　　1000G　—　1000W　…　P　…　1400W　—　1400G
　　　　　　　　　　　　　　　＜600c
　　　　　　　　　　　　　　　　400v＋400m

追加資本の運動　　200G　—　200W　…　P　…　280W　—　280G
　　　　　　　　　　　　　　　＜120c
　　　　　　　　　　　　　　　　80v＋80m

　この2つの運動が合体したものが、先に示した第2期の蓄積運動になるわけである。同じようにして第3期の生産も記述することができる。第2期の生産によって生じた剰余価値480 m のうち、同じく半分の240 G が消費元本となり、残る240 G が蓄積元本となって出発点の資本1200 G に追加されるとすると、第3期の生産は1440 G から出発することになり、最終的に576 m の剰余価値を生む。

　この場合も、いくつかの部分に分析的に分けることができるだろう。この1440 G のうち、1000 G は最初から存在する原資本である。残る440 G のうち、200 G は原資本から生じた追加資本である。これを追加資本Ⅰと呼ぼう。もう一つの200 G は第2期におけるこの追加資本Ⅰの運動の繰り返し部分である。残る40 G は第2期の生産における追加資本Ⅰの運動から生じたさらなる追加資本部分であり、それを追加資本Ⅱと呼ぼう。したがって、第3期の資本の運動は、原資本＋（追加資本Ⅰ×2）＋追加資本Ⅱという3種類4つの資本の運動の合体であるということになる。

　このように、1000 G からはじまった資本の運動は、蓄積と拡大再生産を繰り返すことで、1000 G → 1200 G → 1440 G としだいに拡大した大きさで生産を開始することができ、それによって獲得される剰余価値の大きさも、400 m → 480 m → 576 m というように複利的割合でますます増大していき、したがって次期生産において追加資本として用いられる蓄積元本も拡大していくのである。

節欲説

　先の例では剰余価値の半分が消費元本に、残る半分が蓄積元本となって追加資本として次期生産に回ると仮定したが、このような分割率は何ら必然的なも

のではない。この分割率は、資本家がどれぐらいの個人的消費を享受しどれぐらい自己の資本を拡大したいと思うのかという主観的要素と、次期生産を拡大する上でどれぐらいの資本量が必要かという客観的要素とに依存する。後者の要素については捨象すると、基本的に剰余価値分割率は、個人的消費をますます拡大したいという自然人としての資本家の欲求と、資本をますます大きな規模で拡大したいという「資本の人格化」としての資本家の欲求との、葛藤と対立によって規定されることになる。

　そして、資本家はずうずうしくも、この葛藤から、自己の利潤を正当化するための新たな理屈を編み出した。資本家が獲得した剰余価値のすべてを個人的に消費してしまわずに次期生産に振り向けることは、「節欲」という美徳を発揮することなのであり、したがってそのような美徳に対する報酬として利潤が支払われるべきだというのである（**節欲説**）。このような節欲説は基本的に、剰余価値そのものが収入という外面的形態をとっていることにもとづいている。単純再生産のところで述べたように、収入というのは、周期的に懐に入ってくる一定額の自由に処分可能な貨幣のことである。資本家はこの収入を自由に使っていいのであり、それでもって贅沢三昧してもいいわけである。そうする正当性が「収入」という分配概念には付着している。だが、勤勉なるわが資本家は、そのような「権利」をあえて行使せず、自己の欲望を抑えて自己の収入の一部を次期生産に回して富を生産し、こうして社会に貢献しているのである。このような麗しき「節欲」と立派な「社会貢献」に対して、どうして利潤を請求してはいけないのか、と。こうして、資本家は利潤でもって利潤を正当化し、剰余価値でもって剰余価値を正当化するのである。

　さらに、「節欲」された剰余価値の一部が次期生産において労働者を雇い入れるために用いられるという事実から、この議論はさらなる利潤正当化論を展開する。すなわち、資本家の取り分が多ければ多いほど、それだけ次期生産に振り向けられる資本が多くなり、その一部は「雇用の創出」に役立つのだから、結局、資本家の儲けは労働者の利益にもなるのだ、という正当化論である。「雇用」という形態の成立そのものが、「雇用」ないし「仕事」の与え手としての資本家の外観をつくり出していたが、ここでは節欲説を通じて、この外観はいっそう強まっている。

領有法則の転回

　先に単純再生産について見た際に、単純再生産の単なる繰り返しであっても、資本家の原資本は剰余価値の塊になってしまうことを明らかにした。では、この拡大再生産ではどうなのだろうか？

　まず、獲得された剰余価値の一部は引き続き資本家によって個人消費されるので、その分は原資本の価値を剰余価値へと置き換えていくだろう。では、個人的消費に回る分ではなく、次期生産に回る追加資本は所有の正当性に関してどのような意味を持つのだろうか？　それは最初から剰余価値をもとにしているのだから、その追加資本の一部が可変資本として労働者の労働力と交換される場合には、労働者から奪い取った貨幣で労働者と商品交換を行なうことを意味するだろう。

　たとえば、私がある店に行って、その店で何か買い物をしたとしよう。私はその店で売られている品物をその値段どおりに買うとする。たとえば、私が1万円のお金を持って、その店で売られている1万円の商品を買う。その商品の価格が価値どおりのものだとすると、この商品交換はきわめて正当な交換であることになるだろう。すなわちそれは、1万円の価値を持った商品と1万円の貨幣とが交換される等価交換である。しかし、私がその店に持っていった1万円が実は、その前夜に私がその店に忍び込んで、その店のレジから盗んだお金だったとしたらどうだろうか？　そうすると、その店の1万円の商品と私が持っている1万円の貨幣との交換は、その交換の場面だけを見れば等価交換だが、その貨幣の流れを全体として見れば、それは、私がまったく等価なしにその店の品物を奪い取ったことと同じであろう。ここでの交換はまったく形式的で戯画的なものと化すだろう。それと同じように、追加資本の一部が可変資本に転化された場合、そこでの資本と労働力との交換は、実際には等価交換でも何でもなく、等価なしに労働者の労働力商品を一方的に奪い取ることと同じなのである。

　しかし、それでも追加資本Ⅰに関しては、その出自は資本家がもともと所有していた原資本であった。そこにかろうじてわずかな正当性が宿るとしても、追加資本Ⅱに関しては、その出自そのものが労働者から搾取した剰余価値である。したがって、追加資本Ⅱの一部が可変資本として労働者の労働力と交換さ

れる場合、等価交換の外観さえもはや存在しない。

　このように、私的所有とそれにもとづく等価交換によって、商品所有者が他者の所持する商品ないし生産物をわがものとする＝領有するという商品交換的な領有のあり方は、資本主義的蓄積過程においては、等価なしに他者の所持する商品を一方的にわがものとする＝領有するという正反対の事態へと引っ繰り返るのである。これを**領有法則の転回**という（「転回」というのはある事物がそれ自身の正反対物に引っ繰り返ることを意味する用語）。こうして、資本は、その蓄積過程を通じて自らの領有の商品交換的正当性を自ら否定するのである。

☼より進んだ考察☼──「領有法則の転回」と現実の矛盾

　通説では、マルクスは、資本家と労働者とのあいだで売買されているのが「労働」ではなく「労働力」であることを発見し、等価交換を通じて搾取が成立するメカニズムを明らかにしたとされ、それがマルクスの最大の功績の一つだとされている。これは間違いではないが（ただし、「労働」と「労働能力」とを最初に区別したのはシスモンディである）、しかし、等価交換を通じた搾取の合法則的成立論は実は、マルクスの議論の前半分にすぎないのであり、その後半分が忘れられてはならない。この後半分を提示したものこそ、この「領有法則の転回」論に他ならない。

　なるほど、資本は労働力商品の売買を通じて、等価交換の原則を形式的に侵害することなく剰余価値を取得する。だが、それによって、直接的ではないにせよ、結果的には不等価交換が生じているのであり、より多くの価値とより少ない価値とが結局は「交換」されているのである。そして、その差額、すなわち剰余価値が再び追加資本として労働力との交換に入るならば、いかなる対価もなしに収奪したものと、その収奪された側の商品とが交換されるのであり、この場合には形式的な等価交換さえ事実上否定されているのである。

　つまり、マルクスは、「貨幣の資本への転化」論において、資本の一般的定式（G─W─G′）の「外観上の矛盾」を提示し、その矛盾が労働力商品の登場で解決されることを説いているのだが、それでとどまるのではなく、生産過程論と蓄積過程論を通じて、この「外観上の矛盾」が実は単なる外観ではなく、資本に内在する「現実の矛盾」の現われであることを明らかにしているのである。『資本論』の準備草稿である「経済学批判要綱」や1861〜63年草稿を読めば、マルクスが繰り返し繰り返しこのことを強調していることがわかる。マルクスにとって、労働力商品の導入による「外観上の矛盾の解決」論と、それが実は資本に内在する現実的矛盾の表出であることを

示す「領有法則の転回」論とはセットなのであり、前者だけで話を終えてはならない。

資本は常に出発点において、等価交換の原則にのっとって貨幣と労働力とを交換し、そしてその結果として、等価によらない剰余価値を一方的にわがものとし、絶えずこの等価交換を正反対のものに引っ繰り返しており、そうすることを通じて、等価交換的な正当性を自ら否定しているのである。

しかし、マルクスが「領有法則の転回」について直接言及した章（現行版『資本論』では第22章）においては、まだこの現実性は理論的に宣言されただけであって、そのことが実際にはっきりと目に見えるものとなるのは、資本主義的蓄積の具体的な展開の中で明らかにされる「資本主義的蓄積の敵対的性格」を通じてである。資本主義は何よりも、その蓄積過程によって生じる「富の蓄積と貧困の蓄積」を通じて、自己の敵対的・搾取的・略奪的性格を社会的に露わなものにするのであり、そうすることによって、等価交換的正当性を社会的に目に見える形で自ら否定するのである。この点については次の第14講で論じられる。

4. 資本の蓄積率

蓄積率の定義

上の事例で取り上げた資本の蓄積運動においては、最初1000 Gであった貨幣資本は2期目には1200 Gになっていた。つまり、1000 Gの原資本から生まれた剰余価値の一部が追加資本として蓄積と拡大再生産に回ることで、1200 Gというより大きな貨幣資本として新たな生産を開始することができた。このように、出発点としての貨幣資本たる前貸資本（K）から生み出された価値の一部が追加資本（k′）として拡大再生産用に実際に蓄積される割合を**資本蓄積率**ないしより簡単に**蓄積率**と呼ぼう。すなわち、蓄積率＝ $\frac{k'}{K} \times 100$ である（本書で言う剰余価値分割率を蓄積率と呼んでいる解説書も多いので注意）。

先の例で言うと、前貸資本が1000 Gで追加資本が200 Gなのだから、この場合の蓄積率は20%である。すなわち、出発点としての資本の1000 Gの20%が蓄積元本となり、追加資本として次期生産の出発点となる貨幣資本に合体されたのである。この蓄積率はもちろんのこと、流通過程がすべて順調に行き、その過程でいかなるマイナスも生じなかったことが前提されている。実際には、すでに述べたように、流通過程においては剰余価値からの流通費の控除が起こるし、固定資本の更新のための資金積み立てなどがあるので、現実の蓄積率は

このような高い割合を示すものではない。

　ところで、この蓄積率の大きさは何によって規定されているのだろうか？ われわれがすでに検討した事例では、生産された剰余価値が消費元本と蓄積元本とに分割される割合、すなわち剰余価値分割率だけが問題にされていた。しかし、そもそも剰余価値が分割されるためには、剰余価値そのものの大きさが与えられなければならない。この剰余価値の大きさは何によって規定されているのだろうか？　それはさまざまなものによって規定されるが、さしあたり、労働時間と労働強度とが一定だとすると、最初の前貸資本が不変資本と可変資本とに分かれる割合と、剰余価値率という2つの主要な要因によって規定されているのは明らかである。剰余価値率についてはすでにこれまで十分に説明したと思うので、ここでは前者についてだけ新たに説明しておこう。

資本の価値構成

　資本家はその生産過程において、一定の割合で不変資本（c）と可変資本（v）とに前貸資本を分割しなければならない。たとえば、上で出した例で言うと、総資本1000 Gは600 Gの不変資本と400 Gの可変資本とに分割されていた。すなわち、分割割合は3：2であった。生産に前貸しされる総資本の価値はこのように不変資本価値と可変資本価値とに分割されるのであり、これを**資本の価値構成**あるいはもっと簡単に**資本構成**と呼ぶ。そして、不変資本の割合が高いほど資本構成が高いと表現し、逆に可変資本の割合が高いほど資本構成が低いと表現する。

　しかし、この分割割合は恣意的に選べるわけではない。それは主として2つの要因によって規定される。まず第1に、それは生産手段と労働力との物質的組み合わせにもとづいており、それはそれぞれの生産部門の性質や時代的な変遷によってある程度技術的に決定されている。このような、生産手段と労働力との技術的組み合わせを**資本の技術的構成**と呼ぶ。たとえば、高価な原材料を大量に使用し高度に自動化されている自動車生産部門においては、資本全体に対して不変資本が占める割合はきわめて高い。たとえばそれはだいたい4分の3程度を占める。このように資本の技術的構成が高い生産部門を一般に**資本集約型**の産業と言う。それに対して、サービス労働部門、とりわけ医療や介護や

教育などの対人サービス部門では、高価な原材料をあまり用いないし、自動化もおおむね不可能であって（医療ではかなり高価な医療器具や検査機械が存在するとはいえ）、基本的にはサービス労働者の労働に依存しているため、可変資本の占める割合が高い。そうした産業では人件費の割合は半分から3分の2を占める。このように技術的構成が低い産業を**労働集約型**の産業と言う。

　資本の価値構成を決定する第2の要因は、不変資本価値と可変資本価値のそれぞれの絶対的大きさである。この第2の要因は、気候変動などの偶発的要因を別にすれば、第1の要因と密接に結びついている。なぜなら、資本の技術的構成を高める最大要因である労働生産性の上昇は、それぞれの資本の一単位あたりの価値の大きさを引き下げるからである。すなわち、不変資本を構成する労働手段と原材料は、それぞれを生産する生産部門の労働生産性が高まることによって一単位あたりの価値を引き下げるだろうし、可変資本に関しても、それを構成する労働力価値の大きさは、労働生産性の上昇によって生じる熟練の解体や生活手段価値の全般的低下によって減価するだろう。

　このように、資本の価値構成は主として、相互に連関したこの2つの要因の合成によって決定されている。そしてとくに第1の要因（資本の技術的構成）に規定された資本の価値構成を**資本の有機的構成**と呼ぶのだが、本書では基本的に資本の価値構成ないし単に資本構成という用語を用いることにする。その方がより柔軟に用いることができるからである。

蓄積率を決定する3つの変数

　したがって、資本の蓄積率を規定する諸要因は、資本循環の流れに即して順番に挙げていくなら、1．資本の価値構成、2．剰余価値率、3．剰余価値分割率、の3つである。

　まず、剰余価値率と剰余価値分割率を一定とした上で、資本構成を変えてみよう。先の事例では資本の構成は、600 c：400 v ＝ 3：2 であったが、有機的構成の低い2：3、中間の1：1という場合だと蓄積率はどうなるだろうか？

　途中の計算を省略して、結果だけを言うと、資本構成が2：3の場合、蓄積率は30％となり、資本構成率が1：1の場合、蓄積率は25％となる。最初の例では資本構成は3：2で蓄積率は20％だった。このように、資本の価値構

成が低ければ低いほど蓄積率は高くなり、価値構成が高ければ高いほど蓄積率は低くなる。

　次に、資本構成と剰余価値分割率とを一定として、剰余価値率を変化させてみよう。最初の例では剰余価値率は100％であった。これを剰余価値率が相対的に低い80％と、剰余価値率が相対的に高い120％とでどうなるか見てみよう。資本構成が3：2で、剰余価値分割率が50％の場合、1000 Gの前貸資本から生まれる剰余価値は、剰余価値率80％の場合320 mであり、その半分だけが追加資本になるのだから、蓄積率は16％である。他方、剰余価値率が120％の場合、生産される剰余価値は480 mであり、その半分だけが追加資本になるのだから、蓄積率は24％である。このように、剰余価値率が高ければ高いほど蓄積率は高くなり、剰余価値率が低ければ低いほど蓄積率は低くなる。

　最後の剰余価値分割率についてだが、言うまでもなく、剰余価値分割率が高ければ高いほど蓄積率は高いし、低ければ低いほど低い。

　まとめよう。資本の蓄積率は主として、資本の価値構成、剰余価値率、剰余価値分割率の3つによって規定されており、資本の価値構成が高いほど蓄積率は低く、剰余価値率が高いほど蓄積率は高く、剰余価値分割率が高いほど蓄積率は高い。これら3つの変数の複合として蓄積率は変化する。しかし、これでは話があまりにも複雑になるので、さしあたり、剰余価値率も剰余価値分割率も一定であると仮定して話を進めよう（剰余価値率の変化については第15講で再論する）。

第14講　資本の蓄積過程 II
——富の蓄積と貧困の蓄積

　前講で見たように、資本のいっさいの構成要素は、すなわちその原資本も新たに蓄積された資本も、実際には剰余価値の塊にすぎず、労働者から奪い取ったものをその源泉としている。こうして、資本の形式的正当性は損なわれるのだが、しかしこれは理論的分析の結果にすぎず、すべての人の目に見える形ではまだ現われていない。それどころか、たとえ労働者が生み出す価値の半分ないしそれ以上が資本家によって搾取されていたとしても、資本の蓄積運動とともに進行する労働需要の増大と生産力の絶え間ない上昇を通じて、労働者の生活水準が実質的に向上しつづけるかぎり、資本はその実体的正当性を保持しつづける。この実体的正当性がはたしてどのように維持され、資本の蓄積過程を通じて、どのように維持されなくなるのかを以下に見ていこう。

1. 資本の蓄積運動の3つの枠組み

　この問題を考える上で、まずもって、資本の蓄積運動がどのような枠組みの中で進行するのかを見ておかなければならない。この枠組みは、これまで述べてきた資本の運動法則そのもののうちに与えられている。

資本構成の歴史的高度化

　その第1のものは、前講で明らかにした資本の価値構成が、資本主義の発展とともに高度化すること、すなわち総資本に占める不変資本の割合が可変資本に対して傾向的に増大することである。昔のように熟練労働に頼っていた時代には、彼らが用いる労働手段の規模も小さく、生産過程で消費する原材料の分量も少なかったので、生産手段の割合が低く、労働力の割合が高かった。しかし、第11講の生産様式論で見たように、生産技術が発達するにつれて、この技術的構成は大きく変化する。しだいに、大規模な機械が導入され（固定資本

の増大)、労働生産性が高まって労働一単位あたりに消費される原材料も著しく増大し（流動資本の増大)、逆に生産物一単位あたりに用いられる労働者の数は少なくなる。

　さらにまた、個々の資本の資本規模そのものが歴史的にしだいに大きくなっていくこと自体が、このような資本構成を高めることに貢献するだろう。なぜなら、不変資本の割合を高めるような大規模な技術や設備や大量の原材料は、それ自体、大規模な資本蓄積を前提しているからである。したがって、社会的にはすでに高度な生産技術が存在していたとしても、小資本の場合、その資本規模の小ささゆえにそれを採用することができないかもしれない。その場合には、資本規模の絶対的大きさそのものが、資本構成の高度化に対するネックになるだろう。こうした状況が続けば、やがてこの小資本は市場から駆逐されるだろう。時間とともに拡大再生産を通じて個々の資本の資本規模が大きくなるだけでなく、このような資本規模に依拠した高度な技術を採用できない小資本が市場から駆逐されることも通じて、平均的な資本規模はしだいに大きくなっていくだろう。

　したがって、資本主義の歴史は同時に資本の価値構成がしだいに高度化していく歴史でもある。もちろん、このような生産性の上昇は生活手段生産部門だけでなく生産手段生産部門でも生じるので、生産手段の価値も下がっていくだろうから、実際に生じる生産性の上昇と単純に比例して価値構成の高度化が起こるわけではない。たとえば、労働生産性が以前より100倍増大しても、価値構成の高度化が100倍進むのではなく、せいぜい数倍進むだけだろう。さらに、生産手段生産部門において不変資本をほとんど増大させることなく歴史的に画期的な生産性上昇が見られる場合には（たとえば石炭から安価な石油への移行のように）、資本の価値構成が下がる場合さえありうる。だが、労働生産性の上昇が基本的に同一の労働単位あたりより大量の流動資本を加工しうることを意味し、かつそれを可能にする大規模な固定資本の充用を意味することからして、労働生産性の歴史的上昇とともに総じて資本の価値構成も高度化するとみなすことは妥当であろう。

　この資本構成の高度化は長期的に次のような結果を生み出すだろう。まず第1に、蓄積率が傾向的に下がっていくことである。前講で明らかにしたように、

資本構成が高ければ高いほど蓄積率は低い。したがって、資本主義は、その発展過程において、この発展そのものの表現である資本構成の高度化とともに、蓄積率を傾向的に下げていくという内的に矛盾したシステムであるということがわかる。第2に、資本の蓄積率と可変資本の増大率とのあいだに分離が生じる。可変資本は資本全体の増大と同じ割合で増大するのではなく、しだいに逓減的な割合でしか増大しなくなる。といっても、それでも可変資本は絶対的には増大するのであり、もしそうでないとすれば、資本が獲得する総剰余価値は同一のままか、あるいはしだいに減っていくことになるだろう。

賃労働人口の外延的・内包的拡大

第2の枠組みは、現役労働者・失業者を問わず、賃労働者として利用可能な労働人口が外延的および内包的にしだいに拡大していくことである。

第7講で述べたように、労働者の労働力価値のうちには、労働力の世代的再生産のための費用と労働（育児労働や教育労働）とが入っている。この育児労働分の価値は2人目の子どもの必要生活手段の購入にあてることができるので、労働力価値がきちんと支払われているかぎり、労働者世帯は複数の労働力を再生産することができる。しかし、労働力の世代的再生産は少なくとも15年〜20年以上はかかるかなり長期の過程であり、その具体的なあり方は、ここでは言及しきれない多様な諸要因によって規定されている。

たとえば、資本主義発展の初期段階においては、シスモンディが『経済学新原理』で示しているように、資本主義以前における人口の単純再生産メカニズム（基本的に長子だけが子孫を残せる仕組み）が崩壊したことや、国力の大きさを人口増で測ろうとする重商主義的イデオロギーなどのさまざまな理由があって非常に出生率が高くなり、労働人口の急増が見られた。この出生率はその後しだいに低下していくが、世界大戦の勃発による多産奨励によって再び上昇する。その後、平和な時代の到来によって一時的に再び出産ブームが起こるが、その後、本格的な少子化が起こっている。

このように出産数の長期的増減、したがってまた労働人口の世代的再生産の波は、資本の蓄積運動だけではとうてい規定しきれないきわめて多様な政治的・経済的・社会的諸条件に依存している。それゆえここでは、資本主義のもとに

おける人口変動の平均値をとって、絶対的な労働人口が緩やかに増大していく状況を想定しておこう。

資本の短期的ないし中期的な蓄積運動にとってより重要なのは現役世代内における労働人口の拡張である。これには外延的なものと内包的なものの2つのタイプが存在する。まず、賃労働者として利用可能な労働人口の外延的拡大だが、これは基本的に、非資本主義的ないし半資本主義的な諸領域を資本がしだいに包摂していくことによって、古い生産諸関係を解体し、それまでは資本・賃労働関係の外部で働いていた労働者を賃労働者にしていく持続的過程である。歴史的には主として没落した旧支配層（貴族や武士、あるいはその子女）、独立自営職人や小商人、あるいは自営農、地主や資本家のもとで働く使用人などがそのような包摂の対象となる。

それに対して、労働人口の内包的拡大は、すでに資本主義的システムに形式的に包摂されてはいるが、しかしまだ直接的には賃労働者ではない人口を賃労働者にすることである。それは主として次の3つのパターンが考えられる。

まず第1のパターンは、賃労働者家族のうちまだ賃労働者化していない構成員を賃労働者として動員することである。このパターンの1つ目は、児童労働に典型的に見られるように、賃労働に参入する平均年齢よりも若い年齢層が賃労働者化することである。2つ目は、現役世代の賃労働者化であり、典型的には専業主婦が賃労働者化する場合である。これらの層は、世帯主たる賃労働者の獲得する賃金に依存して生活しているという意味ですでに資本主義的生産関係に包摂されているのだが、直接的にはまだ賃労働者化していないのであり、これらの層が新たに賃労働者の隊列に加わることは、労働人口の内包的拡大となる。

第2のパターンは、公共部門が解体され民営化されて、そこで働く公務労働者ないし準公務労働者が賃労働者化することである。資本主義が全体としてその国の経済を支配している場合には、公共部門といえどもすでに資本主義的システムに包摂されている領域であるが、そこで働く労働者は直接的には資本・賃労働関係の中に入っていない。それゆえ、この公共部門が解体されて、その部門が私有化ないし民営化され、その部門で働く労働者が賃労働者化することは、労働人口の内包的拡大となる。今日の新自由主義における民営化路線はま

さにこのような大規模な内包的拡大をもたらしている。

　第3のパターンは、貧困者向けの福祉が圧縮されたり、廃止されたり、あるいはその受給要件が厳格化されることで、これまで福祉受給者であった人々が賃労働者化する場合である。これらの福祉受給者も基本的には資本主義システムの内部にすでに包摂されているのだが、福祉で生活できているかぎり、直接的には資本・賃労働関係に入らずにすんだ。しかし、福祉が圧縮され、部分的に解体されるようになると、これらの人々の一部はいやがおうでも賃労働者として（そしてたいていは低賃金不安定労働者として）働かざるをえなくなる。

労働時間の延長と労働強化

　第3の枠組みは、絶対的剰余価値を獲得するために資本が現役労働者に対して労働時間の延長と労働強化を絶え間なく押しつけることである。これは、充用労働者数を増やすことなく労働供給を増大させる手段でもある。これは、資本の蓄積運動においても絶えず作用している法則であり、労働者から搾取する剰余価値量が多ければ多いほど、それだけ蓄積を拡大することができる。

　しかしながら、すでに述べたように、標準労働日の成立を前提とするならば、そして、等価交換の法則が形式的に守られるとするならば、労働時間の延長と労働強化とは同時に労働者への追加賃金の支払いを伴うので、可変資本の増加を必然的に招くだろう。これは、技術的構成に関わりのない資本の価値構成の変化をもたらすだろう。しかし、現役の労働者にできるだけ長時間・過密労働を押しつけながら、それによって増大する可変資本を節約するために雇用労働者数を減らした場合には、可変資本の総量は変わらないだろう。変わるのは、一単位あたりの可変資本によって充用される労働者の数だけである。

　たとえば、各労働者に8時間労働を課していて、各労働者が1時間あたりに2500円の価値を生み、1日あたりの賃金が1万円であるとする。すなわち剰余価値率は100％である。その場合、たとえば400万円という1日あたりの可変資本の総額において雇用される労働者数は400人であり、その場合に獲得される剰余価値は可変資本と同じ400万円である。しかし、たとえば各労働者に2時間の追加労働をさせ、それに比例して賃金を増額した場合、1人あたりの賃金は1万2500円となるだろう（賃金率の割増は捨象する）。すると、同じ

400万円という可変資本額で雇える労働者の数は400人から320人に減少するが、獲得される剰余価値は引き続き400万円であり、また可変資本額は同じなので、必要な不変資本額も同じである。

　以上の3つの条件は少なくとも、資本の蓄積運動を制約する基本的な枠組みを構成している。資本の現実の蓄積運動を制約する諸条件は他にも数多く存在するが、ここでは、労働者の状態に最もダイレクトに関わる以上の3つの条件を、資本の蓄積運動に対する第1次接近として取り上げておく。

2. 蓄積モデルⅠ——3条件不変のもとでの資本蓄積

　次に、これらの諸条件のもとで資本の蓄積運動が具体的にどのように進行するかを検討するのだが、そのためにまずもって、これら3つの条件がおおむね不変である場合の、つまり、資本の価値構成がおおむね一定で、資本によって利用可能な労働人口が外延的にも内包的にもほとんど拡大せず、労働時間延長や労働強化がほとんど起こらない場合の資本蓄積を**蓄積モデルⅠ**として、その結果がどうなるかを見ていこう。

　この3つの枠組みがおおむね不変のもとで資本蓄積が進むと、繰り返される拡大再生産と蓄積に必要な不変資本と可変資本とは基本的に蓄積率と同じ割合で増大しなければならないことになる。そして、可変資本について言うと、ここでの前提にもとづくなら、労働時間を延長したり労働強化をすることで労働供給を増やすことはできないことになっているので、可変資本の増大はただちに雇用労働者数の増大になる。そして、現役世代の労働人口が外延的にも内包的にもほとんど拡大できないとしたら、資本の蓄積運動は基本的に労働力の世代的拡大再生産にもとづくものとなるだろう。ここでは、労働人口は緩やかに増大していると前提されているので、その範囲内では蓄積を拡大することができるだろうが、その人口上昇率を超えて蓄積が進んだ場合には、ただちに労働力不足に悩まされることになるだろう。この労働力不足のもとで拡大再生産を強行すれば、必然的に、賃金の上昇をもたらすだろう。それは剰余価値率を低下させていくだけでなく、場合によっては剰余価値の絶対量さえ減少させるかもしれない。これは無限の価値増殖体としての資本の自己否定であり、資本の

蓄積危機を意味する。追加貨幣資本は利益の上がる投資先を失うことになり、深刻な**過剰資本問題**が発生する。

　他方、これは資本家と労働者との力関係を労働者にとって有利なものとする。資本・賃労働関係そのもの、したがって両者間の根本的な支配・従属関係が覆されるわけではないが、その支配力が大幅に緩み、労働者にとってその地位を向上させる絶好の機会が訪れることになる。そして労働者はその生活を改善することができるだけでなく、政治的自信を深め、自立性を増し、資本に対してしだいに反抗的になっていくだろう。もちろん、労働者の生活向上は、総じて労働者の結婚や子どもの出産を促すであろうから、長期的には労働力の世代的拡大再生産の促進につながるだろう。しかし、それによって以前より多くの労働力が利用可能になるのは15年から20年以上も先なのである。こうして、蓄積危機と並んで、資本の階級的支配の危機（**階級危機**）が生じることになる。

　第7講で明らかにしたように、資本の運動原理は二重であった。すなわち、絶え間ない価値増殖としての形態的運動原理と、労働者に対する絶え間ない支配の強化としての実体的運動原理である。ここでは、密接に関連したこの2つの原理がともに危機に陥っていることがわかる。

　しかし、資本はこのような事態を前にして手をこまねいているわけではない。資本は絶対的ないし相対的な労働力不足がこの二重の危機を引き起こす以前に、この労働力不足を解消するためにあらゆる手段を真剣に追求するだろう。3つの条件の不変性という前提は放棄され、いずれも資本にとって有利な方向へと変えるべく全力が尽くされるだろう。

3. 蓄積モデルⅡ——3条件可変のもとでの資本蓄積

　こうして、資本は、3条件が不変のままでの蓄積モデルⅠから3条件が変化するもとでの**蓄積モデルⅡ**へと移行する。実際に各個別資本が3つの条件のいずれから着手するのかは、その時々の具体的な状況に依存するだろうが、ここでは先に提示した順序とは逆の順序で3つの条件の変化を考察することにしよう。

労働時間延長と労働強化

　法的な労働時間規制が特別に厳しいのでないかぎり、資本はまずもって、すでに雇用している、したがってすでに自己の意思の支配下にある労働者の労働時間を延長し、その労働を強化することによって、労働力不足に対処しようとするだろう。

　すでに述べたように、資本家が労働時間の延長や労働強化によって増大した労働支出に比例的に見あう追加的な賃金を支払う場合には、これは同時に可変資本の増大をもたらす。しかし、まず第1に、労働力不足ゆえに生じる賃金増大の場合には、支出労働量が一定のままで可変資本額が増大するのであり、したがって、労働時間を延長したときに支払うべき追加賃金額を算出するための基準となる基本賃金額が増大する。それゆえ、労働時間を延長させ労働を強化することで、労働者に対する需要を増やすことなく労働供給を増大させることは、たとえその分、追加賃金を支払ったとしても、資本にとってはプラスになる。第2に、増大した労働需要をも超えて労働時間の延長と労働強化をすることができるならば、その分、雇用労働者数を減らすことができ、労働需要圧力を緩和させることができるだろう。

　しかし、労働時間の延長には物理的・社会的限界が存在するし、労働強化に関してもそうである。資本家は手はじめにこのような労働時間延長と労働強化に訴えるにしても、それはすぐに限界に到達するだろう。新たな方策が探求されなければならない。

労働人口の外延的・内包的拡大

　この新たな方策は、労働人口の外延的および内包的な拡大として実現される。とくに資本主義発展の初期段階においては、拡張しうる外延は広大に存在するのであり、また中期段階においても（そして今日でも）、そのような外延はなお広く存在するだろう。すでに述べたように、資本は絶えずその支配領域を外延的にも内包的にも拡大することによって、その蓄積運動を実現するのであって、これはある意味で時間的な蓄積運動を空間的ないし地理的に見たものにすぎないとも言える。

　たとえば、戦後日本の高度経済成長においては、農村に膨大な潜在的賃労働

者が存在していたのであり、彼らは農村から都市への大規模な人口移動を通じて、高度成長に必要な絶えず膨張する工業労働人口を供給することができた。これは典型的に労働人口の外延的拡大であった。

　他方、先進ヨーロッパ諸国では、すでに農村人口はかなり枯渇していたので、高度成長に必要な膨張する労働人口を調達するためには、一方では、国内においてより内包的な拡大を追求しなければならず、典型的にはこれまであまり賃労働者化していなかった既婚女性が大規模に動員されなければならなかった。他方では、国内における外延的拡大が限界にあったために、国際的に外延的拡大の対象が見出されるようになり、外国からの移民を大規模に受け入れることになった。しかし、高度経済成長の時代においては、そのような労働人口の外延的・内包的拡大にもかかわらず、そのあまりの高蓄積ゆえに基本的には完全雇用に近い状況が創出され、労働組合や労働者政党の強力さなどとあいまって、労働者の賃金の持続的上昇をもたらし、最終的に1970年代に実際に蓄積危機をもたらしたのである。

資本の価値構成の高度化

　資本は、このように一方では雇用労働者に対しては労働時間の延長と労働強化を押しつけることにより、他方では賃労働者を外延的および内包的に拡大することによって労働力不足を解消しようとする。しかし、資本の価値構成が同じままであるかぎり、資本蓄積率と可変資本増大率とはほぼ同じままであり（労働時間延長にも労働強化にも限界があるので）、構造的には、労働力不足体質はそのままであるということになるだろう。そこで、資本はこれまでと同じ技術的構成で再生産を繰り返すのではなく、新しいより高度な固定資本へと過剰資本の一部ないし全部を投資するのである。これによって過剰資本は新たな固定資本にその投資先を見出す。

　新しい固定資本投資によって実現される新しい技術的構成はもちろんのこと、その労働生産性を以前よりはるかに高めるであろうから、流動資本への投資も増えるだろう。さらに、この高度な固定資本の導入によって、熟練労働力は必要とされなくなり、労働者の賃金は下がるだろうから、たとえ雇用労働者数は同じでも可変資本の総額は減るだろう。そしてもちろんのこと、この新し

い技術的構成のもとでは単位あたりの必要労働者数も大幅に減るだろう。こうして、不変資本の増大と可変資本の減少とが同時に発生することになり、資本の価値構成は高度化する。

とくに資本主義の発展の初期段階においては、生産過程は、高度な訓練を経た熟練労働者によって、わずかな専門的道具を用いて、きわめて低い労働生産性のもとで行なわれていた。このような時代には、資本家が投資する前貸総資本の圧倒的部分は可変資本に投下されるのであり、したがって初期の古典派経済学者たちは、前貸資本と賃金とを、あるいは流動資本と賃金とを同一視したぐらいであった。このような時代における資本蓄積はたちまちにして、可変資本の累進的膨張を招き、さらには一般的な労働力不足にぶつかるはるか以前に、特定の熟練労働者の絶対的不足という障害にぶつかることだろう。

したがって、大規模な機械化を進めて資本構成を高度化することは、資本にとって一石二鳥にも三鳥にもなる。一方ではそれは、資本の体質を改善して、蓄積率と単純に同一の割合で可変資本を増大させる必要がなくなり、逓減的な割合で可変資本を増大させるだけですむようになる。すなわち、それは労働の需要条件を改善する。他方では、それは熟練を垂直的にも解体し、ほとんどすべての労働を、女性でも子どもでも外国人でもなしうる単純労働に転化することで労働の供給条件をも緩和する。さらに大規模な機械化は労働生産性の著しい発展を意味するので、非資本主義的生産部門との競争に速やかに勝利することができるようになり、その部門の労働者を容易に賃労働者化することで、ますますもって労働の供給条件は資本にとって有利なものになる。

こうして資本蓄積が進めばただちに累進的に追加的労働供給を必要とするような構造的体質そのものが改善され、資本蓄積運動は長期的に資本にとって相対的に有利な軌道に沿って進行することが可能となるのである。

蓄積危機の諸形態

しかし、ここで気をつけなければならないのは、前講で述べたように、資本の価値構成が高度化すればするほど――他の諸条件が同一であれば――蓄積率が下がることである。つまり、資本の価値構成を高度化させることは万能の解決策でも何でもなく、深刻な蓄積危機と階級危機という二重の危機を回避する

ために、蓄積率を相対的に下げる選択をしているのである。したがってこれは、拡大再生産に伴う蓄積率の低下という基本矛盾を解消するものではけっしてない。ちょうど商品に内在する価値と使用価値との矛盾が貨幣の出現によって解消されるのではなく、それが運動しうる形態を見出すだけであるのと同じく、資本の価値構成の高度化は、資本蓄積に内在する矛盾を解消するのではなく、資本が蓄積運動を継続しうる形態を見出すだけなのである。

　しかし、このことから次のことも言えるだろう。逆に資本の価値構成を高度化しすぎたならば、労働力不足による賃金上昇によって生じた剰余価値の絶対量の減少と同じ蓄積危機に直面する可能性があるということである。価値の源泉、したがって剰余価値の源泉は労働力だけであるから、可変資本を不変資本に置き換えすぎたならば、結局は、生産しうる価値と剰余価値の総量が減ってしまうだろう。これは、資本構成の過剰高度化によるもう一つの蓄積危機である。

　この場合、せっかく投資された固定資本そのものが過剰になってしまい、生産的に使用されない事態が発生するだろう。先の蓄積危機においては過剰になっていたのは、利益の上がる投資先を失った貨幣資本であったが（貨幣資本の過剰）、この蓄積危機の第2形態において過剰になっているのは生産資本、とりわけ固定資本である（生産資本の過剰）。また、過剰に投資しすぎた固定資本をフル稼働させて商品生産を行なえば、生産資本の過剰問題は回避できるが、今度は市場が吸収できないほどの大量の商品資本を市場にあふれさせることになるかもしれず、投資した資本がほとんど回収できないという有効需要危機をもたらすかもしれない（商品資本の過剰）。

　このように、資本はある蓄積危機の現実性を別の蓄積危機の可能性でもって回避するのであり、このような種々の蓄積危機に接近したり離れたりしながら、その矛盾に満ちた運動を遂行するのである。あたかも資本の価値構成さえ高度化すれば蓄積危機を回避することができるかのように単純化した解説がしばしば見られるが、けっしてそうではないことに注意しなければならない。

4. 相対的過剰人口とその諸形態

相対的過剰人口の発生

上で明らかにした3つの枠組みの変化を組み合わせることで、資本は、労働人口の供給面でも需要面でも圧倒的に有利な立場に立つことができ、人為的に過剰労働人口をつくり出すことができる。これを**相対的過剰人口**と呼ぶ。それが「相対的」であるのは、資本の蓄積条件をどのように想定しようとも雇用できないような多量の過剰人口が絶対的に存在するからではなく（**絶対的過剰人口**）、資本の蓄積欲と増殖欲に比して人為的に創出された過剰人口だからである。すなわち、資本の蓄積欲と増殖欲とに必要な範囲でのみ労働者が雇用され、そうでなければ、労働者は資本から遊離されて過剰人口の大群の中に放り出されるのである。

たとえば、現役労働者の労働条件の変化を例にとろう。一方では、すでに雇用されている労働者が長時間労働と過密労働を強いられているというのに、他方では、多くの失業者が仕事を求めているという状況は、典型的にこの過剰人口が相対的なものであること、すなわち資本の蓄積欲と増殖欲によって人為的につくり出されたものであることを示している。現役労働者の労働時間を短縮し、その過密労働をより人間的なテンポの労働にしさえすれば、多くの失業者を雇用することができるというのに、資本家はそうしようとはしない。資本ができるだけ多くの蓄積をすることこそが雇用を生み出す条件であるという正当化論は、この現実の前に崩壊する。資本の蓄積運動が生み出しているのは雇用そのものではなく、相対的により少ない雇用にすぎない。

資本の蓄積運動は、このような相対的過剰人口が存在してはじめてスムーズに進行することができる。なぜなら、好況時に資本の大規模な拡張が生じたとき、あるいは新生産部門が大規模に群生するとき、それらに必要な大量の労働力をこの相対的過剰人口から調達することができるからである。こうしてこの相対的過剰人口は、ちょうど戦争のときに兵隊に招集される予備役兵のように、好況のときに随時動員される産業の予備役兵になる。これを**産業予備軍**と呼ぶ。そしてこの産業予備軍は、好況が不況に転化したときには再び失業者の大群に

放り込まれるのである。

　このようにして相対的過剰人口がつくり出されたなら、その圧力はまた現役労働者に反作用して、その賃金水準を押し下げ、労働者を資本に対してより従順な存在にする。また、労働者を従順にすることができれば、失業を生むような大規模な機械の導入もますます容易になる。これは、賃金を圧縮することで剰余価値率を高め、資本の蓄積率を回復させるだろう。

相対的過剰人口の諸形態

　このように、資本の蓄積運動は必然的に相対的過剰人口を生み出すが、これは具体的にはさまざまな形態をとって存在しており、それは主として、流動的、潜在的、停滞的という３つの形態で存在している。

　まず最も主要で基本的な存在形態は、資本の時間的ないし空間的に不均等な蓄積運動の中で絶えず失業者として排出され、また絶えず現役労働者として吸引される流動的部分であり、これを**流動的過剰人口**と呼ぶ。これは通常、「失業者」と呼ばれている部分であり、失業統計にも数えられる部分である。

　この流動的過剰人口には主として２つの類型が存在する。１つは、資本の全体としての景気変動によって生じる時間的ないし循環的な形態の流動的過剰人口である。好況のときには雇用労働者として吸引され、不況の時には失業者として排出される。この過剰人口の大きさは、好況のときに最も縮小し、不況のときに最も拡大するが、最も縮小する場合にも一定数は恒常的部分として残る。これは最も典型的な失業者部類である。

　ちなみに、『資本論』では、この景気変動にもとづく失業者は流動的過剰人口に含められていない。というよりも、この部分は最初から過剰人口のどの形態にも入らないとされている――「産業循環の局面転換によって押印される大きな周期的に繰り返し現われる諸形態を別にすれば、それには常に３つの形態が存在する」（ＫⅠ，835頁，S.670）。だが、景気循環によって生じる失業者を含めた方がわかりやすいので、ここでは流動的過剰人口の一類型として把握しておく。

　流動的過剰人口のもう１つの類型は、資本間・部門間・地域間の不均等発展によって生じる空間的ないし地理的な形態の流動的過剰人口である。資本は全

体として好況・不況の変動を経過するとはいえ、どの局面においても常に相並んで多数の資本、多数の生産部門が存在するのであり、その一部は事業不振に陥ったからか資本構成を高度化したために、あるいは熟練労働者を単純労働者に置きかえ、中高年労働者をより若い労働者に、成人を児童に置きかえたために、労働者を排出し、別の一部は事業を拡大したか新部門を開始したがゆえに労働者を吸引しており、労働者はその場合、同じ部門内のある資本から別の資本へと、あるいはある部門から別の部門へと移動することになる。このような労働力移動は、特定の地域に大規模に多くの資本が集積したり、逆に特定の地域から大規模に資本が移転して産業が衰退したりする場合には、地域間でも生じるのであり、しばしば国境をも超えた大規模な地理的移動さえ起こる。

　流動的過剰人口のこの2つのタイプが相互に絡みあっているのは明らかである。不況期に排出された労働者は、好況期に以前と同じ資本ないし同じ生産部門に吸引されるとはかぎらないのであり、たいていは別の資本ないし生産部門に(しばしばより賃金の安い部門に)、そしてときにはまったく別の地域の資本に吸引されるのである。

　相対的過剰人口の第2の形態は、賃労働者として資本に吸引されていないときには別の社会的範疇として存在している人々であり、これを**潜在的過剰人口**と呼ぶ。『資本論』第1部の蓄積論では非資本主義的領域が捨象されているため(KⅠ, 757頁, S.607, n.21a)、この潜在的過剰人口は基本的に、資本主義的農業部門から資本主義的工業部門への労働力移動に限定されている。だが、実際にはそれは、すでに説明した流動的過剰人口の空間的・地理的形態、すなわち農業部門から工業部門への部門間労働力移動にすぎない。

　潜在的過剰人口は、先に述べた労働人口の外延的・内包的拡大におおむね照応して、2つの類型に分けることができる。1つは、賃労働者として雇われていないときには、自営業者、独立職人、自営農、使用人といった別の職業的範疇を構成していて、資本・賃労働の外部で生計を立てている周辺的部分である。自営農の場合のように、農閑期に出稼ぎ労働者として動員される場合も含まれる。もう1つは、専業主婦や家事手伝い、あるいは単なる扶養家族として、賃労働者世帯の内部でその生計を立てている従属的部分である。これらの人々は、賃労働者として雇用されていないときには、職業安定所に通うわけではないの

で、統計的には「失業者」にカウントされないが、潜在的には過剰人口を構成しているのであり、資本にとって必要な場合には賃労働者として動員される。

相対的過剰人口の第3の形態は、形式的には現役労働者に属し自らの賃金収入で全体的ないし部分的に生計を立てているが、構造的に低賃金でその就労状態がきわめて不安定かつ断続的である労働者層である（ときにはさまざまな公的福祉や支援団体による援助も受けている）。これを**停滞的過剰人口**と呼ぶ。これらの人々も統計上は「失業者」に数えられない場合が多いが、相対的過剰人口の中に含まれる（半失業者）。たとえば、内職労働者、日雇い労働者、その他さまざまな形態の低賃金の短期的な非正規労働者、法律違反の労働条件下で働かされている移民労働者などがこれにあたる。彼ら・彼女らは典型的な**ワーキングプア層**を構成する。

> **ブレイクタイム　　ワーキングプア**
>
> 今日の日本では、長期にわたる不況と新自由主義政策の中で、膨大なワーキングプア層が生まれている。2012年度の国税庁による調査によると、年収200万円以下の民間労働者は1090万人にも達しており、給与所得者の23％以上を占める。つまり、給与所得者のほとんど4分の1が年収200万円以下なのだ！　この層は1992年には700万人だったのだが、その後、ほぼ一貫して増え続け、2006年についに1000万人を突破し、そのまま7年連続して1000万人を突破し続けている。とくに、若年層（とりわけ女性）のかなりの部分は一時的でなく一貫して非正規労働者の地位を脱出できないまま、このような停滞的過剰人口を構成している。彼ら・彼女らが強いられている低賃金と不安定雇用は、労働者全体の賃金水準を押し下げる役割を果たしている。

福祉受給層とアンダークラス

相対的過剰人口のこの3つの存在形態とは別に、それらと深く関連した一大部分として、生活保護や障害者年金などの福祉を受給することでその生計の全部ないし大部分を維持している**福祉受給層**と、こうした福祉の受給からさえ排除されている**アンダークラス**が存在している。

高齢や障害や病気などの理由で人並みに働けなかったり、あるいは誰かの被扶養者になることができず社会的に孤立した人々に提供される福祉は、これらの人々の生存権を保障し、社会が社会としての凝集性と文明性を維持する最後のセーフティネットである。たとえそれを直接に受ける人が人口のごく一部であっても、それは実際にはその国に住むすべての人々のための福祉なのである。なぜなら、誰もが病気やケガや暴力などのために働けなくなったり、誰かの扶養を受けられなくなったりすることなどいくらでもあるからだ。

　これらの人々の生活水準とその規模は、資本の蓄積運動の結果であるだけでなく、国ないし自治体による福祉給付の水準とその受給要件によっても大きく変わる。福祉給付の水準が低ければ低いほど、福祉受給層は**受救貧民層**になる。また受給要件を不当に厳しくすることは、受給対象からはじかれる人々を大量に生み、これらの人々はますます停滞的過剰人口の大群の中に吸収され、全体として現役労働者を圧迫し、労働者の賃金水準をいっそう押し下げることになるだろう。また生活保護の支給基準は、他のさまざまな福祉制度の基準と連動しており、その支給基準が切り下げられれば、それと連動したその他の福祉制度の基準も切り下げられてしまう。

　他方、アンダークラス層は、路上生活者であったり、違法ないし違法すれすれの仕事に従事していたり、しばしば犯罪組織に組み込まれていたりする。全体としての労働者の権利が脆弱で、福祉が貧困であればあるほど、この層は必然的に増大する。生活保護からはじかれた人々は、停滞的過剰人口に入るかアンダークラスとして生きていくしかない。これらの層は一方では社会的無関心と**社会的排除**の対象にされると同時に、違法な搾取産業や性産業、犯罪組織のターゲットにされやすい（**貧困ビジネス**）。この貧困ビジネスは、単に福祉からはじかれた人々を食い物にするだけではない。それは、生活保護受給者をもターゲットにしている。たとえば、彼らを狭い安アパートにぎゅうぎゅう押し込みながら、家賃や食費などを名目に保護費のほとんどを奪い取ってしまう手口などがそうである（この事例に典型的に示されているように、貧困者に現金さえ渡しておけば福祉の役割が果たせると考えるのはまったく一面的である）。

> **ブレイクタイム　生活保護叩きの本質**
>
> 　今日の日本では、長期にわたる不況と新自由主義化、急速な高齢化のせいで、生活保護受給者が急増しているが（1990年代半ばまで減り続けたのが、長期不況が始まってから急増に転換）、その一方で生活保護受給者に対する激しいバッシングがなされている。そして、受給要件はますます不当に厳格化され、その給付水準はますます切り下げられている。日本は先進国の中で最も生活保護が受けにくい国の一つになっている（日本の受給者率はＯＥＣＤ諸国の平均の４分の１程度）。このような生活保護攻撃はこれらの層の生存権を深刻に脅かす犯罪行為であるというだけではない。それは賃金や福祉の水準を押し下げ、停滞的過剰人口とアンダークラスを膨らませることによって、すべての労働者とすべての住民にとっての不利益となる。生活保護叩きの本質は、労働者・市民から最後のセーフティネットを奪い去り、資本蓄積にとって有利な過剰人口を大規模に創出するための階級戦略なのである。

5. 相対的過剰人口が労働者に及ぼす影響

　相対的過剰人口の大規模な発生は労働者の状況にきわめて深刻な影響を与え、資本にとってその労働者支配を貫徹するための決定的な武器となる。

貧困の蓄積と格差社会化

　何よりも、相対的過剰人口の大規模な創出は、資本と労働者との間の力関係を労働者にとって不利なものにするので、賃金は停滞ないし低下傾向を帯びるだろう。また、労働人口を過剰にする種々の手段が同時に、労働力の価値そのものを引き下げる手段でもあったことを思い起こそう。そして賃金が下がったもとで、これまでどおりの生活をしようと思えば、ますますもって長時間労働に従事せざるをえなくなり、労働者１人あたりの労働供給量がいっそう増大し、ますます相対的過剰人口による圧力が増すだろう。

　こうして、資本家に雇われている労働者の労働条件がますます過酷になる一

方で、仕事にありつけず、貧困にあえぐ労働者の数はますます多くなるだろう。雇われるのも地獄、雇われないのも地獄という状況が生み出されるだろう。そして、それと平行して福祉給付水準の切り下げとその受給要件の厳格化、福祉受給のスティグマ化、等々が進行する場合には、福祉を受けるのも地獄、受けないのも地獄という状況が追加されるだろう。

　こうして、蓄積モデルⅡにもとづいて資本の蓄積運動が進めば進むほど、すなわち資本家とその代理人においては富と資本とが増大すればするほど、労働者とその家族においては、低賃金、長時間労働、過密労働、不安定雇用、失業、生活苦、尊厳の剥奪、等々が増大していくであろう。一言でいえば、一方の極における**富の蓄積**と平行して、他方の極において**貧困の蓄積**が進行するのである。

　資本主義は、たとえ労働者を搾取していても、全体としては労働者を結局は豊かにするのだという資本主義システムの実体的正当性がここにおいて破綻する。資本は生産過程において労働者を搾取するだけではない。それは蓄積過程を通じて、労働者を貧困と不安定雇用に追いやる。これが**資本主義的蓄積の一般的法則**である。とはいえ、この法則は具体的な諸状況に応じてあからさまに発揮される場合もあれば、大きく緩和される場合もある。

　『資本論』の時代には、まさにこの法則が大いに発揮される状況にあった。大規模な機械化による熟練の解体と労働力の大量排出、児童労働に対する無規制、広大な非資本主義的領域の存在、等々。しかし、第2次世界大戦後、労働者の闘いと福祉国家の充実とともに、このような傾向に一時的に抑制がかかり、全体として労働者が豊かになる歴史的局面が出現した。この局面は1970年代に先進資本主義国において蓄積危機をもたらした。支配的な資本集団は、この蓄積危機を克服するために、国家権力による暴力を背景に、一方では労働組合および左翼政党に対する猛烈な階級的攻撃を加えてその政治力・経済力を解体し、他方では、労働の需給条件を資本にとって有利なものにするための階級戦略を一致団結して追求した。

　こうして、この1980年代以降の新自由主義の時代においては、どの先進国においても、支配的資本集団は、一方では、生産過程の大規模な合理化、コンピュータ化、情報化などを通じて系統的に省力化を進めるとともに、他方では、

公共部門の民営化や福祉の大規模な削減による労働人口の内包的拡大を追求した。それに加えて、冷戦の崩壊によるソ連・東欧の資本主義的統合、中国やインドなどの大規模な人口を抱えた新興産業国家の台頭、資本の多国籍企業化と経済のグローバル化を通じて、歴史的に未曾有な規模で、労働人口の外延的拡大が起こった。こうして、労働力の需給条件は圧倒的に資本にとって有利なものとなり、蓄積危機は過剰に回避され、逆に膨大な過剰資本が発生することになった。労働者の地位は停滞するか、大幅に下がり、どの国でも格差社会化が大規模に進行し、貧困層が目に見えて増大した。資本主義的蓄積の一般的法則はこうして、外的諸条件の変化と内的な階級闘争の変遷を通じて、自己を貫徹したのである。

> **ブレイクタイム　格差社会アメリカ**
>
> 　格差社会化が最も顕著に現われているアメリカでは、2012年におけるアメリカ経済政策研究所の発表によると、上位1％の純資産と中間世帯の純資産との格差は、新自由主義が本格化する以前の1983年には約131倍だったが、2010年には288倍にもなっている。上位1％はその間に純資産額を17倍に増やしたが、中間世帯はむしろその間に20％以上も減らしたのである（CNN.co.jp 2012年9月12日）。経営者と一般労働者との間の所得格差も深刻である。アメリカ最大の労働組合連合であるAFL-CIOが2013年4月に発表したところでは、アメリカの大企業500社における最高経営責任者（CEO）の所得と一般労働者の所得の格差は、1982年には42倍だったが、2002年に281倍に、2012年には354倍にもなっている（『ハフポスト』2013年5月10日）。また、2008年の金融恐慌にもかかわらず、2012年におけるアメリカの上位1％が得ている収入は国民所得全体の収入の19.3％に達しており、この数字は1929年の世界大恐慌直前の水準にきわめて近い（『ニューズウィーク』2012年9月12日）。

労働者の分化と格差

　労働者の一部がさまざまな形態の過剰人口のプールの中に放り込まれ、貧困層へと叩き落されるとはいえ、すべての労働者が均等にこの不幸を経験するわ

けではない。労働者は全体として、そうした過剰人口のプールに陥りやすい部分と、そうではない部分とに相対的に分化する。

　まずもってそれは、独自に資本主義的な生産様式の発展による単純労働化がきわめて不均等に進行することの結果である。たとえば機械化によってすべての熟練労働が一様かつ同時的に駆逐されるわけではない。最初に機械化が捉えるのは、分業とマニュファクチュアによる熟練の水平的解体によって相対的に単純化した工程であって、それ以外の部分はなお熟練労働に依拠している。工程間のこの不均衡はもちろんのこと、他の諸工程へと機械化を波及させていく原動力にもなるのだが、しかしそれは常に不均等に進行する。また、既存の諸工程において伝統的な熟練労働が垂直的にも解体されて単純労働化が進む一方で、新たな熟練労働もより小規模にだが生み出されていく。機械化が進めば、その高度な機械を製造する熟練労働が必要になるだろうし、機械を製造する機械が生産されれば、さらにより小規模でだが、そうした機械製造機械を生産するための熟練労働が必要になる。あるいは、新しい機械を設計したり開発したりする頭脳労働が必要になるだろう。

　こうして、生産様式の発展による単純労働化は不均等に進行し、労働者の間に、相対的により高度な労働を担う少数の熟練労働者あるいは頭脳労働者層と、相対的により単純な労働を担う多数の単純労働者層との分化をもたらす。そして、最も相対的過剰人口の圧力を受けやすいのは、特殊な訓練や熟練を必要としない単純労働者層であるのは明らかである。この層ほど多くの競争者がおり、したがってより大きな競争圧力を受ける。機械によって真っ先に駆逐されるのもこの層である。したがって、これらの層の賃金が最も低下しやすい。

　さらに問題なのは、単純ではあるが重労働である、あるいは種々の危険性を伴うという場合、このような要素は本来ならより高い労働力価値、したがってより高い賃金に反映しなければならないが（なぜならより多くの労働力を支出させ、労働力をより短期間で衰退させるから）、単純労働に対する過剰人口の圧力を受けて、むしろこのような重労働やハイリスク労働が相対的に低賃金にさえなる。今日におけるその最も残酷な事例は原発労働であろう。とりわけ、事故を起こした福島第一原発およびその周辺施設で事故処理にあたっている現場労働者は、最も苛酷な環境のもとで、被曝のきわめて高いリスクにさらされ

ながら働いているにもかかわらず、その賃金は何重にも中間搾取されて、驚くほど低い水準に押し下げられている。

しかし、労働者のこうした二極分化、あるいはより複雑な諸部分への分化は、このような客観的過程だけで生み出されるわけではない。資本の側は、ある職務が実際に高度な労働であるかどうかにかかわりなく、階層的な職務体系を恣意的に設定することによって、「高度な」労働と「低度な」労働とを人為的につくり出し、そのポストをめぐって労働者同士を競争させることができる。さらに、さまざまに存在する**社会的差別**をそうした労働者の分断と低賃金維持に利用することもできる。典型的なのは**女性差別**であり、資本主義は単に既存の女性差別を利用するだけでなく、新たにさまざまな形で女性差別をつくり出し、より強化することによって、女性労働者を過剰搾取するとともに、労働者全体の地位を低く押しとどめようとするのである。

このように経済的で客観的な力学と、政治的で主体的な力学とが合成しあって、労働者はさまざまな線に沿って分断され、大規模な**階級内格差**が生み出される。下位に位置づけられたより多数である労働者は相対的過剰人口の圧力をより直接的かつ強力に受けるのであり、したがって自ら相対的過剰人口の群れの中に入る可能性が高く、また貧困を余儀なくされる場合が多いのである。

「略奪による蓄積」への部分的転化

さらに、この相対的過剰人口の巨大な圧力を通じて、これまでの議論で前提にされてきた労働力商品の等価交換という原則さえ——とくに下位に位置づけられた労働者層にあっては——踏みにじられるようになる。たとえ等価交換を前提にしても、資本はその再生産の繰り返しの中で、原資本はやがて剰余価値の塊と化すし、蓄積と拡大再生産を通じて等価交換はまったくの形式となり、実質的な不等価交換に転化することを、これまでの議論の中で明らかにしてきた。しかし、その場合でも、建前の上では等価交換は維持されていると前提されていた。だが資本は、大規模に相対的過剰人口をつくり出すことによって、形式的な等価交換さえ守らなくなる。多くの労働者にあっては、賃金が無残に買い叩かれ、労働力価値をはるかに下回る水準となるだろう。労働時間が延長されてもしばしば追加賃金は得られず、しかも、その長時間労働の水準はしば

しば、標準最大労働日さえ上回り、過労死や過労自殺さえ頻繁に生み出すだろう。労働強化は、労働者の安全性を無視して推し進められ、実際に多くの労働災害を生むようになる。これらはすべて今日の日本で進んでいる事態である。

　形式的な等価交換さえ守らずに、労働者から暴力的に搾取するような蓄積の様式を、デヴィッド・ハーヴェイにならって「**略奪による蓄積**」と呼ぶならば、形式的に等価交換にもとづいた通常の蓄積様式は、常に絶えず、形式的にさえ等価交換にもとづかない「略奪による蓄積」に転化しているのである（「略奪による蓄積」にはさらに多くの形態が存在するが、ここでは割愛する）。こうして、形式的には等価交換にもとづいているという資本の最後の正当化論もこれで崩壊する。

第15講　資本の蓄積過程Ⅲ——いくつかの理論的補足

　前講においてわれわれは、資本の蓄積運動の具体的展開を通じて相対的過剰人口が発生し貧困が増大していく事態について明らかにした。この最後の第15講では、この蓄積過程についてより具体的に理解するために、いくつかの理論的補足をしておきたい。

1．資本の蓄積運動に対する新たな諸条件

　まず前講で明らかにした資本の蓄積運動の展開過程に、さらにいくつかの具体的諸条件を付け加えるとどうなるかを検討しよう。これが第1の理論的補足である。そのような新たな条件として想定しうるのは、1．資本主義の発展によって生じる剰余価値率の上昇、2．実際に蓄積元本のうちどれぐらいが次期投資に回るのかという投資率の問題、3．信用による資金調達、である。これら3つの新たな追加条件が考察されることで、資本の蓄積運動はいっそう具体的な次元に接近するだろう（資本蓄積への第2次接近）。

剰余価値率の上昇

　まず、最初の追加条件は剰余価値率の上昇である。資本の価値構成の高度化とともに進むはずの剰余価値率の上昇が資本の価値構成と蓄積率にどのような変化を与えるかである。すでに第13講で、剰余価値率が高ければ高いほど蓄積率が高いことを明らかにしたが、歴史的には、剰余価値率は、相対的剰余価値の法則からして上昇する傾向にある。

　純粋に計算上の話をすると、資本の価値構成の高度化率と剰余価値率の上昇率とが同じであるか、後者のほうが高い場合、可変資本の増大率は一定であるか、逆に上昇する。したがって、その場合、資本構成の高度化とともに可変資本の増大率が逓減するという命題は成り立たないということになる。

しかし、これはまったく机上の計算の話であって、実際は、資本の価値構成の高度化率と剰余価値率の上昇率とが総じて同じである、あるいは後者のほうが総じて高いということは、初発の剰余価値率が圧倒的に低い場合を除いてありえないだろう。

まず第1に、標準労働日の成立を前提とするかぎり、剰余価値率が上昇するということは同時にその分、労働力価値が減価することであるから、たとえ資本の技術的構成に何の変化がなくとも、それだけで資本の価値構成の高度化が起こる。したがって、資本の価値構成の高度化率と剰余価値率の上昇率とが総じて同じである、あるいは総じて後者のほうが高いと仮定することは、労働力価値の減価以外の要因、つまりは技術的構成の高度化による資本の価値構成の高度化がほとんど生じていないとみなすものであろう。

第2に、労働力価値の減価による剰余価値率の上昇には相対的にも絶対的にも限界が存在するが、資本構成の高度化にはそのような限界はほとんど存在しない。たとえば、月給40万円の労働者の賃金を20万円に、つまりは50％引き下げることは可能であっても、それと同じ割合で賃金を引き下げ続けることは絶対に不可能である。しかし、資本の価値構成は、労働生産性の上昇に応じて、無限とは言わないまでも、少なくとも労働力価値の引き下げよりもはるかに弾力性を持って引き上げることができる。

また、たとえ剰余価値率の上昇によって多少、可変資本が絶対的に増大し、それによって雇用労働者数が増えるとしても、それはただ低賃金雇用が増えるだけであり、労働者にとってほとんど慰めにはならないだろう。まさに現在の新自由主義の時代においてそうなっているように、多少なりとも雇用が増える場合であっても低賃金の非正規雇用が増えるだけであり、労働者はただ最低水準の賃金を得るためだけに自己の自由時間とその生命力の大半を使い果たしているのであり、それによっていっそう資本を肥え太らせているにすぎないのである。

したがって、低賃金によって雇用が増えるという言い分は実際には、労働者に対して失業か、低賃金で長時間の（そしていつ解雇されるかわからない不安定な）労働に従事するかという、どちらにしても労働者にとって過酷でしかない選択肢を突きつけているだけのことである。

投資率の問題

2つ目の追加的条件は、蓄積元本のすべてが必ずしも次期生産への追加投資に回るとはかぎらないという問題である。つまり、蓄積元本のどれぐらいの割合が実際に次期生産（あるいは近い将来の生産）への追加資本になるのかという**投資率**がここで問題になっている。

これまでは、問題の単純化のために、蓄積元本のすべてが次期生産への追加資本になると仮定されていた。したがって、蓄積元本と追加資本とは、名前が違うだけで量的に同じであると想定されていた。しかし、投資率が問題になるなら、もはや蓄積元本の大きさと追加資本の大きさとは同じ量ではなくなる。もちろん、新規の固定資本投資をする場合には、蓄積元本の一部ないし全部が直接には次期生産のための追加資本にはならず、蓄蔵されるのだが、ここで問題にしているのは、そのような生産的投資のための一時的な蓄蔵ではない。これは一定のタイムラグを伴うが結局は生産のための追加資本になる。そうではなくここで問題にするのは、生産に投資しても標準的な水準の利潤率が稼げないと予期されるときには、資本家は蓄積元本の一部ないし全部を次期投資には回さず、内部留保として溜め込んでおくか、あるいはそれをより短期間で儲かる**投機資本**に転化するということである。

この投資率の問題を入れてくると、相対的過剰人口や貧困の構造的発生をよりリアルに説明することができる。『資本論』の想定では、どんどん蓄積されていったものが、個人消費用の支出を除いて次期生産向けの投資に回り、したがってその一部が可変資本に回ることになっている。そうすると可変資本の絶対的規模は、資本構成の高度化にもかかわらず、かなり増大していくだろう。しかし、当面する利潤率が資本家の目から見て十分高くない場合、資本家は蓄積元本を生産的投資には回さず、内部に留保し、しかもそれをしばしば投機資金に回すのである。

この場合、生産に投資すれば十分にすべての失業者を雇えるだけの**遊休資本**が存在するにもかかわらず、それを生産的投資に、したがって可変資本に回さないことで失業が生じるのである。これはまさに、資本の増殖欲から見て「相対的に」生じている過剰人口に他ならない。手持ちの遊休資金を少し取り崩せば、現在の失業者を救えるのに、ほとんどの資本家は、十分な利潤が稼げない

という理由だけでそれをしようとしないのである。同じことは低賃金についても言えるだろう。大企業の巨額の内部留保を少し取り崩せば、労働者の低賃金状況を大幅に改善することができるのに、資本家は社会的に強制されないかぎりけっして自ら進んでそうしようとはしないのである。

信用による資金調達

3つ目の追加条件は信用による資金調達の問題である。上の場合とは逆に、資本は、市場が好調で、大規模に生産的投資をしても十分に利潤を上げることができると予想される場合には、手持ちの蓄積元本だけで蓄積運動をやるのではなく**銀行信用**を全面的に利用して、大規模に資金調達をする。したがって、この大規模な資金が生産的投資に回されるなら、資本構成の高度化によって可変資本部分が相対的に縮小したとしても、可変資本の総量を、資本構成の高度化以前よりも増大させることさえ可能である。この生産過程論のレベルでは信用の問題は全面的に取り扱うことはできないが、しかし、蓄積運動の具体的諸相を理解するためには、やはりある程度、議論の中に入れてこざるをえない。

これは表面的に見ると、相対的過剰人口の発生を説明する要因ではないように見える。むしろその逆であるように見える。しかし、これは実は相対的過剰人口の発生メカニズムを理解する上で決定的に重要な要因なのである。なぜ資本の価値構成が絶え間なく高度化しているのに、すぐには市場に失業者が溢れないのか？　逆に大量の労働者を雇うような資本の突発的な拡張力はどこから生じてくるのか。この問題に一つの回答を与えるのが信用である。資本主義の発展とともに資本の価値構成が高度化して、ただ可変資本が相対的に縮小していくだけなら、剰余価値を生み出すのは可変資本だけであるから、資本の蓄積力は相対的にしだいに弱くなっていくということになるだろう。またどんどん資本主義が発展すればするほど、ただ一方的に労働者の力が弱くなり、機械的に失業者が増えていくだけになるだろう。しかし現実にはそんなふうにはなっていない。むしろ資本主義が発展する時には、大規模な機械化と平行して、つまりは価値構成の急速な高度化と平行して、労働者の大規模な雇用、労働者階級そのものの絶対的増大が起こるのである。

このパラドックスを解く一つの鍵がこの信用にある。今、生産に投資すれば

非常に儲かる時期だと判断されれば、資本は信用を通じて大規模に資金を調達するから（あるいは銀行も積極的に貸付しようとするから）、一方で資本構成を高度化させるのに必要な資金（大規模固定資本に投じられる資本）が得られると同時に、他方では大量に労働者を雇うことを可能にするような資金をも獲得することができるのである。

　たとえば日本の大企業は戦後の高度経済成長期に大規模な設備投資を行なった。設備投資は固定資本投資だから、それは資本構成の高度化をもたらす。だとすると、高度成長期の日本は、絶えず失業者で溢れかえっていたかというとそうではなかった。逆に農村から都市への大規模な人口移動が起こり、資本規模も労働者の絶対数もともに急速に増大した。当時の大企業は系列の大銀行から大規模に資金調達をして、総量としての資本金を大幅に増やした。資本構成は高度化しているが、労働者を雇う力は衰えるのではなく、逆に増していった。したがって労働者が大量に雇われ、剰余価値を大規模に生産して、それらが次の追加資本に回るという好循環が発生したのである。

　これがまさに、資本構成の高度化にもかかわらず、なぜ労働者が急速に増大するのかを説明する。そのことによって、先に述べたように賃労働人口が外延的にも内包的にも急速に拡大する局面が発生するのであり、農村住民だけでなく、女性や子ども、外国人労働者も大量に動員されるわけである。

　ところが、この過程は永遠ではない。ある一定の時点で潜在的に過剰蓄積が進み、市場が飽和状態にいたり、利潤率が低下しはじめる。そうなると今度は信用が収縮しはじめ、生産が縮小するという反転過程が発生する。それまで信用膨張で雇用されていた人々が仕事を失う。いったん賃労働者化した人々が今度は過剰人口へと投げ込まれる。そもそも、労働者を大量に雇い入れる過程がなければ過剰人口も増大しない。農民や自営業者が賃労働者にならず、自立したままであれば、そもそも彼らは相対的過剰人口に入ってはこない。これらの層が賃労働者化するためには、資本が既存の賃労働者層だけでは蓄積が進まないような大規模な拡張過程が必要なのであり、そのような爆発的拡張力を作り出すのが信用なのである。しかし、その後、状況が変われば信用が収縮し、生産が収縮する。いったん賃労働者となった農民、自営業者は、もはやそう簡単には元の仕事には戻れない、あるいは部分的にしか戻れない。これらの人々は

種々の形態の過剰人口に投げ込まれるのであり、またしばしば停滞的な貧困層にもなるのである。

ここで気をつけなければならないのは、信用を通じた大規模な資金調達が生産への大規模な投資と大量の雇用をつくり出すのは、あくまでも市場が好調で、資本の側に、生産に投資すれば平均かそれ以上の利潤を稼ぐことができるという予想が広範に存在する場合である。そのような確信が存在しないならば、無理に金融を緩和して貨幣を市場にあふれさせても、それはただ、だぶついた過剰資本となり、株・通貨・国債などへの投機資本の資金源となるだけである（今日の**アベノミクス**のように）。

2. 資本の集中と集積

資本の蓄積過程に関わる第2の理論的補足は「資本の集中と集積」という概念に関わっている。この問題は多面的に考察可能であるが（たとえば独占資本の形成）、ここではより限定した範囲で論じておきたい。

資本の集中と相対的過剰人口

資本蓄積は本源的には、賃労働者からの剰余価値の搾取にもとづいており、したがって、拡大再生産にもとづいている。しかしながら、資本規模の拡大そのものは、他の諸資本を吸収することによって、あるいは、多くの諸資本が合併することによっても可能であり、こちらのほうが一気に拡大することができるだろう。これを**資本の集中**（centralization of capital）という。その際、決定的な役割を果たすのが**結合資本**の一形態である**株式会社**という企業形態である。また、資本の集中がある限界を超えて進むならば、特定の生産部門において独占ないし寡占という状況をもたらす。

さて、このような資本の集中は総資本の観点から見るなら、総資本の規模をいささかも拡大するものではない。資本A、資本B、資本C、等々が合体して資本Dになるだけであって、総資本の絶対的大きさそのものに変化は生じないだろう。しかし、個々の資本に即せば、これほど急速に資本蓄積を推し進めるものはないのであって、資本主義の歴史を振り返れば明らかなように、ある一

定の規模にまで拡大した資本は常に他の弱小資本を吸収合併して大資本へとできるだけ短期間に成り上がろうとするのである。

このような吸収合併のメリットは単に資本規模を一気に拡大することだけではない。それはまた、他の諸資本が持っている生産や販売のノウハウ、さまざまな人脈や取引関係、販路、ブランド、等々をも入手することをも可能とする。さらに、これまで論じてきた問題に即するならば、これは何よりも相対的過剰人口を時間的に圧縮した形で創出する手段にもなる。これはどういうことだろうか？

前講で述べたように、資本主義が発展していくにつれて、しだいに資本の価値構成は高度化していく。これは時間軸に沿ったものであるので、相対的に可変資本が総資本に占める割合は小さくなっていくが、絶対的には可変資本は増大していく。たとえば、出発点としての前貸資本の大きさが 1000 G の時には資本構成が 1：1 であったとすると、可変資本は 500 G である。次にしだいに拡大生産と蓄積が進行して、出発点としての前貸資本の大きさが 2000 G になった時点では、3：2 にまで資本構成が高度化したとしよう。すると、総資本に占める可変資本の割合は 2 分の 1 から 5 分の 2 に下がったとはいえ、可変資本の総額は、500 G から 800 G へと絶対的には増大している。さらに資本蓄積が進んで、出発点としての前貸資本の大きさが 4000 G になったときには、2：1 にまで資本構成が高度化したとしよう。すると、前貸資本に占める可変資本の割合は 5 分の 2 から 3 分の 1 に下がったとはいえ、可変資本の総額は約 1333 G へとやはり絶対的には増大している。

このように、時間軸に沿って資本構成が高度化する場合には、可変資本の大きさは相対的には低下するとはいえ、絶対的には増大する。しかし、出発点としての前貸資本の規模が 1000 G である 4 つの資本が合併して 4000 G の前貸資本をつくり出し、それだけの資本規模にふさわしい資本構成を採用したとしたらどうなるだろうか？　前講で述べたように、高度な資本構成はそのときどきの時代の技術的水準や各生産部門の特殊性に依拠するだけでなく、資本規模そのものにも依拠する。より効率的な大規模機械や大工場はただ大規模な資本なしには充用しえないからである。

さて、合併前の 4 つの小資本の資本構成がそれぞれ、古い資本構成を反映し

た割合であるとしよう。つまり資本構成が1：1だったとしよう。すると、合併以前の4つの小資本は、それぞれ500 Gの可変資本を充用していたことになるので、この場合の可変資本の総額は2000 Gである。次に、4つの小資本が合併して成立した新しい大資本がその水準にふさわしい大規模機械と大工場を導入することで資本構成が2：1に一気に高度化したとしよう。すると、その可変資本総額はわずか1333 Gですむことになる。すなわち、資本の集中によって、可変資本総額は2000 Gから1333 Gへと大幅に減ったのである。

このように、時間軸に沿ってしだいに資本規模が拡大して資本構成が高度化する場合には、相対的には可変資本は低下するとはいえ絶対的には増大していたのだが、資本の集中によって一気に資本構成が高度化する場合には、可変資本は相対的にも絶対的にも縮小することになるのである。これが、相対的過剰人口を創出する非常に重要な方法になるのは明らかであろう。

だが、ここで次のような異論が生じるだろう。可変資本が絶対的にも縮小するならば、獲得される剰余価値も絶対的に少なくなるのではないか、と。しかし、すでに技術的水準が資本構成を2：1にすることを必要としていたにもかかわらず、資本規模が小さいために資本構成が低いままであるような小資本は明らかに、その生産効率が非常に低かったろうから、当然のことながら、そこで生産された剰余価値はそのまま実現されるのではなく、市場のメカニズムを通じて大きなマイナスをこうむっていたであろう。あるいは逆に、合併して大資本になることで、他の諸資本よりも有利な固定資本や技術を採用することができ、特別剰余価値を獲得することができるだろう。したがって、小資本が合併して大規模化することは、可変資本が絶対的に減少する場合でさえ、生産効率を高めることで、結果としてより多くの剰余価値を実現することを可能とするのである。

資本の集積

しかし資本の集中を含む広い意味での資本の蓄積過程は単に量的な問題ではない。すなわち、単に資本規模が拡大していく過程を表現するだけではない。産業資本の運動を前提にするかぎりで（そして総資本を問題にするかぎり、それを前提にしないわけにはいかないのだが）、それは同時に、生産手段や労働

力が個々の資本のもとにしだいに大規模に集合していく過程でもある。これを**資本の集積**（concentration of capital）という。

　資本の集積と集中は、言葉は非常に似ているが、取り上げている対象と視角が異なっている。資本の集中とは、多くの諸資本が相互に合併するか、あるいは大資本が小資本を吸収する過程を指す言葉であり、資本の集積とは、それが個々の資本の個別的な拡大再生産によって生じていようが、諸資本の集中によって生じていようが、社会に存在する（あるいは潜在的に存在する）生産手段と労働力とが特定の資本の支配のもとに集められることである。したがってそれは、資本の蓄積過程（個別的にであれ資本集中を通じてであれ）が進行する事態を、時間的ないし抽象的な価値増殖としてだけではなく、空間的ないし具体的に表現したものであると言うことができるだろう。

　社会に分散して存在する諸生産手段と労働力とを特定の資本のもとに空間的に集積し、大規模な生産集合体をつくり出すことは、技術の発展や生産効率の上昇と並んで、資本主義の歴史的使命でもある。より高度な社会とより高度な文明とは、資本主義がつくり出すこのような高度な技術と生産性、高度に集積された生産手段と労働力という物質的土台の上で初めて開花することができるのである。

3. 資本の蓄積運動と都市の形成

　資本の蓄積過程の空間的表現である集積は、必然的にそれを包括する特別の地理的・社会的空間をも必要とする。理論的補足の第3の論点となるのは、この新しい空間形成の問題である。

資本蓄積の空間としての都市
　第11講で資本主義的協業について論じたときに、資本による労働の空間的包摂のためには作業場ないし工場という物的器が必要であることを明らかにした。この空間は一方では、生産規模そのものが拡大することによって外延的に拡大していくとともに、他方では、労働の内的編成が高度化していくにつれて、内包的に高度で複雑なものになっていく。やがてそれは、直接、何らかの賃労

働が行なわれる作業場や工場だけでなく、食堂や寮や研修室や会議室や庭や娯楽施設などさまざまな周辺施設を包括するより大きな敷地へと発展する。

　しかし、考察対象を直接的生産過程に限定するかぎりでは、資本の運動空間はそれが直接包摂する空間に、したがってまた特定の企業が所有ないし管理している工場や敷地やビルなどにある程度限定されるだろう。しかし、資本の大規模な集積を伴う資本の蓄積過程を想定するならば、その運動空間はとうてい工場や敷地には限定されえないことがわかる。

　まず第1に、資本の蓄積が順調に進行するためには、個々の資本だけではとうてい不可能であり、関連する諸産業や特殊な地理的状況を当然の前提とする。したがって資本主義の発展とともに、資本蓄積に有利な地理的環境（主要な天然資源の採掘地に近い、海に近い、古くからの交通の要所である、人口密集地に近い、土地が安い、さまざまな古い規制や拘束が少ない、等々）を中心にして個々の資本の個別的集積をはるかに超えた資本の社会的集積が生じるだろう。たとえばある製造業が発達するためには、そこに原材料や機械や部品などを供給する他の生産部門の資本が必要となるだろうし、それらの原材料や機械を運ぶための運河や鉄道や道路を必要とするだろう。これらの諸資本、諸施設もまた一定の地理的・社会的空間に集積されなければならない。

　第2に、資本の蓄積運動は労働者が種族として永続的に再生産されることを前提としており、したがって労働者の階級的再生産に必要な生活上のさまざまな諸施設、諸制度も一定の地理的・社会的空間に集積されなければならない。

　労働者が賃労働者として形態的に（階級的に）生産され再生産される事態については、すでに、第13講で明らかにした。賃労働者は自己を再生産する範囲を超えて富をつくり出す能力を、自己の再生産分に限定された賃金と引き換えに資本家に引き渡すことによって、絶えず改めて自己の労働力を資本家に販売しなければ自己（および家族）の生命を維持できない状態に置かれる。このようにして、資本・賃労働関係は永続的に再生産されていくのだが、この再生産はまだ形態的なものでしかない。というのも、この資本・賃労働関係の外部に、労働者とその家族とが実際にその生命と労働力とを日常的および世代的に再生産するのを可能とする諸制度や諸施設なども存在していなければならないからである。

賃労働者の永続性を実体的に可能とするこのような諸制度・諸施設は明らかに、資本が直接管理している工場や敷地（たとえそこに労働者の寮や社宅があったとしても）の範囲を大きく超えて配置されているし、配置されなければならない。グーグルのような国際的大企業が、そのような生活用の諸施設をも企業の敷地内にそっくりつくり出そうとする試みを行なっているとしても、それはやはり例外的であり、その場合でも、その敷地にそうした諸施設の設置を可能とするものが敷地の外部に存在しているのでなければならない。

以上の点からして、資本の蓄積過程が可能となるためには、少なくとも都市という社会的空間が必要になるのであり、資本主義は何よりも、このような地理的・社会的空間を絶えず生産し再生産しながら発達していったのである。マルクスは『共産党宣言』においてブルジョアジーは自分の姿に似せて世界を作ると述べたが（これは、「神は自分の姿に似せて人間を作った」のもじりである）、資本主義はまさに自分の姿に似せて都市を作ろうとするし、あるいは絶えず作り直そうとする。これを、ハーヴェイにならって**資本のアーバナイゼーション**と呼ぼう。

都市問題と資本主義的蓄積の敵対性

そして資本の蓄積運動が作り出す貧困や格差といった問題は何よりも、このような社会的空間において噴出する。とくに、都市に人口が集積することによって生じる空間的に密集した労働者居住区、家賃の高騰、およびそれと比例して進行する住宅の貧困化（狭くて高い住宅）、住環境の悪化、自然破壊、水や大気の汚染、さまざまな有害物質の生活環境への排出などは、資本主義的蓄積と集積とが生み出す「貧困」の最たるものである。マルクスはまさにこのような**都市問題**、とりわけ住宅問題をめぐって、「資本主義的蓄積の、したがってまた資本主義的所有関係一般の敵対的な性格」が「あまりにも明白な」ものになると述べている（ＫⅠ，858頁，S.687）。

また一時的に特定の産業が栄えて生産と人口との集積が特定の地域でなされたとしても、その産業が衰退すれば、その地域は衰退し、失業者と高齢者があふれ、犯罪がはびこるようになるだろう。資本主義的蓄積は常にこのような浮沈と変動とを伴うのであり、そのたびに急激な都市化による諸矛盾と急速な都

市衰退による諸矛盾とが交互に労働者と住民を襲うことになる。

　また、すでに旧産業を中心として古い都市や住宅密集地が発達している場合、あるいは農業用の耕作地として旧住民によって利用されている場合、新しい産業基盤のための大規模なインフラや新たな施設群を建設する際には、このような古い町並みや農地は資本蓄積にとっての障害物となるだろう。その場合、大規模な都市再開発のための用地買収のために、旧住民に対してさまざまな工作やいやがらせ、旧住民の追い出しなどが行なわれる。ときの政権ないし自治体が民主主義を軽視する体質である場合には、このような買収工作はあからさまな暴力、収用権の行使、住民運動に対する弾圧をも伴うだろう。

　このような大規模な都市再開発はまた、浮動する諸資本や観光客やより高所得層の住民を引き付けるための**都市間競争**を通じても活発に行なわれる。古い街並みに特別に観光的価値がある場合を別にすれば、古くごみごみとした地域、とりわけ貧しい人々が肩を寄せ合って住んでいるような地域は、そのような都市間競争にとって最大のマイナス要素になる。それゆえ、これらの旧住民が根こそぎ追い出されて、古い街並みが破壊され、その都市の目玉となるような新しいショッピングモールや大規模娯楽施設、高級マンション、高級住宅地、スポーツ施設などが建設され、「都市の価値」が高められる。このようなタイプの都市再開発を「ジェントリフィケーション（都市の中産階級化）」と言うが、これもまた、都市を資本の姿に似せて作り変える資本のアーバナイゼーションの一種である。

　またこの都市間競争と都市再開発の諸過程は、昨今のグローバリゼーションにおいては、国際的な貨幣や資本、国際的な観光客や高度専門職的な人材の引き入れという意味をも持つ。資本が展開される空間が広がれば広がるほど、都市はますますもってグローバルなものとなり、したがってまた、都市間競争もグローバルなものになるのである。

> **ブレイクタイム**　「創造的破壊」としてのオリンピック
>
> 　2020年の東京開催が決まって最近話題になっているオリンピックもまた、都市の価値を高める大規模な都市再開発と都市間競争にとっての手段という性格を持っている。オリンピックという異常なまでに巨大化した国際的スポーツイベントの実施のために、開催国となってきた世界各地で、旧市街地がブルドーザーで破壊され、多くの旧住民が追い出され、住環境や広大な自然が破壊されてきた。また住民の血税がそのような巨大イベントの運営と巨大施設建設のために湯水のごとく使われ、その分、貧困層や弱者への福祉が削られてきた。オリンピックがもつプラスのイメージとそれが喚起する熱狂的なナショナリズムは、このような乱暴な都市再開発を正当化する格好の手段となってきた。このような大規模な再開発と破壊を正当化するものとしては他には戦争しかないだろう。「平和」の祭典たるオリンピックは皮肉なことに、戦争について、地上の「創造的破壊」の手段となっているのである。

対抗空間の形成

　しかしながら、このような資本のアーバナイゼーションは同時に、第11講の「労働者統合」のところで少し述べたように、労働者やその家族、あるいはその他の従属諸階層にとっても、その空間的集積と協力関係とを発展させる可能性をも切り開くものである。広く分散し古い伝統に縛られた農村では考えられなかったような階級的共同性が広く発展する余地が切り開かれたのである。

　そこでは多様な形で、労働者およびその家族にとって自治と対抗の社会的空間が形成されるようになった。労働組合や政治組織がつくり出すような直接的に政治的ないし階級的な**対抗空間**（組合事務所、労働会館、人民の家、等々）だけでなく、労働者のクラブや社交場や学校や町の集会所、さらには酒場や教会などでも、資本による支配から相対的に自立した空間が次々と成立していった。これらの空間はさまざまなレベルで労働者の自立性と共同性とを育む役割を果たし、しばしば資本の横暴に対する抵抗の空間にもなった。こうして資本の支配に対する闘争もまた、工場という空間を超えて、都市という空間に広がるようになったのである。階級闘争は工場内闘争から**都市闘争**へとしだいに拡

大し発展していった。

　そして、資本主義が発展すればするほど、国全体に占める都市の地位はしだいに高まり、国家権力を左右する支配的な管制高地のポジションを獲得するようになる。こうして都市をめぐる闘争は、国家権力をめぐる闘争へと波及していく。他方で、資本は、労働者の自治の空間ないし対抗空間を再び資本の支配下に置こうと画策する。昨今における都市の新自由主義化はその顕著な現われである。

　このように階級闘争は、資本の生産過程で明らかにされたような、労働時間や賃金（必要労働時間の長さと関わる）をめぐる時間的形態と並んで、資本の蓄積過程で明らかにされたような、地域や都市をめぐる空間的形態をもとるのである。

マルクス経済学・再入門

■著者略歴■

森田　成也（もりた・せいや）
1965年生。
現在、國學院大學非常勤講師。
主要著・訳書

『資本主義と性差別』（青木書店）、『資本と剰余価値の理論』『価値と剰余価値の理論』（作品社）、『家事労働とマルクス剰余価値論』（桜井書店）。
〈主要訳書〉
D・ハーヴェイ『コスモポリタニズム』『反乱する都市』『資本の＜謎＞』『＜資本論＞入門』『＜資本論＞第二巻・第三巻入門』（共訳、作品社）、C・マッキノン『女の法、男の法』（共訳、岩波書店）、マルクス『賃労働と資本／賃金・価格・利潤』（光文社古典新訳文庫）ほか。

2014年3月22日発行
2017年10月25日第3刷

著　者　森田成也
発行者　山脇洋亮
組　版　㈱富士デザイン
印　刷　モリモト印刷㈱
製　本　協栄製本㈱

発行所　東京都千代田区飯田橋4-4-8　㈱同成社
　　　　（〒102-0072）東京中央ビル内
　　　　TEL 03-3239-1467　振替00140-0-20618

©Morita Seiya 2014. Printed in Japan
ISBN978-4-88621-662-5 C3033